INSTANT POT COOKBOOK

¡En EspaÑol!

Instant Pot Recipes
Ricas y Rápidas

Marisa Romero

© Copyright 2019 by Marisa Romero

All rights reserved worldwide

ISBN: 978-1713292562

The contents of this book may not be reproduced, duplicated or transmitted without direct written permission from the author. Under no circumstances will any legal responsibility or blame be held against the publisher for any reparation, damages, or monetary loss due to the information herein, either directly or indirectly.

Legal Notice:

This book is copyright protected. This is only for personal use. You cannot amend, distribute, use, sell, quote or paraphrase any part of the content within this book without the consent of the author and the publisher.

Disclaimer Notice:

Please note the information contained within this document is for entertainment and educational purposes only. Every attempt has been made to provide precise, accurate, reliable and up-to-date complete information. No warranties of any kind are expressed or implied. Readers acknowledge that the author is not engaging in the rendering of legal, financial, medical or professional advice. Please consult a licensed professional before attempting any techniques outlined in this book.

By reading this document, the reader agrees that under no circumstances is the author responsible for any losses, direct or indirect, which are incurred as a result of the use of information contained within this document, including, but not limited to, errors, omissions, or inaccuracies.

CONTENIDO

INTRODUCCIÓN 8

DESAYUNOS & ENTRADAS 9

Pan Francés con Mango y Nueces 9	Patatas con Tirabaque 17
Mini Pasteles de Zanahoria con Nueces 9	Ensalada de Coles de Bruselas con Manzana 18
Maple-Vainilla Porridge 9	Col con Manzanas de la Abuela 18
Hamburguesa de Huevo con Pancetta Crujiente 10	Ensalada de Tomatitos y Calabacín Amarillo 18
Caserola de Huevo con Salchichas 10	Lasaña Vegetariana con Albahaca 18
Porridge con Champiñones y Ajo 10	Hash Browns con Cheddar 19
Deliciosos Bisquets de Cerdo 11	Risotto de Manzana con Canela 19
Revuelto de Huevo con Calabaza 11	Cazuela de Huevo con Feta y Champiñones 19
Pudín de Almendra y Chocolate Amargo 11	Puré de Camote y Zanahoria 20
Frittata de Tomate y Cebolla 12	Suculentos Vegetales con Pancetta Crujiente 20
Quiche de Verduras 12	Coles de Bruselas y Camote al Cajún 20
Caserola de Huevo con Ternera 12	Sopa Picante de Hinojo 21
Ensalada de Patata y Huevo 13	Salteado de Alcachofa y Ejote Amarillo 21
Pâté de Champiñones 13	Berenjena Caponata 21
Bowl de Calabaza y Coliflor 13	Salteado Chino de Chalote y Semillas 22
Ensaladilla de Camote y Frijol 14	Huevos Florentinos 22
Meet Lover Quiche 14	Quiché de Jamón y Espinacas 22
Cazuelitas de Huevo con Salsa Holandesa 14	Frittata Vegetariana 23
Soufflé de Elote 15	Pastel de Tater Tots con Tocino y Huevo 23
Hash Browns de Calabaza 15	Pan Francés con Nueces 23
Gnocchi con Puerro y Calabacín 15	Quiché de Queso de Cabra 24
Hash Browns con Jamón y Huevo 16	Granola con Coco y Dátiles 24
Mini Quiche de Salmón 16	Camotes con Salchichas 24
Ensalada Cítrica de Nabo 16	Cazuela de Huevo y Patata 25
Frittata de Cebolla con Pimiento Rojo 16	Yogurt Casero 25
Hot Cakes de Coco y Nueces 17	Muffins de Canela con Pasas 25
Puré de Patata con Nuez Moscada 17	

FRIJOLES Y GRANOS 26

Frijoles Bayos con Pancetta y Tomate 26	Cebada con Higos y Plátano 29
Chili con Carne y Vegetales 26	Cazuela de Frijoles y Quinoa 30
Alforfón con Queso y Champiñón 26	Puré de Frijoles Picante 30
Estofado de Frijoles y Espinacas 27	Chili con Queso 30
Garbanzos con Vegetales 27	Alforfón con Vegetales y Jamón 30
Dip de Alubias Rojas y Shiitake 27	Estofado de Frijoles y Garbanzo 31
Pan de Maíz Festivo 28	Ensalada de Cebada con Aceitunas y Queso Azul ... 31
Cazuela de Habas e Hinojo 28	Ensalada de Haba con Atún 31
Pilaf de Cebada con Nueces de la India 28	Lentejas con Langostinos 32
Dip de Frijol y Elote 28	Caserola de Frijoles y Champiñones con Chile Serrano 32
Avena con Jamón y Huevo 29	Pollo con Frijoles y Puerro 32
Fabuloso Chili sin Carne 29	

PASTA & ARROZ 33

Linguine al Doble Queso con Salchicha 33	Farfalle con Pollo en Salsa de Enchilada 35
Cremoso Tortellini con Pavo y Coliflor 33	Tagliatelle a la Boloñesa 35
Penne con Pancetta y Provolone 33	Macarrones con Pimiento y Habanero 35
Ziti con Albóndigas al Tomate 34	Fideos con Atún y alcachofas 36
Rotini a la Boloñesa con Queso 34	Fusilli con salchicha y queso 36
Lasaña Vegetariana 34	Ramen con Albóndigas en Tomate 36

Clásica Peperonata Italiana ... 36	Arroz Salvaje Tri-Color ... 40
Cazuela de Pasta y Verdel ... 37	Chuletas a la Italiana con Arroz Integral ... 40
Estofado de Res al vino ... 37	Arroz con Pollo a la Mexicana ... 40
Lasaña con Ternera ... 38	Arroz con Pasas y Avellanas ... 41
Tagliatelle al Pesto con Tocino ... 38	Arroz Vegetariano con Queso Monterey Jack ... 41
Rollitos de Col Rellenos con Carne y Arroz ... 38	Pudín de Arroz con Ciruelas Pasas ... 41
Arroz Integral con Pollo ... 39	Caldo de Arroz y Salmón ... 42
Gumbo de Pollo y Vegetales ... 39	Risotto con Chicharos y Champiñones ... 42
Pilaf de Coco con Salchicha y Cheddar ... 39	Risotto de Champiñones con Queso Suizo ... 42
Risotto de Camarones con Queso ... 40	

PESCADO & MARISCOS ... 43

Risotto cremoso con camarón ... 43	Salmón a las Hierbas Cítricas ... 49
Salmón al Vapor con Brócoli ... 43	Trucha con Espaguetis de Calabacín ... 49
Bacalao Mediterráneo ... 43	Tilapia al Limón ... 49
Camarones en Salsa de Soya ... 44	Salmón en Salsa de Limón ... 50
Croquetas de Cangrejo ... 44	Curry de Tilapia y Berenjena ... 50
Brochetas de Atún y Langostino ... 44	Trucha al Vapor con Granada ... 50
Salmón en Salsa de Pepino ... 45	Jugoso Salmón al Tomillo con Garbanzos ... 51
Ziti con Colas de Langosta ... 45	Fletán en Salsa de Mango ... 51
Eglefino al Perejil ... 45	Tilapia a la Mandarina ... 51
Almejas al Vapor con Hierbas ... 46	Salmón con Salsa de Aguacate ... 52
Bagre Chowder ... 46	Estofado Marino Estilo San Francisco ... 52
Sopa Griega Kakavia ... 46	Pulpos a la Griega ... 52
Chowder de Salmón ... 47	Gumbo de Camarón y Salchicha ... 53
Cazuela de Salmón y Apio ... 47	Cazuela de Mariscos con Puré de Papas ... 53
Curry de Salmón Picante ... 47	Sopa de Almeja Estilo Manhattan ... 53
Mejillones al Vino ... 48	Jambalaya Louisiana ... 54
Cazuela de Atún con Habas ... 48	Cebada con Mariscos ... 54
Tilapia Empanizada con Anacardos ... 48	Estofado Caribeño de Calamares ... 54
Fideos con Atún en Salsa de Champiñón ... 48	

AVES ... 55

Pollo al Limón con Grosellas ... 55	Pollo Entero a las Hierbas y Ajo ... 63
Pollo Arriero ... 55	Cremosas Pechugas con Cebolletas ... 63
Pollo en Salsa de Pimiento Rojo ... 55	Pollo con Mole ... 63
Pollo con Ejotes y Patata ... 56	Pollo Mediterráneo ... 64
Coq Au Vin Casero ... 56	Muslos de Pollo Picosos ... 64
Pollo Rostizado con Limón y Ajo ... 56	Guiso de Pollo a la Italiana ... 64
Piernas de Pollo a las Finas Hierbas ... 57	Pollo al Adobo ... 65
Pollo Garam Masala ... 57	Tradicional Cordon Bleu ... 65
Pollo con Salsa de Tomate ... 57	Curry de Pollo con Edamame ... 65
Piernas de Pollo al Mango ... 58	Pechugas al Adobo con Pimientos Rostizados ... 66
Pechugas de Pollo al Habero y Miel ... 58	Entomatado de Pollo con Pimientos ... 66
Pollo con Chiles Verdes y Cilantro ... 58	Pollo Marroquí ... 66
Pollo Entero con Salvia ... 58	Pollo al Coco con Champiñones ... 67
Pechugas de Pollo Cajun ... 59	Estofado de Pollo con Cebada ... 67
Pechugas en Salsa Cremosa de Champiñones ... 59	Pollo con Nuez de la India ... 67
Piernas de Pollo con Pimiento al Tomate ... 59	Pollo estilo Teriyaki ... 68
Estofado de Pollo con Zanahoria y Col ... 60	Pollo a la Mostaza y Miel ... 68
Pollo en Salsa Verde ... 60	Pechugas a la BBQ ... 68
Pollo Tikka Masala ... 60	Cazuela de Pollo al Tomate ... 68
Bowl de Pollo estilo Griego ... 61	Pechugas en Crema de Champiñón con Parmesano ... 69
Pollo Thai ... 61	Pollo al Pimentón y Ajo ... 69
Piccata de Pollo ... 62	Muslos de Pollo estilo asiático ... 69
Muslos de Pollo con Patatas ... 62	Tinga de Pollo en Salsa Verde ... 70
Pechugas de Pollo a la Italiana ... 62	Pechuga a la Crema con Apio y Champiñones ... 70

Pollo Alfredo...70	Pollo Ahumado al Pimentón..........................74
Pollo a la Hawaiana...71	Barbacoa de Pollo..74
Pollo con Zanahoria y Albahaca...................71	Pollo Paleo..74
Cazuela de Pollo con Frijoles y Elote..........71	Pollo al Limón y Cilantro.................................74
Estofado de Pollo con Espinacas 72	Pollo Jugoso al Romero...................................75
Pollo a las Hierbas con Tomates 72	Barbacoa de Pavo a la Cerveza.....................75
Pollo Rostizado Garam Masala.....................72	Pavo al Curry...75
Exquisito Pollo estilo Jamaiquino................72	Muslo de Pavo en Salsa de Durazno............76
Medallones de Pollo Empanizados..............73	Campanelle de Pavo en Salsa Roja..............76
Pollo al Chipotle..73	Pechuga de Pavo con Yogurt Griego...........76
Pollo Cítrico con Miel......................................73	

CERDO 77

Chuletas de Cerdo a la Mantequilla con Brocoli.............77	Tinga de Cerdo a la Mostaza..........................88
Salteado de Garbanzos con Bacon y Espinacas.............77	Rollitos Moo-Shu..89
Goulash de Cerdo con Chucrut.....................77	Costillas de Cerdo en Salsa de Nueces Pecanas.........89
Cazuela de Pancetta a la Italiana.................78	Fideos con Agujas..89
Meatloaf de Cerdo 78	Cerdo con Relleno de Manzanas y Ciruelas.......90
Lomo de Cerdo a la Pera.................................78	Goulash de Cerdo..90
Lomo con Piña y Jengibre...............................79	Cerdo a la Alemana..90
Pulled Pork Cítrico a la Canela.....................79	Albóndigas Mediterráneas.............................91
Agujas Bañadas en Salsa BBQ Dulce..........79	English Muffins con Chorizo..........................91
Cazuela de Cerdo en Salsa Cremosa de Tomate.......80	Sopa de Cerdo con Bacon y Verduras........91
Lomo de Cerdo con Nabas y Peras..............80	Estofado de Cerdo al Tomate.........................92
Chuletas en Merlot...80	Chuletas con Mostaza Dulce..........................92
Picadillo Caldoso con Puerro........................81	Estofado de Cerdo Estilo Europeo...............92
Delicioso Picadillo de la Abuela...................81	Hamburguesas de Cerdo al Curry con Mango....93
Lomo a la Manzana..81	Chuletas estilo Teriyaki...................................93
Frittata de Molida de Cerdo..........................82	Costillitas a la Ciruela.......................................93
Trozos de Cerdo con Salsa de Durazno......82	Chuletas Rápidas...93
Albóndigas de Cerdo Tropicales...................82	Cazuela de Cerdo Mediterránea...................94
Chorizo con Pimiento Rojo............................82	Chuletas en Salsa Cremosa de Apio............94
Paleta de Cerdo Americana...........................83	Barbacoa de Cerdo a la Griega......................94
Cazuela de Chorizo y Tater Tots...................83	Chuletas de Cerdo en Salsa de Cebolla.....94
Lomo en Salsa de Ciruela Pasa.....................83	Barbacoa Mexicana..95
Albóndigas al estilo Clásico...........................84	Chuletas de Cerdo con Vegetales................95
Picadillo con Jengibre y Jalapeño................84	Lomo de Cerdo con Cheddar en Salsa de Tomate.......95
Tiras de Cerdo con Infusión de Lima y Menta....84	Salchichas Polacas con Chucrut...................96
Cerdo Cubano...85	Jugosas Costillas Agridulces..........................96
Chuletas Agridulces...85	Penne con Tocino y Queso.............................96
Asado de Tira con Salsa de Papaya.............85	Chuletas Entomatadas con Alcachofas......96
Pancita de Cerdo al Ajo...................................86	Cerdo Marinado a la Mostaza.......................97
Sabroso Lomo de Cerdo 86	Chuletas de Cerdo con Tomate y Zanahoria..........97
Costillas a la BBQ con Zanahoria.................86	Costillas Salsa Picante y Mostaza................97
Solomillo de Cerdo Picante............................86	Chuletas Estilo Coreano..................................98
Chuletas a la Cerveza......................................87	Estofado de Cerdo al Curry............................98
Aguja de Cerdo a la Naranja..........................87	Fideos con Lomo y Champiñones................98
Aguja al Tomate...87	Delicioso Pulled Pork.......................................99
Albóndigas en Salsa Agria de Champiñón....88	Cremoso Pollo Picante.....................................99
Cerdo a la BBQ estilo Americano.................88	Cazuela de Pollo con Apio..............................99

TERNERA Y CORDERO 100

Pastel de Carne Picada Navideño............... 100	Costillar con glaseado de Shiitake 102
Costillas de Ternera con Salsa de Papaya....... 100	Bistec a la Mostaza y Cerveza..................... 102
Ternera Cítrica en Jugo.................................. 100	Bisteck al Dijón... 102
Sloppy Joes con Coleslaw Caseros............. 101	Cazuela de Aguja al Vino.............................. 103
Tagliatelle con Salchicha y Frijoles............ 101	Bistec en Reducción de Cerveza................. 103

Rosbif a las Hierbas en Salsa de Champiñones 103
Rosbif con Cebollas 104
Sirloin con Gorgonzola 104
Picadillo con Chucrut 104
Pecho de Ternera en Salsa de Tomate Picante 104
Meatloaf con Glaseado de Manzana y Whisky 105
Cuete con Gravy de Cebolla 105
Aguja de Ternera con Miel y Ajo 106
Sirloin al Vino Tinto 106
Picadillo en Salsa Roja con Coles de Bruselas 106
Estofado de Res con Tubérculos al Vino 106
Ternera al BBQ con Tagliatelle 107
Estofado de Ternera con Perejil 107
Filete Ahumado con Zanahoria 108
Falda de Res Casera con Patatas 108
Fideos de Calabacín a la Boloñesa 108
Ragú de Res con Enebro 109
Curry de Res con Chipotle 109
Típica Ropa Vieja Mexicana 109
Albóndigas con Salsa de Champiñones 110
Salteado de Res y Verduras 110
Rotini a la Boloñesa 110
Burrito de Tinga de Ternera 111
Sirloin al Chipotle con Arroz Salvaje 111
Costillas de Res con Remolacha 111
Guiso de Ternera y Berenjena 112
Rib Eye a las Finas Hierbas 112
Curry al Estilo Malasia 112
Estofado de Ternera al Vino Blanco 113
Estofado de Ternera Bourguignon 113
Costillar de Res al BBQ-Chipotle 113
Spaghetti con Rosbif a la Italiana 114
Rosbif a la Itlaliana con Vegetales 114
Estofado de Ternera con Shiitake 114
Paprikash Húngaro 115
Rosbif Caribeño 115
Rabo de Toro con Gravy 115
Estofado de Ternera con Quinoa 116
Arrachera con Bok Choy 116
Bisteck a la Griega 116
Estofado de Carne con Apio y Tomillo 117
Stroganoff Tradicional 117
Sauerbraten Alemán 117
Borsch al estilo Europeo 118
Fettuccine con Rosbif 118
Estofado de Ternera al Curry con Chicharos 118
One-Pot Cazuela 119
Sopa de Ternera con Pancetta y Apio 119
Tinga de Ternera con Chipotle 119
Cazuela Marroquí de Ternera 120
Estofado Cremoso de Ternera con Calabacín 120
Rosbif en Salsa de Maracuyá 120
Cazuela de Ternera al Coco con Col Rizada 121
Sopa de Ternera Checa 121
Curry de Ternera con Tomate 121
Jugoso Asado de Tira 122
Pastel de Carne con Queso 122
Sopa Húngara de Haba 122
Estofado con Camote y Nabo 123
Estofado con Puré de Calabaza 123
Bisteck Estilo Asiático 123
Ternera con Bok Choy 124
Estofado de Ternera con Arroz y Espinacas 124
Lomo de Ternera con Verduras Glaseadas 124
Cordero en Salsa de Tomate y Menta 125
Cordero a las Finas Hierbas con Vegetales 125
Caldo de Cordero con Fideos 125
Cordero al Vino Blanco 126
Pierna de Cordero Rostizada a las Hierbas 126
Ragú de Cordero y Champiñones 126
Cordero Cacciatore 127
Chuletas de Cordero Asadas con Tomillo 127
Estofado de Cordero con Patatas 127

VEGANO & VEGETARIANO 128

Shepard´s Pie Vegano 128
Tortitas de Brocoli y Coliflor 128
Verduras al Vino Blanco 128
Salsa Tropical 129
Dip de Peperoncino con Queso 129
Zoodles al Tomate con Parmesano 129
Fijoles de Soya al Chipotle 130
Cazuela Vegetariana con Queso 130
Tofu y Patatas con Salsa Picante de Soya 130
Clásico Hummus de Soya 131
Dip Cremoso de Calabaza con Ajonjolí 131
Huevos Endiablados con Cottage 131
Cazuela Vegana 132
Hummus con Ajo y Col Rizada 132
Patatas a las Finas Hierbas 132
Tortitas de Verduras y Linaza 132
Huevos Horneados con Queso 133
Zoodles al Pomodoro 133
Manzanas en Salsa de Arándano 133
Lentejas Dhal con Calabaza 134
Guiso de Camote y Espinaca 134
Habas Caldosas con Vegetales 134
Ratatouille a la Sidra 135
Palak Paneer con Jalapeño 135
Pan Tostado Mediterráneo 135
Calabacín en Salsa de Coco 136
Vegetales con Nueces de Brazil 136
Chili de Habas con Pimiento Morrón 136
Cabello de Ángel al Curry 137
Cazuela de Berenjenas Picante 137
Brocolí en salsa Tahini 137
Boloñesa Vegana 138
Minestrone con Limón 138
Tofu al Jalapeño con Verduras 138
Cazuela Ligera de Camote y Ejotes 139
Baguette de Champiñón y Pimiento 139

Frittata Mexicana de Poblano 139
Puré de Papa al Coco con Nueces 140
Cazuela de Vegetales de Invierno 140
Macarrones de Coliflor y Queso 140
Quiche de Col Rizada y Queso de Cabra 140
Sandwich de Feta 141
Zoodles con Aguacate 141
Cremosas Berenjenas de la India 141

SOPAS, ESTOFADOS & CHILIS 142

Sopa Raclette con Habanero 142
Sopa Exótica de Calabaza y Coco 142
Sopa Jardinera de Mamá 142
Sopa de Tomate y Oregano 143
Sopa de Lentejas 143
Crema de Calabaza y Camote 143
Sopa de Arvejas con Salsa Persillade 144
Sopa Vegetariana al Curry 144
Sopa de Chorizo y Coliflor 144
Caldo de Garbanzo con Acelga 145
Sopa de Habas y Jamón 145
Sopa de Calabacín y Salvia 145
Caldo de Tomate con Habas y Pollo 146
Sopa de Camote con Chipotle 146
Lentejas con Pollo y Elote 146
Udon Vegetariano 147
Lentejas con Verduras 147
Deliciosa Sopa Italiana 147
Crema de Brócoli y Cúrcuma 148
Crema de Patata con Carne 148
Cazuela de Garbanzos y Naba 148
Singular Estofado de Aguacate y Tocino 149
Estofado Rústico de Verduras 149
Ratatouille Guisado 149
Estofado de Pollo y Vegetales 150
Guiso de Pollo con Dátiles 150
Estofado de Ternera con Patatas y Guisantes 150

SNACKS & APERITIVOS 151

Muffins de Huevo con Jamón Serrano y Parmesano ... 151
Pato en Salsa de Chile Serrano 151
Salchichitas con Bacon 151
Buffalo Chicken Wings con Queso Azul 152
Champiñones Rellenos con Salchicha Italiana 152
Mezcla Botanera 152
Wrap de Lechuga con Pollo Teriyaki 153
Albóndigas Agridulces 153
Cazuelitas de Huevo con Queso y Bacon 153
Alitas de Pollo con Salsa Dulce 154
Champiñones Rellenos de Ajonjolí Cremoso 154
Palitos de Zanahoria con Limón y Nueces 154
Caviar de Berenjena 155
Bolas de Pollo con Salsa Buffalo 155
Hummus de Calabaza 155
Fabuloso Fondue de Queso 156
Dip de Queso con Carne 156
Piernas de Pollo en BBQ 156
Tortitas de Patata y Calabacín 156
Cazuela de Pollo y Apio 157
Rollitos de Pollo con Prosciutto y Espárragos 157
Dip de Espinaca y Espárragos 157
Pizza de Coliflor Estilo Margarita 158
Costillitas BBQ Estilo Texas 158
Dip de Naranja y Tofu 158
Huevos Endiablados 159
Dip de Naba y Camote 159
Elotes con Queso 159

POSTRES 160

Clásico Pastel Tiramisú 160
Cheesecake de Limón con Moras 160
Pan Navideño de Plátano 160
Pastel de Almendras 161
Crema de Limón con Moras Azules 161
Barras de Almendra con Avena 161
Tartaleta de Moras 162
Pastel Volteado de Piña 162
Cheesecake de Naranja 163
Crema de Moras 163
Pay de Calabaza con Miel 163
Pastel Casero de Plátano 164
Pastel de Manzana con Café 164
Créme Brûlée de Naranja 164
Cheesecake de Coco con Naranja 165
Tarta de Durazno Casera 165
Duraznos Rellenos de Arándano y Nueces Pacanas 166
Crema de Calabaza 166
Peras Pochadas con Limón 166
Pay de Cereza 166
Fondue de Chocolate Blanco 167
Pastel Chocolatoso de Pudín 167
Barritas de Amapola con Limón 167
Melocotones en Salsa de Moras 168
Pudín de Pera con Moras 168
Galletas de Avena con Chocolate y Pasas 168
Pudín de Piña y Chocolate 169
Cheesecake de Yogurt y Canela 169
Clásico Brownie con Helado 169
Barras Energéticas de Quinoa 170
Compota de Moras 170
Muffins de Chocolate y Limón 170

INTRODUCCIÓN

¿QUÉ ES LA INSTANT POT?

Una Instant Pot es una olla a presión eléctrica programable. Imagínate una versión futurista de la olla a presión tradicional, pero más versátil y agradable de usar y más segura. Además de las funciones de cocción rápida, también ofrece funciones como cocción lenta, al vapor, hacer yogur, arroz o salteado. La olla Instant Pot cocina mediante calor y vapor a presión. La tapa convierte el interior de la olla en un espacio completamente aislado, para que el incremento de presión cocine los alimentos de forma rápida y segura.

LO ESTÚPENDO

Es bastante segura: incluye muchos mecanismos de seguridad para evitar cualquier accidente Es una olla multifuncional que tiene 14 programas para cocinar todo tipo de comidas Es muy silenciosa, fácil de limpiar y mantener, y apenas emite olores y vapor. Podrás programar cuando iniciar la cocción Podrás mantener la comida caliente en "Keep Warm" hasta 10h una vez finalizado el programa de cocción. Podrás cocinar alimentos congelados ...y muchos más

LO MALO

Requiere su espacio, así que encuéntrale un sitio en tu cocina antes de comprarla. Como cada cosa nueva, en el principio te tocará consultar las instrucciones a menudo, pero una vez superada le cojas el ritmo, ya será todo mucho más fácil.

¿QUÉ SE PUEDE COCINAR DENTRO DE UNA INSTANT POT?

Pues de todo: arroz, carne, pescado, legumbre, pasta, sopas, verdura, cremas, huevos, pasteles, etc. Es perfecta para cocinar en cantidades, ya que permite una facilidad tremenda a la hora de cocinar para mas personas.

LIBERACIÓN DE LA PRESIÓN Y APERTURA DE LA TAPA

Una vez que termine de cocinar, tu Instant Pot se pondrá automáticamente al modo "Keep Warm". Para abrir la tapa, es imprescindible liberar la presión. Mientras en la olla haya presión, la tapa quedará bloqueada. No intentes abrirla si liberar la presión de una de estas 2 maneras:

LIBERACIÓN NATURAL: Es cuando dejamos la olla sin tocar, perderá la temperatura de forma natural. Esto puede tardar ent-re 5 y 20 minutos tras la finalización del programa.

LIBERACIÓN RÁPIDA: Gira la palanca reguladora de "Sealing" a la posición "Venting". Siempre tener cuidado, protegiendo la mano con un paño de cocina o un guante de horno porque el vapor quema. El vapor saldrá de forma rápida e intensa y durante 2 minutos

IMPORTANTE! En este libro encontrarás recetas que especifican que hagas una liberación natural, i.e. que la presión de la olla disminuya de forma natural, antes de tocar y abrir la tapa..

Los tiempos de cocción de las recetas son aproximados y podrían variar según el modelo exacto de la Instant Pot, la temperatura y cantidad de los productos, etc.

Disfruta de tu olla de cocción Instant Pot!

DESAYUNOS & ENTRADAS

Pan Francés con Mango y Nueces

6 raciones | Tiempo Total de preparación: 35 minutos

INGREDIENTES

1 ½ cditas canela
¼ cdita extracto de vainilla
6 pzas pan en cubos
4 mangos en rebanadas
2 cdas azúcar morena
1 cda azúcar blanca

½ taza leche
¼ taza nueces picadas
3 huevos
¼ taza queso crema, ablandada
2 cdas mantequilla fría, rebanada

ELABORACIÓN

Engrasa un molde para hornear con mantequilla y distribuye la mitad del pan. Coloca la mitad de los mangos y espolvorea la mitad del azúcar morena. Esparce el queso crema por encima y cubre con el resto del pan y mangos. Espolvorea el azúcar morena y nueces. Cubrir con mantequilla.

En un recipiente, batir los huevos con azúcar, leche, canela y vainilla. Vaciar la mezcla en el molde. Coloca el trivet dentro de tu Instant Pot y deposita una taza de agua. Coloca el molde dentro del trivet. Cocina en Manual durante 30 minutos en High. Realiza una liberación manual de presión.

Mini Pasteles de Zanahoria con Nueces

8 raciones | Tiempo Total de Preparación: 20 minutos

INGREDIENTES

¼ taza aceite de coco
½ taza leche
½ taza nueces pacanas
1 cdita especias para pastel de manzana

1 taza zanahoria rallada
3 huevos
½ taza de puré de manzana
1 taza avellanas molidas

ELABORACIÓN

Deposita 1 taza de agua en tú IP y coloca el trivet. En un recipiente, mezclar el aceite de coco, leche, huevos, puré de manzana, avellanas y las especias. Utiliza una batidora y mezcla hasta esponjar.

Añadir la zanahoria y las nueces. Llenar los moldes para muffin con la mezcla y acomodarlos en el trivet. Sella la tapa. Cocina en Manual en High durante 15 minutos. Cuando esté listo, realizar una liberación manual de presión. Retirar los muffins, dejarlos enfríar por unos minutos antes de servir.

Maple-Vainilla Porridge

6 raciones | Tiempo Total de Preparación: 25 minutos

INGREDIENTES

1 taza avena
2 tazas leche
2-3 vainas de vainilla
2 cdas linaza molida

Sal y pimienta negra al gusto
2 cditas canela
2 cdas jarabe de maple

ELABORACIÓN

Engrasar la IP con aceite. Agregar leche, 2 tazas de agua y avena. Remover el interior de las vainas de vainilla y colocarlo dentro de la olla. Añadir sal, jarabe, canela y linaza. Sella la tapa. Cocina en Manual durante 3 minutos en High. Realizar una liberación rápida. Revolver y repartir en platos.

Hamburguesa de Huevo con Pancetta Crujiente

4 raciones | Tiempo Total de Preparación: 25 minutos

INGREDIENTES

4 pzas pan para hamburguesa
4 huevos
8 rebanadas de pancetta

Sal y pimienta negra al gusto
1 cdita aceite de oliva
4 cdas queso Muenster rallado

ELABORACIÓN

Prender la IP en Sauté y calentar el aceite. Añadir la pancetta, cocinar por 2-3 minutos por lado hasta que quede crujiente. Escurrir el exceso de grasa con una toalla de papel. Depositar una taza de agua en el IP y colocar el trivet. Dividir la pancetta en los moldes y romper un huevo encima. Sazonar con sal y pimienta.

Cubrir con el queso. Tapar los moldes con aluminio y acomodar en el triver. Sella la tapa. Cocina en Manual durante 15 minutos en High. Cuando esté listo, realizar una liberación manual de presión. Para preparar la hamburguesa, cortar por la mitad los panes y colocar la mezcla en medio.

Caserola de Huevo con Salchichas

4 raciones | Tiempo Total de Preparación: 25 minutos

INGREDIENTES

8 oz salchichas de cerdo cocida
1 cda aceite de coco
6 huevos
¾ taza puerro en lámina
Sal y pimienta negra al gusto

1 taza col rizada picada
1 patata roja, rallada
1 cdita ajo picado
1 cda perejil picado

ELABORACIÓN

Colocar los vegetales en un molde previamente engrasado y dejar a un lado. Prender el IP en Sauté y calentar el aceite de coco. Saltear el ajo, col rizada y puerro por 2 minutos. En un recipiente, batir los huevos y verter sobre los vegetales.

Mezclar las salchichas y la patata. Depositar una taza de agua en el IP y colocar una rejilla. Acomodar el molde en la rejilla. Cocina en Manual durante 25 minutos en High. Realizar una liberación manual de presión. Decorar con perejil picado.

Porridge con Champiñones y Ajo

4 raciones | Tiempo Total de Preparación: 30 minutos

INGREDIENTES

8 oz champiñónes Shiitake
2 tazas caldo de pollo
½ cebolla en dados
2 cdas mantequilla
1 taza avena

½ taza queso Monterey Jack rallado
2 ramas de tomillo
1 diente de ajo picado
Sal y pimienta negra al gusto

ELABORACIÓN

Cortar los champiñones. En Sauté, derritir la mantequilla y sofríe la cebolla, ajo y champiñones por 5 minutos, hasta quedar suaves. Añadir la avena y cocinar por un minuto más. Depositar ½ taza de agua, caldo de pollo y tomillo. Sazonar con sal y pimienta. Colocar la tapa y asegurarla. Cocina en Manual durante 20 minutos. Realizar una liberación manual de presión. Retirar los bowls y esparcir el Monterey Jack por encima.

Deliciosos Bisquets de Cerdo

8 raciones | Tiempo Total de Preparación: 30 minutos

INGREDIENTES

1 ½ lb carne picada de cerdo
8 bisquets
¾ taza sidra de manzana
1 ½ tazas leche
½ taza harina
3 cditas mantequilla

½ taza cebolla picada
1 cdita ajo picado
1 cdita salvia
1 cdita romero
2 cdas perejil fresco picado
Sal y pimienta negra al gusto

ELABORACIÓN

En Sauté derretir la mantequilla, colocar la carne de cerdo y cocinar hasta dorar. Añadir cebolla y ajo, cocinar por 2 minutos más. Verter la sidra, salvia y romero. Colocar la tapa y asegurala. Cocina en Manual en High durante 20 minutos. Realizar una liberación manual de presión. Combinar harina y leche y vaciarla sobre el cerdo. Sella la tapa. Cocina en Manual en High durante 5 minutos. Realizar una liberación manual de presión y servir sobre los bisquets. Decorar con perejil.

Revuelto de Huevo con Calabaza

4 raciones | Tiempo Total de Preparación: 15 minutos

INGREDIENTES

8 huevos
½ taza de leche
2 tazas calabaza rallada
1 taza zanahoria rallada
½ cda aceite de oliva

½ cdita perejil seco
Sal y pimienta negra al gusto
¼ cdita pimentón
¼ cdita polvo de ajo

ELABORACIÓN

Calentar el aceite de oliva en Sauté, añadir la zanahoria, calabaza, perejil y las especias, mezclar bien y cocinar por 2-3 minutos. Mientras tanto, batir los huevos con la leche. Vaciar la mezcla sobre la zanahoria y combinar. Colocar la tapa y asegurarla. Selecciona Manual por 7 minutos en High. Cuando esté listo, realizar una liberación manual de presión. Abrir la tapa con cuidado. Servir.

Pudín de Almendra y Chocolate Amargo

4 raciones | Tiempo Total de Preparación: 30 minutos

INGREDIENTES

3 ½ tazas pan en cubos
¾ taza crema ligera
1 cdita mantequilla derretida
2 cdas jugo de limón
Ralladura de 1 limón
3 huevos

3 oz chocolate negro en trozos
½ taza leche
¼ taza +1 cda azúcar
1 cdita extracto de almendra
Una pizca de sal

ELABORACIÓN

En un bol, batir los huevos con ¼ de taza de azúcar. Añadir la crema, jugo de limón, ralladura de limón, extracto de almendra, leche y sal. Remojar el pan por 5 minutos. Mezclar el chocolate negro. Depositar 2 tazas de agua en el IP y colocar el trivet. Engrasar un molde con mantequilla.

Rellenar con la mezcla y espolvorear con azúcar. Acomodar el molde en el trivet. Colocar la tapa y asegurarla. Cocina en Manual durante 18 minutos en High. Realizar liberación manual de presión.

Frittata de Tomate y Cebolla

4 raciones | Tiempo Total de Preparación: 25 minutos

INGREDIENTES

6 huevos batidos
1 tomate picado
¼ taza leche de almendra
1 cda tomate en pasta
1 cda aceite de oliva

Sal y pimienta negra al gusto
2 cdas harina de coco
5 cdas cebolla picada
1 cdita ajo picado
4 oz patatas ralladas

ELABORACIÓN

En un bol, batir los huevos con tomate en pasta, leche y aceite. Añadir la harina, cebolla, tomate, ajo y patatas. Mezclar bien. Verter la mezcla en un molde previamente engrasado. Depositar 1 ½ tazas de agua en el IP y colocar el trivet.

Acomodar el molde en el trivet. Seleccionar Manual y cocinar por 18 minutos en High. Cuando esté listo, realizar una liberación manual de presión. Servir en rebanadas.

Quiche de Verduras

4 raciones | Tiempo Total de Preparación: 25 minutos

INGREDIENTES

1 zanahoria rallada
1 tomate, picado
½ taza acelga
¼ taza leche
¼ onion en dados

½ pimiento en dados
1 cdita albahaca
Sal y pimienta negra al gusto
¼ cdita pimentón
8 huevos

ELABORACIÓN

Deposita 1 taza de agua en tú IP y coloca el trivet. En un recipiente, batir los huevos, leche, pimienta, albahaca y paprika. Añadir las verduras y mezcla bien.

Engrasa un molde con spray de cocina y rellenar con la mezcla. Acomodar el molde en el trivet. Cocina en Manual en High durante 20 minutos. Realizar una liberación de presión natural por 10 minutos. Retira el quiche y servir.

Caserola de Huevo con Ternera

4 raciones | Tiempo Total de Preparación: 30 minutos

INGREDIENTES

8 oz carne picada de ternera
6 huevos batidos
¾ taza puerro rebanado
¾ taza col rizada picada

1 calabaza rallada
1 diente de ajo picado
1 cda aceite de oliva
Sal y pimienta negra al gusto

ELABORACIÓN

Engrasar un molde con spray de cocina. En Sauté calentar el aceite. Colocar el puerro y el ajo, cocinar por 2 minutos. Añadir la carne de res y cocinar por unos minutos hasta dorar. Trasladar la carne a un recipiente. Añadir los ingredientes faltantes y combinar.

Depositar una taza de agua en tú IP y colocar el trivet. Llenar el molde con la mezcla y acomodarlo en el trivet. Colocar la tapa y asegurarla. Cocina en Manual en High durante 25 minutos. Realizar una liberación manual de presión.

Ensalada de Patata y Huevo

6 raciones | Tiempo Total de Preparación: 20 minutos

INGREDIENTES

½ taza cebollín picado
1 hinojo picado
1 zanahoria picada
½ cebolla en dados
4 huevos duros rebanados

1½ lb patatas
½ taza mayonesa
½ cda vinagre
Sal y pimienta negra al gusto
½ cdita pimentón

ELABORACIÓN

Lavar vigorosamente las patatas y colocarlas en la olla de presión. Verter 2 tazas de agua. Colocar la tapa y asegurarla. Cocina en Manual durante 10 minutos en High.

Cuando esté listo, realizar una liberación manual de presión. Retirar las patatas a un bol y dejar enfríar. Pelar y cortar las patatas. Sazonar con sal, pimentón y pimienta. Añadir la zanahoria, hinojo, cebolla y cebollín. En otro recipiente, mezclar la mayonesa con el vinagre. Vaciar el contenido en los vegetales y mezclar hasta que esté bien combinado. Colocar el huevo encima.

Pâté de Champiñones

8 raciones | Tiempo Total de Preparación: 35 minutos

INGREDIENTES

½ taza jugo de uva
2 cebollas rebanadas
1 ½ lb Champiñón Portobello
1 ½ tazas agua hirviendo

Sal y pimienta negra al gusto
1 taza campiñón Porcini seco
3 cdas mantequilla

ELABORACIÓN

En un recipiente resistente al calor, mezclar el champiñón seco con agua caliente. Cubrir y dejar reposar. Seleccionar Sauté y derretir la mantequilla, agregar la cebolla y cocinar por 3 minutos. Rebanar el Portobello y añadir a la olla, saltear por 4 minutos hasta dorar. Verter el jugo de uva y cocinar hasta que se evapore. Mezclar los champiñónes secos y sazonar. Colocar la tapa y asegurarla. Cocina en Manual durante 10 minutos en High. Realizar una liberación manual de presión. Para preparar el paté, usar una batidora de mano para mezclar todos los ingredientes por 5 minutos.

Bowl de Calabaza y Coliflor

6 raciones | Tiempo Total de Preparación: 30 minutos

INGREDIENTES

6 tazas coliflor
2 calabazas de invierno en cubos
2 tomates en dados
2 tazas chicharos
1 cdita ajo picado

1 taza cebollín picado
1 cda aceite de oliva
4 tazas fondo de verduras
Sal y pimienta negra al gusto

ELABORACIÓN

Seleccionar Sauté y calentar el aceite de oliva. Añadir el cebollín, cocinar por 3-4 minutos. Agregar la coliflor, tomates y el fondo de verduras. Colocar la tapa y asegurarla. Cocinar por 6 minutos en High. Realizar una liberación manual de presión. Mezclar los ingredientes faltantes. Asegurar la tapa de nuevo. Cocina en Manual durante 10 minutos en High. Cuando esté listo, realizar una liberación manual de presión.

Ensaladilla de Camote y Frijol

6 raciones | Tiempo Total de Preparación: 20 minutos

INGREDIENTES

1 lb camote en cubos
¾ lb frijol ojo negro
1 cdita cúrcuma picada
1 cdita ajo picado
¼ cdita salvia seca

¼ cdita albahaca seca
Sal y pimienta negra al gusto
1 ½ tazas fondo de pollo
1 cda aceite de oliva

ELABORACIÓN

Seleccionar Sauté y calentar el aceite. Cocinar el ajo y cúrcuma por un minuto. Añadir las patatas y el fondo de pollo. Colocar la tapa y asegurarla. Cocina en Manual durante 10 minutos en High. Realizar liberación manual de presión. Mezclar los frijoles y asegurar la tapa de nuevo.

Cocina en Manual durante 4 minutos más en High. Realizar una liberación manual de presión. Escurrir las patatas y los frijoles y colocarlos en un bol. Añadir la salvia y albahaca.

Meet Lover Quiche

4 raciones | Tiempo Total de Preparación: 35 minutos

INGREDIENTES

6 huevos, batidos
1 taza salchicha, cocida
4 rebanadas pancetta, troceada
2 cebolletas picadas

½ taza leche
4 rebanadas jamón en cubos
1 taza mozzarella troceada
Sal y pimienta negra al gusto

ELABORACIÓN

Depositar una taza de agua en el IP y colocar un trivet. En un recipiente, batir los huevos con la leche, sal y pimienta. Dejar a un lado. Mezclar la salchicha, queso, pancetta, jamón y cebolla en un molde y vaciar el huevo por encima.

Acomodar el molde en el trivet. Cubrir con papel aluminio, Colocar la tapa y asegurarla. Cocina en Manual durante 30 minutos. Realizar una liberación manual de presión. Permitir enfríar antes de rebanar y servir.

Cazuelitas de Huevo con Salsa Holandesa

4 raciones | Tiempo Total de Preparación: 15 minutos

INGREDIENTES

4 pzas pan picado
4 huevos
½ taza de rúcula picada

Sal y pimienta negra al gusto
4 rebanadas de queso cheddar
1 ½ oz salsa Holandesa

ELABORACIÓN

Colocar la canasta de steamer en la olla y verter 1 taza de agua. Dividir el pan en 4 moldes. En un recipiente, batir los huevos con la rúcula. Dividir la mezcla entre los moldes. Cubrirlos con papel aluminio y acomodarlos en el steamer.

Seleccionar Manual por 8 minutos. Sellar la tapa. Cuando esté listo, realizar una liberación manual de presión. Retirar los moldes y quitar el aluminio. Añadir una rebanada de queso y un poco de salsa holandesa por encima.

Soufflé de Elote

2 raciones | Tiempo Total de Preparación: 15 minutos

INGREDIENTES

4 huevos
1 tomate picado
1 cebolla en dados
½ taza elote

¼ cdita ajo en polvo
Una pizca de pimienta de cayena
Sal y pimienta negra al gusto

ELABORACIÓN

Depositar 1 taza de agua en tú IP y colocar un trivet. Engrasar un molde con spray de cocina. Batir los huevos con polvo de ajo, cayena y pimienta negra. Añadir los tomates, elote y cebolla.

Vaciar la mezcla en el molde y acomodar en el trivet. Colocar la tapa y asegurarla. Cocina en Manual en High durante 8 minutos. Cuando esté listo, realizar una liberación manual de presión.

Hash Browns de Calabaza

4 raciones | Tiempo Total de Preparación: 35 minutos

INGREDIENTES

1 lb calabaza, rallada
1 cdita pimentón ahumado
1 ½ cda mantequilla

1 ½ cda aceite de maíz
Sal y pimienta negra al gusto
½ cebolla rebanada

ELABORACIÓN

Enguajar la calabaza rallada en agua fría para disolver el exceso de almidón, luego escurrir y secar. Seleccionar Sauté, derretir la mantequilla y el aceite. Añadir la cebolla y calabaza, cocinar por 6 minutos. Sazonar con sal, pimienta y pimentón. Colocar la mezcla en un molde de horno, esparcir bien sobre el molde.

Depositar 1 taza de agua en el IP y colocar el trivet. Acomodar el molde en el trivet. Colocar la tapa y asegurarla. Cocina en Manual durante 15 minutos en High. Realizar una liberación manual de presión. Servir.

Gnocchi con Puerro y Calabacín

4 raciones | Tiempo Total de Preparación: 20 minutos

INGREDIENTES

1 lb gnocchi de patata
10 oz calabacín en cubos
1 taza puerro, sólo parte blanca
1 taza pimiento morrón cortado
1 rama de romero seco, molido

Sal y pimienta negra al gusto
½ cdita ajo en polvo
3 cditas aceite de oliva
20 oz tomate en trozos, lata
Parmesano rallado para decorar

ELABORACIÓN

Seleccionar Sauté y calentar el aceite de oliva. Agregar puerro, cocinar por 3-4 minutos. Añadir el calabacín y pimiento morrón, cocinar por 2 minutos más. Incorporar el tomate, romero, 1 ½ tazas de agua, ajo, sal y pimienta. Mezclar el gnocchi.

Colocar la tapa y asegurarla. Cocina en Manual durante 8 minutos en High. Una vez listo, realizar una liberación manual de presión. Servir con el Parmesano encima.

Hash Browns con Jamón y Huevo

4 raciones | Tiempo Total de Preparación: 20 minutos

INGREDIENTES

6 patatas pequeñas ralladas
6 huevos, batidos
1 taza queso Colby, rallado

Sal y pimienta negra al gusto
1 taza jamón en cubos

ELABORACIÓN

Engrasar la olla del IP con spray de cocina y presionar Sauté. Colocar las patatas, cocinar por 5-6 minutos, hasta dorar ligeramente. Verter ½ taza de agua. En un recipiente, batir los huevos con jamón y queso. Agregar a la olla y mezclar bien. Sella la tapa. Cocina en Manual durante 10 minutos. Realizar una liberación manual de presión.

Mini Quiche de Salmón

2 raciones | Tiempo Total de Preparación: 10 minutos

INGREDIENTES

2 rebanadas salmón ahumado
2 huevos
1 cdita cilantro picado

Sal y pimienta negra al gusto
1 cda pimentón

ELABORACIÓN

Depositar una taza de agua en el IP y colocar el trivet. Engrasar 2 moldes con spray de cocina. Colocar una rebanada de salmón en cada molde. Partir un huevo encima y sazonar con pimienta y sal. Espolvorear el cilantro y el pimentón. Acomodar los moldes en el trivet. Colocar la tapa y asegurarla. Cocina en Manual durante 5 minutos en High. Cuando esté listo, realizar una liberación manual de presión.

Ensalada Cítrica de Nabo

4 raciones | Tiempo Total de Preparación: 15 minutos

INGREDIENTES

1 taza cebolla dulce rebanada
2 nabos blancos en cubos
4 cdas aceite de oliva

2 cdas jugo de limón
Sal y pimienta negra al gusto

ELABORACIÓN

Seleccionar Sauté y calentar el aceite. Agregar la cebolla, cocinar por 2-3 minutos. Añadir los nabos y una taza de agua. Colocar la tapa y asegurarla. Cocina en Manual durante 5 minutos en High. Una vez listo, realizar una liberación manual de presión. Escurrir los nabos y cebollas y colocarlos en un bol. En otro bol, mezclar los ingredientes faltantes y verter sobre los nabos.

Frittata de Cebolla con Pimiento Rojo

2 raciones | Tiempo Total de Preparación: 15 minutos

INGREDIENTES

3 huevos
¼ taza pimiento rojo en dados
¼ taza cebolla en dados
2 cdas leche

¼ cdita ajo en polvo
Sal y pimienta negra al gusto
Una pizca de jengibre en polvo

ELABORACIÓN

Depositar una taza de agua en tú IP y colocar el trivet. Engrasar un molde pequeño con spray de cocina. En un recipiente, batir los huevos con leche, jengibre, pimienta negra y ajo en polvo. Añadir la cebolla y el pimiento. Mezclar bien. Vaciar la mezcla en el molde y acomodarlo en el trivet. Colocar la tapa y asegurarla. Cocina en Manual en High durante 8 minutos. Cuando esté listo, realizar una liberación manual de presión.

Hot Cakes de Coco y Nueces

4 raciones | Tiempo Total de Preparación: 25 minutos

INGREDIENTES

1 taza harina de coco
1 cdita extracto de coco
2 cdas miel
2 huevos

1 ½ tazas leche de almendra
1 taza nuez de la india molida
½ cdita bircabonato de sodio

ELABORACIÓN

En un bol, batir los huevos con la leche. Añadir gradualmente el resto de los ingredientes, mezclando constantemente. Engrasar la cazuela del IP con spray de cocina y echar la mezcla dentro. Cocina en Manual durante 20 minutos en High. Realizar una liberación manual de presión. Servir.

Puré de Patata con Nuez Moscada

4 raciones | Tiempo Total de Preparación: 20 minutos

INGREDIENTES

4 patatas, peladas
1 coliflor
2 cdas mantequilla
1 cda romero

¼ taza leche
Una pizca de nuez moscada
Sal y pimienta negra al gusto

ELABORACIÓN

Colocar patatas dentro de la olla de presión. Depositar suficiente agua para cubrirlas. Colocar la tapa y asegurarla. Cocina en Manual durante 8 minutos en High. Cuando esté listo, realizar una liberación manual de presión. Retirar las patatas a un bol. Triturar las patatas hasta formar un puré. Añadir los ingredientes faltantes y combinar hasta que tenga una textura suave.

Patatas con Tirabaque

6 raciones | Tiempo Total de Preparación: 20 minutos

INGREDIENTES

½ lb tirabeque
1½ lb patatas picadas
1 cdita ajo picado
1 cebolla en dados

½ cdita jengibre en polvo
¼ cdita pimentón picante
1 cda aceite de oliva
Sal y pimienta negra al gusto

ELABORACIÓN

Seleccionar Sauté y calentar el aceite de oliva. Añadir la cebolla y cocinar por 3 minutos. Una vez suaves, agregar el ajo y saltear por un minuto. Colocar las patatas y cubrir con agua. Colocar la tapa y asegurarla. Cocina en Manual durante 5 minutos en High. Realizar una liberación manual de presión. Agregar los tirabeques y asegurar la tapa de nuevo. Cocina en Steam por 3 minutos en High. Realizar una liberación manual de presión. Sazonar con jengibre, pimentón, sal y pimienta.

Ensalada de Coles de Bruselas con Manzana

4 raciones | Tiempo Total de Preparación: 25 minutos

INGREDIENTES

1 lb coles de bruselas rallada
1 taza cebolla en dados
1 taza manzana troceada
1 cda maicena

1 ½ taza fondo de verduras
1 cda aceite de canola
Sal y pimienta negra al gusto
¼ cdita comino

ELABORACIÓN

Seleccionar Sauté y calentar el aceite de canola. Añadir la cebolla y manzana, cocinar por 6 minutos. Una vez suaves, agregar el resto de los ingredientes, excepto la maicena. Colocar la tapa y asegurarla. Cocina en Manual durante 15 minutos en High. Realizar una liberación manual de presión. Mezclar la maicena con 2 cdas de agua y verter en la olla. Cocina en Sauté por 3 minutos hasta espesar.

Col con Manzanas de la Abuela

4 raciones | Tiempo Total de Preparación: 25 minutos

INGREDIENTES

1 col, rallada
1 ½ tazas fondo de vegetales
½ taza vino tinto seco
1 cebolla en dados

¼ cdita pimienta de Jamaica
2 cdas aceite de oliva
2 manzanas en cubos
½ cda maicena combinada con 6 cdas de vino tinto

ELABORACIÓN

Seleccionar Sauté y calentar el aceite. Agregar la manzana y cebolla, sofreir por 5 minutos. Añadir el resto de los ingredientes, excepto la maicena. Colocar la tapa y asegurarla. Cocina en Manual durante 15 minutos en High. Realizar una liberación manual de presión e incorporar la maicena preparada. Hervir en Sauté y sin tapa por 5 minutos o hasta espesar antes de servir.

Ensalada de Tomatitos y Calabacín Amarillo

8 raciones | Tiempo Total de Preparación: 20 minutos

INGREDIENTES

1 lb tomates cherry
2 cebollas pequeñas, picadas
6 calabacines amarillos medianos, picados
1 ½ cdita ajo picado

1 cda aceite de oliva
2 cdas albahaca picada
Sal y pimienta negra al gusto

ELABORACIÓN

Seleccionar Sauté y calentar el aceite. Añadir las cebollar y cocinar por 3 minutos. Agregar el ajo y cocinar por un minuto más. Incorporar los tomates y el calabacín, cocinar por 2 minutos. Verter 1 taza de agua, Colocar la tapa y asegurarla. Cocina en Manual durante 5 minutos en High. Realizar una liberación manual de presión. Añadir la albahaca y sazonar con sal y pimienta. Servir.

Lasaña Vegetariana con Albahaca

6 raciones | Tiempo Total de Preparación: 35 minutos

INGREDIENTES

2 dientes de ajo picado
2 lb láminas de lasaña seca

2 tazas salsa para pasta
2 tazas queso cottage

1 cda hojas de pimienta roja triturada
Sal y pimienta negra al gusto

2 tazas champiñón rebanado
¼ taza albahaca picada + decorar

ELABORACIÓN

Engrasar un sartén con spray de cocina. Colocar lasaña en el fondo, expandir la salsa para pasta por encima. Añadir queso y champiñones. Sazonar con ajo, hierbas y especias. Repetir el proceso hasta que no queden más ingredientes. Cubrir con aluminio. Depositar 2 tazas de agua en el IP y colocar el trivet. Acomodar el sartén en el trivet. Colocar la tapa y asegurarla. Cocina en Manual durante 25 minutos en High. Realizar una liberación manual de presión. Decorar con albahaca y servir.

Hash Browns con Cheddar

6 raciones | Tiempo Total de Preparación: 32 minutos

INGREDIENTES

30 oz hash browns ralladas
4 salchicas cocidas y rebanadas
½ cebolla amarilla, en dados
1 pimiento morrón verde, en dados

12 huevos
Sal y pimienta negra al gusto
1 taza leche desnatada
1½ tazas cheddar rallado

ELABORACIÓN

Engrasar un molde con spray de cocina. Expandir el hash brown por todo el molde. En un recipiente, batir los huevos, leche, sal, pimienta, salchichas, queso y vegetales. Vaciar la mezcla en el molde. Depositar 1 taza de agua en el IP y colocar el trivet. Acomodar el molde en el trivet. Colocar la tapa y asegurarla. Cocina en Manual durante 20 minutos en High. Has liberación manual de presión.

Risotto de Manzana con Canela

8 raciones | Tiempo Total de Preparación: 50 minutos

INGREDIENTES

¼ taza mantequilla
1/3 azúcar moscabada
1 ½ tazas arroz
Sal y pimienta negra al gusto

1/8 cda nuez moscada
1 ½ cdita canela
3 manzanas pequeñas en dados
2 tazas leche

ELABORACIÓN

Seleccionar Sauté y derretir la mantequilla. Agregar arroz, manzana, azúcar y especias, incorporar la leche. Depositar una taza de agua. Sella la tapa. Cocina en Manual durante 20 minutos en High. Una vez listo, realizar una liberación de presión natural por 15 minutos. Servir.

Cazuela de Huevo con Feta y Champiñones

6 raciones | Tiempo Total de Preparación: 28 minutos

INGREDIENTES

1 docena de huevos
2 cdas aceite de oliva
1 pimiento morrón rojo, picado

2 lb champiñónes portobello rebanados
1 lb queso feta

ELABORACIÓN

Seleccionar Sauté y calentar el aceite. Cocinar champiñónes y pimiento 5-6 minutos. Colocarlos en un molde. Desmoronar el queso feta por ecncima. En un bol, batir los huevos con pimienta. Verter sobre el queso. Depositar 1 taza de agua en el IP y colocar el trivet. Acomodar el molde en el trivet. Sellar la tapa. Cocina en Manual durante 12 minutos en High. Realizar una liberación rápida.

Puré de Camote y Zanahoria

6 raciones | Tiempo Total de Preparación: 20 minutos

INGREDIENTES

3 cdas mantequilla fría en cubos
½ cdita miso en pasta
¾ taza leche
2 zanahorias picadas
2 lb camote en cubos
1 rama tomillo seco, triturado

¾ cdita hoja pimienta roja, triturada
¼ cdita pimienta negra molida
2 ramas de romero seco, triturado
Sal al gusto
2 cdas semillas de calabaza, tostadas

ELABORACIÓN

Colocar el camote y la zanahoria en el IP y rellenar con agua hasta que queden cubiertas. Sazonar con sal. Colocar la tapa y asegurarla. Cocina en Manual durante 10 minutos en High. Realizar una liberación manual de presión. Escurrir el contenido y macharlo. Sazonar con pimienta roja y negra, romero, tomillo y miso. Añadir la mantequilla y leche. Triturar hasta crear una mezcla homogénea. Servir en platos y decorar con semillas de calabaza.

Suculentos Vegetales con Pancetta Crujiente

4 raciones | Tiempo Total de Preparación: 20 minutos

INGREDIENTES

4 rebanadas pancetta picadas
2 zanahorias picadas
½ cebolla picada
1 diente de ajo picado
2 patatas picadas
1 taza brocoli

1 taza coliflor
1 cda jugo de naranja
1 cda aceite de oliva
1 taza crema agria
1½ tazas fondo de pollo
Sal y pimienta negra al gusto

ELABORACIÓN

Seleccionar Sauté, cocinar la pancetta hasta que esté crujiente. Separar en un plato. Agregar la cebolla y el ajo y cocinar 2 minutos. Añadir la patata y zanahoria, cocinar 2 minutos más. Verter el fondo, colocar la tapa y asegurarla. Cocina en Manual durante 5 minutos en High. Realizar una liberación manual de presión. Incorporar la crema agria y el jugo de naranja. Sazonar. Servir con la pancetta por encima.

Coles de Bruselas y Camote al Cajún

6 raciones | Tiempo Total de Preparación: 20 minutos

INGREDIENTES

1 ½ lb camote picado
½ lb coles de bruselas por la mitad
1 cdita sazonador cajún
½ cebolla picada

1 diente de ajo picado
1 ½ tazas fondo de pollo
1 cda aceite
Sal y pimienta negra al gusto

ELABORACIÓN

Seleccionar Sauté y calentar el aceite. Agregar la cebolla y el ajo, cocinar por 2 minutos. Verter el fondo y añadir el camote. Colocar la tapa y asegurarla. Cocina en Manual durante 6 minutos en High. Una vez listo, realizar una liberación manual de presión e incorporar las coles. Cocina en Sauté y sin tapa por 4 minutos. Escurrir y colocar en un plato. Sazonar con cajún y servir.

Sopa Picante de Hinojo

4 raciones | Tiempo Total de Preparación: 40 minutos

INGREDIENTES

4 tazas fondo de vegetales
2 cebollas finamente picadas
½ cdita comino molido
½ cdita salvia seca
1 taza chirivía picada
Sal y pimienta negra al gusto

2 cdas aceite de oliva
1½ tazas zanahoria picada
½ taza hinojo picado
1 taza croutons para decorar
2 chiles en conserva picados

ELABORACIÓN

Seleccionar Sauté y calentar el aceite. Añadir el hinojo, chirivía, zanahoria, cebolla y chiles. Sofreír por 5 minutos. Incorporar los ingredientes restantes. Colocar la tapa y asegurarla. Cocina en Manual durante 30 minutos en High. Una vez listo, realizar una liberación manual de presión. Servir con croutons.

Salteado de Alcachofa y Ejote Amarillo

8 raciones | Tiempo Total de Preparación: 15 minutos

INGREDIENTES

2 lb alcachofa por la mitad
2 ¼ tazas ejote amarillo
2 tomates en cubos
2 cdas ajo verde picado
Sal y pimienta negra al gusto

½ hoja de pimienta roja, triturado
1 taza cebolla dulce rebanada
2 cdas mantequilla
½ cda aceite de oliva
8 tazas fondo de vegetales

ELABORACIÓN

Seleccionar Sauté y derretir la mantequilla y aceite. Sofreír la cebolla por 3 minutos. Añadir el tomate, alcachofa, ajo y fondo. Sazonar con sal, pimienta negra y roja. Colocar la tapa y asegurarla. Cocina en Manual durante 8 minutos en High. Una vez listo, realizar una liberación manual de presión. Incorporar el ejote. Cocina en Sauté y sin tapa por 10 minutos. Servir.

Berenjena Caponata

4 raciones | Tiempo Total de Preparación: 55 minutos

INGREDIENTES

1 taza cebolla morada, rebanada
3 cdas vino tinto
½ taza aceite de oliva
2 tazas berenjena en cubos
Sal y pimienta negra al gusto
2 dientes de ajo picados

½ taza albahaca fresca picada
1 taza apio en dados
3 tomates Roma, picados
2 cdas alcaparras, drenadas
½ taza piñón tostado

ELABORACIÓN

Colocar la berenjena en un colador y dejar reposar por 35 minutos. Enguajar, exprimir y dejar a un lado. Seleccionar Sauté y calentar el aceite. Sofreír el ajo, cebolla y berenjena 2-3 minutos. Verter el vino, apio, tomates y ½ taza de agua.

Sellar la tapa. Cocina en Manual durante 8 minutos en High. Una vez listo, realizar liberación manual de presión. Sirve con albahaca, alcaparras y piñón.

Salteado Chino de Chalote y Semillas

3 raciones | Tiempo Total de Preparación: 20 minutos

INGREDIENTES

10 oz mostaza china, picada
5 chalotes, picados
1 cdita jengibre en polvo
2 cditas aceite de oliva

½ cdita semillas de cilantro
½ cdita comino
Sal y pimienta negra al gusto

ELABORACIÓN

Depositar una taza de agua en el IP y colocar la canastilla del steamer. Acomodar la mostaza china dentro de la canastilla. Colocar la tapa y asegurarla. Cocina en Manual durante 3 minutos en High. Una vez listo, realizar una liberación manual de presión. Retirar a un plato. Remover el agua y calentar el aceite en Sauté. Añadir las especias y el chalote, cocinar por 5-6 minutos. Incorporar la mostaza y servir.

Huevos Florentinos

8 raciones | Tiempo Total de Preparación: 60 minutos

INGREDIENTES

1 lb carne picada de pavo
1 cdita holas de pimienta roja triturada
1 cda tomillo fresco picado
1 cda romero picado
2 cdas salvia fresca picada

12 huevos
6 oz queso ricotta en trozos
8 oz espinaca baby fresca
Sal y pimienta negra al gusto
3 cdas aceite de oliva

ELABORACIÓN

Seleccionar Sauté y calentar el aceite de oliva. Agregar la carne con las especias y cocinar por 3 minutos. Añadir la espinaca y cocinar por 4 minutos hasta que reduzca su tamaño. Colocar el ricotta. Rellenar un molde, previamente engrasado, con la mezcla. Batir los huevos con sal y pimienta. Verter la mezcla en el molde. Colocar la tapa y asegurarla. Cocina en Manual durante 20 minutos en High. Una vez terminado, realizar una liberación de presión natural por 10 minutos. Servir caliente, acompañar con galletas saladas, pan o lechuga.

Quiché de Jamón y Espinacas

6 raciones | Tiempo Total de Preparación: 30 minutos

INGREDIENTES

6 huevos grandes
½ cdita ajo en polvo
½ cdita cebolla en polvo
½ cdita tomillo
½ taza yogurt griego
¼ taza leche

Sal y pimienta negra al gusto
1 taza queso Pepper Jack rallado
1 taza espinaca baby
1/3 taza champiñones en dados
1 taza jamón en dados

ELABORACIÓN

En un recipiente, combinar ajo, sal, pimienta, cebolla, tomillo, yogurt, leche y huevos. Mezclar hasta crear una mezcla homogénea. Añadir los champiñones, queso, jamón y espinacas. Engrasar un molde con spray de cocina y verter la mezcla. Depositar una taza de agua en el IP y colocar el trivet. Acomodar el molde en el trivet. Colocar la tapa y asegurarla. Cocina en Manual durante 10 minutos en High. Realizar una liberación rápida.

Frittata Vegetariana

4 raciones | Tiempo Total de Preparación: 40 minutos

INGREDIENTES

8 huevos
1/8 cda chile en polvo
1 diente de ajo picado
1 cebolla amarilla picada
1 pimiento morrón rojo, rebanado

1 taza brocoli
1/8 cda ajo en polvo
Sal y pimienta negra al gusto
½ taza leche

ELABORACIÓN

En un bol, batir los huevos, leche, sal, ajo en polvo, pimienta negra y chile. Añadir el brocoli, cebolla, ajo, pimiento morrón en un molde previamente engrasado. Verter el huevo en el molde. Cubrir con aluminio. Depositar 1½ taza de agua en el IP y colocar el trivet. Acomodar el molde en el trivet. Colocar la tapa y asegurarla. Cocina en Manual durante 15 minutos en High. Realizar una liberación rápida. Servir decorado con queso, tomates picados o perejil fresco.

Pastel de Tater Tots con Tocino y Huevo

8 raciones | Tiempo Total de Preparación: 40 minutos

INGREDIENTES

1 (28-oz) bolsa Tater Tots
2 tazas cheddar rallado
2 cebollas picadas
6 oz tocino ahumano estilo Canadiense, en cubos
¼ taza Parmesano rallado

12 huevos
1 taza leche
4 cdas harina para hornear
Sal y pimienta negra al gusto
2 cdas cebolleta, picada

ELABORACIÓN

Engrasar un molde con spray de cocina. Acomodar el tocino, cebolla, tater tots y queso en tres capas, terminando con una capa de queso. En un bol, batir los huevos, leche, harina, sal y pimienta. Verter sobre las capas. Depositar 1 taza de agua en el IP y colocar el trivet. Acomodar el molde en el trivet. Colocar la tapa y asegurarla. Cocina en Manual durante 15 minutos en High. Realizar una liberación rápida. Servir caliente y decorar con la cebolleta.

Pan Francés con Nueces

10 raciones | Tiempo Total de Preparación: 40 minutos

INGREDIENTES

1 docena de huevos
2 cditas vainilla
4 tazas leche
1 barra de pan rebanada
Sal y pimienta negra al gusto

2 cditas canela
¼ taza azúcar moscabada
¼ taza nueces
Azúcar glass para espolvorear
Jarabe de maple para decorar

ELABORACIÓN

Engrasar un molde con spray de cocina. Colocar las rebanadas de pan en el molde. En un bol, revolver los huevos, azúcar moscabada, leche, sal, canela y vainilla. Vaciar la mezcla en el molde.

Depositar 1 taza de agua en el IP y colocar el trivet. Acomodar el molde en el trivet. Colocar la tapa y asegurarla. Cocina en Manual durante 25 minutos en High. Realizar una liberación natural de presión. Dividir el pan entre platos y espolvorear el azúcar. Rociar con jarabe de maple y servir de inmediato.

Quiché de Queso de Cabra

4 raciones | Tiempo Total de Preparación: 40 minutos

INGREDIENTES

2 tazas espinaca baba
3 huevos
½ cebolla picada
½ cda polvo para hornear

1 1/3 tazas leche
1 taza queso de cabra
1/8 cda pimienta de cayena
Sal y pimienta negra al gusto

ELABORACIÓN

Engrasar un molde con spray de cocina. En un bol, batir los huevos con la leche, polvo para hornear, cayena, sal y pimienta. Verter la mezcla en el molde e incorporar el queso. Depositar 1 taza de agua en el IP y colocar el trivet. Acomodar el molde en el trivet.

Colocar la tapa y asegurarla. Cocina en Manual durante 20 minutos en High. Una vez listo, realizar una liberación de presión natural por 10 minutos. Dejar enfriar antes de cortar.

Granola con Coco y Dátiles

6 raciones | Tiempo Total de Preparación: 25 minutos

INGREDIENTES

3 cdas azúcar moscabado
½ taza aceite de canola
¼ cdita sal kosher
1 cdita extracto de almendra
3 cdas miel
1 taza dátiles picados
2 cdas linaza

1 taza hojuelas de coco
1 ½ tazas almendras rebanadas
1 taza avena
2 tazas arroz integral
¼ cdita jengibre molido
½ cdita nuez moscada molida

ELABORACIÓN

Seleccionar Sauté y calentar el aceite. Agregar la miel, azúcar, extracto de almendra, sal, jengibre y nuez moscada. Mezclar bien. Añadir uno por uno la avena, arroz, coco, almendras y linaza. Vaciar 3 tazas de agua.

Colocar la tapa y asegurarla. Cocina en Manual durante 10 minutos en High. Una vez listo, realizar una liberación de presión natural por 5 minutos, Incorporar los dátiles a la granola y dejar enfriar. Servir.

Camotes con Salchichas

6 raciones | Tiempo Total de Preparación: 45 minutos

INGREDIENTES

1 cebolla amarilla, picada
6 salchicas cocidas y rebanadas
6 camotes, picados
2 cdas aceite de oliva

Sal y pimienta negra al gusto
½ taza aceitunas negras, rebanadas
6 ramas perejil, picado para decorar

ELABORACIÓN

Agregar agua al IP. Añadir, las aceitunas, sal y pimienta junto con los vegetales. Asegurarse de que se encuentre cubierto por la mitad. Colocar las salchichas por encima y rociar con aceite de oliva. Colocar la tapa y asegurarla. Cocina en Manual durante 4-5 minutos en High. Realizar una liberación rápida. Dividir en platos y decorar con perejil. Servir.

Cazuela de Huevo y Patata

5 raciones | Tiempo Total de Preparación: 37 minutos

INGREDIENTES

5 huevos grandes
1 taza leche
4 patatas baby en cubos

1 ½ tazas cheddar rallado
¾ taza salchicha

ELABORACIÓN

En un bol, batir los huevos hasta esponjar, añadir la leche, sal y pimienta. Colocar las patatas en un molde previamente engrasado. Agregar las salchichas y el queso. Verter el huevo por encima. Depositar 1 taza de agua en el IP y colocar el trivet. Acomodar el molde en el trivet. Colocar la tapa y asegurarla. Cocina en Manual durante 12 minutos en High. Realizar una liberación manual de presión. Servir caliente.

Yogurt Casero

10 raciones | Tiempo Total de Preparación: 12 horas y 15 minutos

INGREDIENTES

8 tazas leche entera
Fruta al gusto

½ taza cultivos vivos para yogurt

ELABORACIÓN

Verter la leche en el IP. Colocar la tapa y asegurarla. Seleccionar Yogurt y presionar hasta marcar Boil. Una vez terminado el tiempo, retirar la tapa y dejar reposar por 3 horas. Separar 2 tazas de leche y combinar con los cultivos. Verter sobre la leche. Colocar la tapa y asegurarla. Seleccionar Yogurt y cocinar por 9 horas. Una vez listo, escurrir con una estameña y dejar reposar por 4 horas. Incorporar la fruta y envasar. Enfriar.

Muffins de Canela con Pasas

4 raciones | Tiempo Total de Preparación: 45 minutos

INGREDIENTES

2 huevos
½ taza mantequilla ablandada
1 taza azúcar
¼ cdita sal
½ cdita canela
½ cdita levadura
1 cdita extracto de vainilla
¼ cdita nuez moscada en polvo
2 tazas harina
¼ taza pasas

1 maranja jugo y ralladura
Una pizca de sal
1 taza agua
Ralladura de naranja extra para decorar
Para la cubierta:
¾ taza harina
½ cdita canela en polvo
4 cdas azúcar
¼ taza mantequilla ablandada

ELABORACIÓN

En un bol, batir los huevos, mantequilla y azúcar. Agregar la sal, canela, levadura, extracto de vainilla, nuez moscada, harina y pasas. En otro bol, combinar los ingredientes de la cobertura. Vaciar la mezcla en 8 o 12 moldes de muffin y añadir la cobertura.

Depositar 1 taza de agua en la IP y colocar el trivet. Acomodar los moldes en el trivet. Colocar la tapa y asegurarla. Cocinar en Manual durante 20 minutos en High. Una vez listo, realizar una liberación natural de presión. Dejar enfriar y servir.

FRIJOLES Y GRANOS

Frijoles Bayos con Pancetta y Tomate

4 raciones | Tiempo Total de Preparación: 40 minutos

INGREDIENTES

2 tazas frijoles bayos, remojados
1 ½ tazas tomates picados
4 rebanadas pancetta en dados
½ taza comino

1 cdita romero
1 cda tomillo
Sal y pimienta negra al gusto

ELABORACIÓN

Seleccionar Sauté y cocinar la pancetta por 5 minutos hasta quedar crujiente. Dejar a un lado. Agregar el tomate, comino y romero, cocinar por 2 minutos. Añadir los ingredientes restantes y verter 4 tazas de agua. Colocar la tapa y asegurarla. Cocinar en Manual durante 25 minutos en High. Una vez listo, realizar una liberación rápida. Colocar en un reciiente y añadir la pancetta.

Chili con Carne y Vegetales

5 raciones | Tiempo Total de Preparación: 50 minutos

INGREDIENTES

1 lb lomo de cerdo en cubos
3 cdas aceite de oliva
5 tazas caldo de pollo
1 lata (15-oz) frijoles colorados
1 taza pimiento morrón rojo en dados
1 taza zanahoria pic
3 tazas col rebanada

2 tazas cebolla picada
1 lata (14-oz) tomate triturado
Sal y pimienta negra al gusto
½ taza crema agria
1 cdita tomillo seco
2 cditas semillas de alcaravea
1 cda ajo picado

ELABORACIÓN

Seleccionar Sauté y calentar el aceite. Agregar cebolla, pimiento, lomo, zanahoria, ajo, tomillo, semillas, sal y pimienta, cocinar 5-6 minutos. Añadir caldo, tomate, col y frijoles. Sellar la tapa. Cocinar en Manual durante 15 minutos en High. Una vez terminado, realizar una liberación natural de presión por 10 minutos. Servir caliente en platos con una cucharada de crema agria encima.

Alforfón con Queso y Champiñón

4 raciones | Tiempo Total de Preparación: 25 minutos

INGREDIENTES

3 tazas caldo de pollo
1 taza alforfón
½ taza Pecorino Romano rallado
1 lb champiñones rebanados
1 taza cebolla picada

3 cdas aceite de oliva
2 cdas salvia
1 cdita ajo picado
Sal y pimienta negra al gusto

ELABORACIÓN

Seleccionar Sauté y calentar el aceite. Agregar la cebolla y cocinar por 3 minutos hasta ablandar. Añadir el ajo, cocinar un minuto más. Mezclar los champiñones, cocinar 4 minutos más. Incorporar el resto de los ingredientes, excepto el queso. Sellar la tapa. Cocinar en Manual durante 8 minutos en High. Realizar liberación natural de presión por 10 minutos. Revolver el queso y servir.

Estofado de Frijoles y Espinacas

6 raciones | Tiempo Total de Preparación: 40 minutos

INGREDIENTES

2 tazas frijoles lima, remojados
1 taza espinacas
2 tazas fondo de verduras
2 dientes de ajo machacados
2 cdas aceite de oliva

2 chalotes picados
1 lata tomates triturados
2 ramas romero picado
Sal y pimienta negra al gusto

ELABORACIÓN

Colocar los frijoles en la olla con 4 tazas de agua. Colocar la tapa y asegurarla. Cocinar en Manual durante 15 minutos en High. Realizar una liberación rápida. Escurrir y enguajar los frijoles con agua fría. Descartar el líquido. Seleccionar Sauté y calentar el aceite. Agregar los chalotes y el ajo, cocinar 3 minutos. Añadir los tomates, fondo y los frijoles. Sazonar al gusto. Colocar la tapa y asegurarla. Cocinar en Manual durante 10 minutos en High. Realizar una liberación rápida. Incorporar la espinaca y el romero, cocinar hasta que la espinaca marchite.

Garbanzos con Vegetales

6 raciones | Tiempo Total de Preparación: 26 minutos

INGREDIENTES

4 zanahorias, peladas y picadas
1 lata (16-oz) garbanzos
1 calabacín en cubos
¼ cdita hojas de pimienta roja
½ cdita comino en polvo
Sal y pimienta negra al gusto

2 tazas caldo de verduras
1 lata (14-oz) tomates triturados
2 dientes de ajo picado
1 taza cebolla en dados
2 nabos en cubos
Queso cheddar rallado

ELABORACIÓN

Agregar los tomates, ajo, cebolla, nabo, zanahoria, sal, pimienta, pimienta roja y el caldo. Mezclar bien, colocar la tapa y asegurarla. Cocinar en Manual durante 6 minutos en High. Realizar una liberación rápida. Seleccionar Sauté e incorporar el garbanzo y el calabacín, cocinar 10 minutos. Sazonar al gusto. Servir caliente en platos con queso encima.

Dip de Alubias Rojas y Shiitake

6 raciones | Tiempo Total de Preparación: 40 minutos

INGREDIENTES

2 tazas alubias rojas remojados
1 taza champiñones Shiitake
1 taza cebolla morada, picada
2 tazas caldo de res
1 ½ cditas pimienta de cayena

1 cda mantequilla
1 cdita romero
½ cdita comino
Sal y pimienta negra al gusto

ELABORACIÓN

Seleccionar Sauté y derretir la mantequilla. Agregar la cebolla, cocinar 3 minutos hasta ablandar. Rebanar los champiñones y añadir a la olla. Cocinar 3 minutos más. Incorporar los ingredientes restantes y verter 2½ tazas de agua. Colocar la tapa y asegurarla. Cocinar en Manual durante 25 minutos en High. Una vez listo, realizar una liberación rápida. Escurrir y trasladar a un procesador de alimentos. Mezclar hasta quedar sin grumos.

Pan de Maíz Festivo

4 raciones | Tiempo Total de Preparación: 40 minutos

INGREDIENTES

1 ¼ tazas harina de maíz
1 taza crema entera
½ barra de mantequilla, derretida
2 huevos batidos

½ taza azúcar
½ cdita sal
1 cdita levadura

ELABORACIÓN

Combinar los ingredientes secos en un bol. Mezclar los líquidos en otro. Verter lentamente el líquido en la mezcla seca. Rellenar un molde, previamente engrasado, con la mezcla. Depositar ½ taza de agua en el IP y colocar el trivet. Acomodar el molde en el trivet. Colocar la tapa y asegurarla. Cocinar en Manual durante 30 minutos en High. Realizar una liberación rápida.

Cazuela de Habas e Hinojo

4 raciones | Tiempo Total de Preparación: 25 minutos

INGREDIENTES

2 tazas haba remojada
1 hinojo picado
½ taza queso Grana Padano rallado
½ taza cebollín picado

3 cditas aceite de oliva
3 dientes de ajo picado
Sal y pimienta negra al gusto

ELABORACIÓN

Seleccionar Sauté y calentar el aceite. Agregar ajo, hinojo y cebollin, cocinar 3 minutos. Añadir los ingredientes restantes, excepto el queso. Verter 4 tazas de agua. Sellar la tapa. Cocinar en Manual durante 20 minutos en High. Una vez listo, realizar liberación rápida. Servir con Grana Padano.

Pilaf de Cebada con Nueces de la India

6 raciones | Tiempo Total de Preparación: 15 minutos

INGREDIENTES

1 ½ tazas cebada
2 cditas mantequilla
5 tazas fondo de pollo
2 cebollas blancas picada

2 zanahorias picada
Sal y pimienta negra al gusto
4 cdas nuez de la india tostada

ELABORACIÓN

Seleccionar Sauté y derretir la mantequilla. Agregar la cebolla, cocinar 3 minutos. Añadir la zanahoria y cocinar 4 minutos más. Mezclar los ingredientes restantes, excepto la nuez de la india. Colocar la tapa y asegurarla. Cocinar en Manual durante 8 minutos en High. Realizar una liberación rápida. Colocar en un recipiente y batir para esponjar. Servir con nueces.

Dip de Frijol y Elote

12 raciones | Tiempo Total de Preparación: 35 minutos

INGREDIENTES

1 taza elotes
1 lb frijoles rojos limpios
1 taza cebolla fina

½ cdita semillas de apio
4 dientes de ajo picados
2 cdas aceite vegetal

Sal y pimienta negra al gusto
½ cdita semillas de comino

1 taza salsa picante

ELABORACIÓN

Agregar los frijoles a la olla con 5 tazas de agua. Colocar la tapa y asegurarla. Cocinar en Manual durante 25 minutos en High. Mientras tanto, cocinar en un sartén los ingredientes restantes por 5 minutos. Una vez terminado el tiempo, realizar una liberación rápida. Incorporar los frijoles al sartén, por partes mezclar en una procesadora de alimentos.

Avena con Jamón y Huevo

6 raciones | Tiempo Total de Preparación: 30 minutos

INGREDIENTES

1 taza avena de cocción rápida
1 taza queso Grana Padano rallado
10 oz jamón cocido en dados
2 huevos batidos

½ barra de mantequilla
1 chalote picado
1 cdita pimentón
Sal y pimienta negra al gusto

ELABORACIÓN

Seleccionar Sauté y derretir la mantequilla. Agregar jamón, cocinar hasta dorar. Añadir chalote con las especias, cocinar 2 minutos. Incorporar avena y verter 3 tazas de agua. Sellar la tapa. Cocinar en Manual durante 13 minutos en High. Realizar una liberación rápida. Agregar el queso y los huevos. Asegurar la tapa de uevo y cocinar en Manual 3 minutos en High. Realizar una liberación rápida.

Fabuloso Chili sin Carne

4 raciones | Tiempo Total de Preparación: 40 minutos

INGREDIENTES

2 tazas frijoles negros remojados
1 taza cebolla morada picada
3 zanahorias picadas
½ taza cilantro picado
1 cdita comino

1 cdita chile en polvo
1 cdita ajo picado
Sal y pimienta negra al gusto
2 cdas aceite de oliva
2 tomates picados

ELABORACIÓN

Seleccionar Sauté y calentar el aceite. Agregar la cebolla, zanahoria, ajo, coino y chile en polvo, cocinar 3 minutos. Verter 4 ½ tazas de agua y colocar los frijoles. Colocar la tapa y asegurarla. Cocinar en Manual durante 30 minutos en High. Realizar una liberación rápida. Sazonar al gusto.

Cebada con Higos y Plátano

6 raciones | Tiempo Total de Preparación: 20 minutos

INGREDIENTES

1 taza cebada
¼ taza higos frescos, picados
2 plátanos en rodajas
1 taza leche de coco

2 cdas aceite de coco
½ cdita extracto de vainilla
½ cdita canela
½ cdita nuez moscada en polvo

ELABORACIÓN

Colocar la cebada en IP y agregar higos, vainilla, aceite de coco, canela y nuez moscada. Verter leche y 2 tazas de agua. Sellar la tapa. Cocinar en Manual durante 15 minutos en High. Una vez listo, realizar liberación rápida. Servir con rebanadas de plátano.

Cazuela de Frijoles y Quinoa

5 raciones | Tiempo Total de Preparación: 25 minutos

INGREDIENTES

6 pimientos morrón rojo cortado
3 tazas caldo de verduras
1 taza col rizada picada
1 taza quinoa
½ taza jugo de lima
½ cdita chile en polvo

Sal y pimienta negra al gusto
¼ taza cebolla en dados
1 diente de ajo picado
1 taza frijoles negros en lata
3 cdas aceite de oliva
Cebollino picado para decorar

ELABORACIÓN

Seleccionar Sauté y calentar el aceite. Agregar cebolla, cocinar 3 minutos. Añadir el resto de los ingredientes y mezclar. Sellar la tapa. Cocinar en Manual 25 minutos en High. Una vez listo, realizar liberación natural por 10 minutos. Sazonar con sal y pimienta. Servir decorado con cebollino.

Puré de Frijoles Picante

6 raciones | Tiempo Total de Preparación: 35 minutos

INGREDIENTES

1 ½ cdita ajo en polvo
1 taza cebolla dulce picada
2 ¼ tazas frijoles pintos remojados
3 cditas aceite vegetal

1 cdita chile en polvo
¼ cdita pimienta roja
Sal y pimienta negra al gusto
½ taza cilantro fresco, picado

ELABORACIÓN

Seleccionar Sauté y calentar el aceite. Agregar la cebolla, cilantro, ajo y chile en polvo, cocinar de 2-3 minutos. Incorporar los frijoles y 1½ tazas de agua. Sazonar con sal, pimienta negra y roja. Colocar la tapa y asegurarla. Cocinar en Manual durante 25 minutos en High. Realizar una liberación rápida. Machacar los frijoles hasta formar un puré y ajustar el sabor.

Chili con Queso

8 raciones | Tiempo Total de Preparación: 15 minutos

INGREDIENTES

4 oz queso Pepper Jack en cubos
4 oz queso crema
½ cdita salsa de pimiento rojo
1 cdita pimienta roja molida
1 diente de ajo picado

2 oz chile verde en cubos
1/2 taza frijoles negros
¼ taza Parmesano rallado
¼ taza mayonesa

ELABORACIÓN

Mezclar los quesos en el IP y añadir los ingredientes restantes. Verter 1 taza de agua. Sella la tapa. Cocinar en Manual durante 5 minutos en High. Una vez listo, realizar una liberación rápida. Servir.

Alforfón con Vegetales y Jamón

4 raciones | Tiempo Total de Preparación: 30 minutos

INGREDIENTES

½ taza alforfón
½ lb jamón cocido en trozos

1 taza champiñones rebanados
1 taza pimiento morrón picado

2 cdas mantequilla
2 cebolletas picadas
2 tazas fondo de verduras

1 cdita cúrcuma picada
¼ taza hinojo picado
Sal y pimienta negra al gusto

ELABORACIÓN

Seleccionar Sauté y derretir la mantequilla. Cocinar cebolla 3 minutos. Añadir champiñones, jamón, hinojo, cúrcuma y pimiento morrón, cocinar 4 minutos. Mezclar los ingredientes restantes. Sellar la tapa. Cocinar en Manual 13 minutos en High. Realizar liberación rápida.

Estofado de Frijoles y Garbanzo

6 raciones | Tiempo Total de Preparación: 30 minutos

INGREDIENTES

½ taza frijoles Anasazi remojados
½ taza garbanzo
½ taza frijoles colorados remojados
2 pimientos morrón cortado
2 cdas aceite de oliva
2 cebollas picadas

2 zanahorias picadas
1 lata (14-oz) tomate triturado
1 cda ajo en pasta
1 cda tomillo
Sal y pimienta negra al gusto
1 aguacate en rebanadas

ELABORACIÓN

Verter 4 tazas de agua en la olla y agregar los frijoles, garbanzos, aceite, pimiento morrón, zanahoria, tomate, ajo y cebolla. Sazonar al gusto. Colocar la tapa y asegurarla. Cocinar en Manual durante 25 minutos en High. Una vez listo, realizar una liberación rápida. Servir con rebanadas de aguacate.

Ensalada de Cebada con Aceitunas y Queso Azul

4 raciones | Tiempo Total de Preparación: 25 minutos

INGREDIENTES

¼ taza cebada perlada, lavada
½ taza cebolla, rebanada
½ taza aceitunas negras rebanadas
1 cda aceite de oliva
2 piminetos morrón

1 taza tomates cherry
2 cdas vinagre
½ taza queso azul
Sal y pimienta negra al gusto
1 cdita albahaca seca

ELABORACIÓN

Verter 4 tazas de agua con sal en la olla y agregar la cebada. Colocar la tapa y asegurarla. Cocinar en Manual durante 15 minutos en High. Una vez listo, realizar una liberación rápida. Escurrir y colocar en un bol. Dejar enfriar. Añadir los ingredientes restantes y sazonar al gusto. Servir como ensalada.

Ensalada de Haba con Atún

4 raciones | Tiempo Total de Preparación: 50 minutos

INGREDIENTES

1 lb habas remojadas
2 tazas tomates picados
1 diente de ajo machacado

4 cdas aceite
2 cdas albahaca picada
20 oz atún en agua

ELABORACIÓN

Seleccionar Sauté y calentar el aceite. Freír el ajo 2 minutos. Añadir habas y 6 tazas de agua. Sellar la tapa. Cocinar en Manual 30 minutos. Realizar liberación rápida. Seleccionar Sauté e incorporar el atún, tomates, sal y pimienta. Cocinar 3 minutos. Servir caliente decorado con albahaca.

Lentejas con Langostinos

6 raciones | Tiempo Total de Preparación: 30 minutos

INGREDIENTES

2 ½ tazas lenteja roja
1 lb langostino congelado
1 taza cebolletas picadas
½ cda pasta miso
2 pimientos morrón cortado
3½ tazas fondo de verduras

2 cdas aceite de semilla de uva
2 tomates pera picados
1 cda melaza
Sal y pimienta negra al gusto
½ cdita comino en polvo

ELABORACIÓN

Seleccionar Sauté y calentar el aceite. Sofreir el langostino, puerro y pimiento, 4 minutos. Separar los langostinos. Añadir los ingredientes restantes, colocar la tapa y asegurarla.

Cocinar en Manual durante 15 minutos en High. Una vez listo, realizar una liberación rápida. Incorporar los langistinos y servir de inmediato.

Caserola de Frijoles y Champiñones con Chile Serrano

4 raciones | Tiempo Total de Preparación: 30 minutos

INGREDIENTES

½ cda chalote en polvo
1 cdita chile serrano picado
1 cda ajo machacado
¾ taza trigo burgol
1 ¼ tazas frijoles blancos secos

4 cebolletas picadas
1 taza tomates en dados
2 tazas champiñones rebanados
2 tazas caldo de verduras
Sal y pimienta negra al gusto

ELABORACIÓN

Colocar todos los ingredientes en el IP, excepto los tomates. Colocar la tapa y asegurarla. Cocinar en Manual durante 25 minutos en High. Realizar una liberación rápida. Agregar los tomates y servir.

Pollo con Frijoles y Puerro

5 raciones | Tiempo Total de Preparación: 35 minutos

INGREDIENTES

1 cdita ajo picado
1 taza cebollas picada
1 lb salchichas rebanadas
4 muslos de pollo
3 cdas aceite de oliva
2 tazas fondo de pollo

3 tazas puerro picado
1 cdita pimentón
Sal y pimienta negra al gusto
2 jalapeños picados
26 oz tomates picados en lata
1 ½ tazas frijoles colorados en lata

ELABORACIÓN

Seleccionar Sauté y calentar el aceite. Dorar las salchichas 5 minutos por lado. Separarlas en un recipiente. Colocar el pollo en la olla y dorar por 5 minutos. Colocarlas en el mismo recipiente. Agregar la cebolla y jalapeño, cocinar 3 minutos.

Añadir el ajo, cocinar 1 minuto. Incorporar los tomates, frijoles, fondo, puerro, pimentón, sal y pimienta. Poner las salchichas y pollo dentro de la olla, mezclar. Colocar la tapa y asegurarla. Cocinar en Manual por 10 minutos en High. Una vez listo, realizar una liberación rápida. Servir caliente.

PASTA & ARROZ

Linguine al Doble Queso con Salchicha

6 raciones | Tiempo Total de Preparación: 20 minutos

INGREDIENTES

- 1 lb Linguine
- 16 oz salsa para pasta
- 8 oz salsa para pizza
- 1 lb salchicha italiana
- 4 oz pepperoni
- 4 oz mozzarella rallado
- 4 oz provolone rallado
- 1 cda mantequilla
- 1 cdita de ajo picado
- Sal y pimienta negra al gusto

ELABORACIÓN

Seleccionar Sauté y calentar el aceite. Agregar las salchichas y el ajo y cocinar por unos minutos hasta dorar. Añadir los ingredientes restantes, excepto los quesos y la mitad del pepperoni. Verter 3 ½ tazas de agua.

Colocar la tapa y asegurarla. Cocinar en Manual durante 8 minutos en High. Una vez listo, realizar una liberación rápida. Incorporar los quesos y el pepperoni, mezclar bien. Servir.

Cremoso Tortellini con Pavo y Coliflor

4 raciones | Tiempo Total de Preparación: 20 minutos

INGREDIENTES

- 3 rebanadas de jamón picado
- 1 ½ lb pechuga de pavo, en dados
- 3 tazas coliflor
- 8 oz tortellini de queso
- ¼ taza nata
- ¼ taza crema batida
- 2 tazas fondo de pollo
- 1 cebolla picada
- 1 zanahoria picada
- Sal y pimienta negra al gusto

ELABORACIÓN

Seleccionar Sauté y agregar el jamón, cocinar hasta quedar crujiente. Añadir la cebolla y el ajo, cocinar 2 minutos más. Agregar el pavo, cocinar 5 minutos. Mezclar los ingredientes restantes, excepto la nata. Colocar la tapa y asegurarla. Cocinar en Manual durante 8 minutos en High. Una vez listo, realizar una liberación rápida. Combinar la crema y servir.

Penne con Pancetta y Provolone

4 raciones | Tiempo Total de Preparación: 20 minutos

INGREDIENTES

- 16 oz pasta penne
- 1 taza cebolla picada
- 1 taza pancetta en dados
- 2 ½ tazas puré de tomate
- 1 cdita salvia
- 1 cdita tomillo
- ½ taza queso provolone rallado
- Sal y pimienta negra al gusto
- Albahaca fresca picada para decorar

ELABORACIÓN

Seleccionar Sauté y freír pancetta por 3 minutos hasta quedar crujiente. Añadir cebolla y cocinar unos minutos más. Agregar pasta, puré de tomate, salvia, tomillo y sal. Cubrir con suficiente agua.

Colocar la tapa y asegurarla. Cocinar en Manual durante 6 minutos en High. Realizar una liberación rápida. Incorporar el provolone y decorar con albahaca.

Ziti con Albóndigas al Tomate

4 raciones | Tiempo Total de Preparación: 35 minutos

INGREDIENTES

¾ lb carne picada de cerdo
1 caja pasta ziti
2 tomates picados
1 taza fondo de pollo
3 cditas aceite
2 tazas brocoli

2 pimientos morrón cortados
½ taza sidra
1 cebolla morada picada
½ cda albahaca
Sal y pimienta negra al gusto

ELABORACIÓN

Combinar la carne de cerdo con albahaca y formar 4-5 albóndigas. Seleccionar Sauté y calentar el aceite. Colocar las albóndigas y cocinar hasta dorar. Separar. Agregar la cebolla, brocoli y pimiento, cocinar por unos minutos. Añadir los ingredientes restantes incluidas las albóndigas. Verter 1 taza de agua. Colocar la tapa y asegurarla. Cocinar en Manual durante 20 minutos en High. Una vez listo, realizar una liberación rápida.

Rotini a la Boloñesa con Queso

6 raciones | Tiempo Total de Preparación: 20 minutos

INGREDIENTES

1 lb carne picada de ternera
2 cebollínes picados
3 tazas pasta rotini cocida
1 cda mantequilla
½ taza Monterey Jack rallado

1 cdita ajo picado
2 tazas salsa mild
½ taza puré de tomate
1 cda pimentón en polvo
Sal y pimienta negra al gusto

ELABORACIÓN

Seleccionar Sauté y derretir la mantequilla. Agregar el cebollín, cocinar por 3 minutos. Añadir el ajo y cocinar un minuto más. Colocar la carne picada de ternera, cocinar por unos minutos hasta dorar. Mezclar la salsa, tomate en pasta y las especias.

Colocar la tapa y asegurarla. Cocinar en Manual durante 8 minutos en High. Realizar una liberación rápida. Incorporar el queso y la pasta, cocinar por 2 minutos hasta que todo esté bien incorporado.

Lasaña Vegetariana

6 raciones | Tiempo Total de Preparación: 50 minutos

INGREDIENTES

1 ¼ tazas champiñones rebanados
1 ½ envases salsa para pasta
1 cdita pimentón
2 cditas albahaca seca
1 cdita romero seco

1 cdita hojas de pimienta roja
½ cdita oregano seco
Sal y pimienta negra al gusto
1 ½ tazas crema
10 láminas de lasaña

ELABORACIÓN

Engrasar un molde y colocar 2 láminas de lasaña en el fondo. Untar la salsa, Añadir la crema, queso y champiñones. Sazonar con especias. Repetir el proceso hasta que se terminen todos los ingredientes.

Depositar una taza de agua en el IP y colocar el trivet. Acomodar el molde en el trivet. Colocar la tapa y asegurarla. Cocinar en Manual durante 45 minutos en High. Realizar una liberación rápida.

Farfalle con Pollo en Salsa de Enchilada

6 raciones | Tiempo Total de Preparación: 20 minutos

INGREDIENTES

2 pechugas de pollo en dados
3 tazas pasta farfalle seca
10 oz tomates picados
20 oz salsa de enchilada en lata
1 taza cebolla en dados
1 cdita ajo picado
1 cdita sazonador para tacos
1 cda aceite de oliva
2 tazas queso Colby rallado
Sal y pimienta negra al gusto

ELABORACIÓN

Seleccionar Sauté y calentar el aceite. Agregar la cebolla, cocinar 3 minutos. Añadir los ingredientes restantes, excepto el queso. Verter 1 ¼ tazas de agua. Colocar la tapa y asegurarla. Cocinar en Manual durante 8 minutos en High. Realizar una liberación rápida. Seleccionar Sauté, incorporar el queso y cocinar por 2 minutos hasta derretir. Servir.

Tagliatelle a la Boloñesa

6 raciones | Tiempo Total de Preparación: 20 minutos

INGREDIENTES

2 cditas mantequilla
20 oz tagliatelle
1 ½ lb carne picada mixta
1 ½ lb salsa de tomate para pasta
1 cdita oregano
1 taza cebolla picada
2 cditas ajo picado
6 oz tocino en dados
½ taza vino blanco
1 taza crema
1 taza Grana Padano rallado
Sal y pimienta negra al gusto

ELABORACIÓN

Seleccionar Sauté y derretir la mantequilla. Agregar la cebolla y ajo, cocinar 3 minutos. Añadir la carne picada, cocinar unos minutos hasta dorar. Mezclar los ingredientes restantes, excepto la crema y el Grana Padano. Verter suficiente agua para cubrir. Colocar la tapa y asegurarla. Cocinar en Manual durante 10 minutos en High. Una vez listo, realizar una liberación rápida. Incorporar la crema. Espolvorear el queso y servir.

Macarrones con Pimiento y Habanero

4 raciones | Tiempo Total de Preparación: 25 minutos

INGREDIENTES

1 ½ tazas penne seco
Sal y pimienta negra al gusto
2 cdas aceite de oliva
1 cebolla picada
2 dientes de ajo picado
2 pimientos morrón mixto cortado
1 chile habanero picado
1 lata (14-oz) tomates
1 cdita comino en polvo
1 cdita cilantro en polvo
1 lata (14-oz) habas
¼ taza perejil picado

ELABORACIÓN

Depositar 3 tazas de agua en el IP y agregar el penne. Colocar la tapa y asegurarla. Cocinar en Manual durante 4 minutos en High. Realizar una liberación rápida y escurrir la pasta. Separar. Seleccionar Sauté y calentar el aceite. Agregar la cebolla y ajo, cocinar 3 minutos. Añadir el pimiento, habanero, tomates, comino y cilantro. Sazonar con sal y pimienta. Colocar la tapa y asegurarla. Cocinar en Manual durante 8 minutos en High. Realizar una liberación natural de presión por 5 minutos. Seleccionar Sauté, agregar las habas y el perejil. Cocer 4 minutos y vaciar sobre la pasta. Servir.

Fideos con Atún y alcachofas

2 raciones | Tiempo Total de Preparación: 15 minutos

INGREDIENTES

8 oz fideo de huevo crudo
1 lata tomates picados
1 lata de atún
½ taza cebolla morada picada
7.5 oz corazón de alcachofa en lata

1 cda aceite de oliva
1 cdita perejil
1 cda salvia
½ taza queso de cabra desmoronado
Sal y pimienta negra al gusto

ELABORACIÓN

Seleccionar Sauté y calentar el aceite. Agregar la cebolla, cocinar 3 minutos. Añadir el resto de los ingredientes, excepto el queso. Verter 1 ¼ tazas de agua. Sellar la tapa. Cocinar en Manual durante 5 minutos en High. Una vez listo, realizar una liberación rápida. Incorporar el queso y servir.

Fusilli con salchicha y queso

6 raciones | Tiempo Total de Preparación: 20 minutos

INGREDIENTES

18 oz pasta fusilli
16 oz salchicha
2 tazas tomate en pasta
1 cda aceite de oliva

2 cdas ajo picado
1 cdita perejil
¼ taza Pecorino Romano rallado
Sal y pimienta negra al gusto

ELABORACIÓN

Seleccionar Sauté y calentar el aceite. Añadir las salchichas, cocinar hasta dorar y trocear. Añadir el ajo, cocinar 1 minuto. Mezclar los ingredientes restantes, excepto el Pecorino Romano y el perejil. Cubrir con suficiente agua. Colocar la tapa y asegurarla. Cocinar en Manual durante 10 minutos en High. Realizar una liberación rápida. Servir decorado con queso y perejil.

Ramen con Albóndigas en Tomate

6 raciones | Tiempo Total de Preparación: 35 minutos

INGREDIENTES

10 oz fideos ramen
Sal y pimienta negra al gusto
1 lb carne picada de ternera
¼ taza pan molido

½ cebolla amarilla rallada
1 huevo
1 frasco salsa para spaghetti
½ cdita ajo picado

ELABORACIÓN

En un bol, combinar la carne picada con el pan molido, ajo, cebolla y huevo. Hacer 6 albóndigas. Colocar los fideos y la salsa en la olla y cubrir con suficiente agua. Incorporar las albóndigas. Colocar la tapa y asegurarla. Cocinar en Manual durante 15 minutos en High. Una vez listo, realizar una liberación natural de presión por 10 minutos.

Clásica Peperonata Italiana

4 raciones | Tiempo Total de Preparación: 20 minutos

INGREDIENTES

1 pimiento morrón verde rebanado
2 pimientos morrón amarillo rebanado

2 pimientos morrón rojo rebanado
3 tomates picados

1 cebolla morada picada
2 dientes de ajo picados
2 tazas fondo de verduras
2 cdas aceite de oliva

½ puerro picado
Sal y pimienta negra al gusto
4 tazas fideos de huevo cocinados

ELABORACIÓN

Seleccionar Sauté y calentar el aceite. Agregar la cebolla, cocinar 2 minutos. Añadir el pimiento, freír 2 minutos más. Colocar el ajo y cocinar 1 minuto. Mezclar el tomate y puerro, cocinar 2 minutos.

Vaciar el fondo. Colocar la tapa y asegurarla. Cocinar en Steam por 6 minutos en High. Una vez listo, realizar una liberación rápida. Comprobar que los vegetales estén cocidos y tiernos. Si no cocinar en Sauté unos minutos más. Escurrirlos y colocarlos sobre los fideos.

Cazuela de Pasta y Verdel

4 raciones | Tiempo Total de Preparación: 30 minutos

INGREDIENTES

1 cebolleta en dados
4 cdas aceite de oliva
½ taza caldo de pollo
1 taza jugo de almeja
1 lb pasta
14 oz puré de tomate

1 ½ lb verdel piado
1 cdita ajo picado
2 cdas eneldo
2 cdas jugo de limón
Sal y pimienta negra al gusto

ELABORACIÓN

Seleccionar Sauté y calentar la mitad del aceite. Agregar la cebolleta, cocinar 3 minutos. Añadir el ajo y saltear for un minuto. Verter el caldo y remover el fondo de la olla. Incorporar el puré de tomate, pasta, 2 ½ tazas de agua y jugo de almeja. Colocar la tapa y asegurarla. Cocinar en Manual durante 5 minutos en High.

Una vez listo, realizar liberación manual de presión. Agregar el verdel. Asegurar la tapa nuevamente. Cocinar en Manual durante 5 minutos más en High. Una vez listo, realizar una liberación rápida. Seleccionar Sauté, agregar los ingredientes restantes con el aceite y cocinar 3 minutos. Servir.

Estofado de Res al vino

4 raciones | Tiempo Total de Preparación: 33 minutos

INGREDIENTES

1 taza caldo de res
2 cdas aceite de oliva
2 lb pulpa de bola en cubos
1 taza cebolla picada
1 cdita rábano rusticano preparado
1 taza champiñones rebanados
¼ taza vino tinto Burgundy
3 cdas tomate en pasta

Sal y pimienta negra al gusto
2 cdas maicena
2 tazas arroz basmati cocido
¾ taza crema agria
½ cdita hojas de tomillo secas
1 hoja de laurel
2 dientes de ajo picado

ELABORACIÓN

Seleccionar Sauté y calentar el aceite. Agregar carne, cebolla, rábano rusticano, champiñones, tomate en pasta, ajo, tomillo, sal y pimienta. Cocinar 5 minutos. Verter el caldo, Burgundy y laurel.

Sellar la tapa. Cocinar en Manual durante 15 minutos en High. Una vez listo, realizar una liberación manual de presión. En un bol, mezclar la crema con la maicena. Seleccionar Sauté, añadir la mezcla a la olla y cocinar 2 minutos. Descartar el laurel. Servir caliente sobre una cama de arroz.

Lasaña con Ternera

4 raciones | Tiempo Total de Preparación: 25 minutos

INGREDIENTES

12 láminas de lasaña
1 lata (14-oz) salsa de tomate
1 cebolla morada rebanada
1 lb carne picada de ternera cocida
1 pimiento morrón rebanado

2 calabacines grandes rebanados
2 cdas aceite vegetal
¼ taza hojas de albahaca fresca
Sal y pimienta negra al gusto
1 taza parmesano rallado

ELABORACIÓN

Engrasar un molde para hornear. Colocar la mitad de la lasaña en el fondo. Esparcir la mitad de la salsa, añadir la mitad de la carne, cebolla, pimiento y calabacín. Agregar la mitad del aceite y la albahaca. Sazonar con sal y pimienta. Espolvorear la mitad del parmesano. Hacer una segunda capa en el mismo orden.

Depositar 1 taza de agua en el IP y colocar el trivet. Acomodar el molde. Colocar la tapa y asegurarla. Cocinar en Manual durante 8 minutos en High. Realizar una liberación natural de presión por 15 minutos. Servir caliente.

Tagliatelle al Pesto con Tocino

4 raciones | Tiempo Total de Preparación: 10 minutos

INGREDIENTES

16 oz tagiatelle seco
6 oz ejotes congelados
Sal y pimienta negra al gusto
½ lb col rizada baby
¼ taza hojas de albahca picada

½ cda jugo de limón
¼ taza queso mozzarella rallado
½ taza aceite de oliva
4 oz tocino, cocido y en trozos
1 cebolla picada

ELABORACIÓN

Depositar 3 tazas de agua en el IP, agregar el tagliatelle y ejote. Colocar la tapa y asegurarla. Cocinar en Manual durante 4 minutos en High. Mientras tanto, colocar en un procesador de alimentos la col rizada, albahaca y jugo de limón, mezclar hasta quedar suave. Añadir el queso y aceite, mezclar hasta quedar combinado. Una vez lista la pasta, realizar una liberación rápida y escurrirla. Colocar en un recipiente y agregar la salsa, mezclar para incorporar. Servir con tocino por encima.

Rollitos de Col Rellenos con Carne y Arroz

4 raciones | Tiempo Total de Preparación: 40 minutos

INGREDIENTES

2 lb carne picada de ternera
1 lata tomates en dados
1 lata salsa de tomate
¼ taza arroz cocido

8 hojas de col lavadas
Sal y pimienta negra al gusto
¼ taza pimineto morrón verde en dados
¼ taza cebolla picada

ELABORACIÓN

Combinar la carne con los pimientos, arroz cocido, cebolla, sal y pimienta. Formar 8 piezas iguales. Envolver cada pieza en una hoja de col. En un bol, mezclar ¼ taza de agua, salsa de tomate y tomates. Verter parte de la mezcla en el fondo de la olla. Colocar los rollos de col y cubrir con el resto de la mezcla. Colocar la tapa y asegurarla. Cocinar en Manual durante 20 minutos en High. Una vez listo, realizar una liberación natural de presión. Servir.

Arroz Integral con Pollo

8 raciones | Tiempo Total de Preparación: 40 minutos

INGREDIENTES

2 tazas arroz integral
2 pechugas de pollo en dados
1 zanahoria picada
1 cda salvia
1 cdita ajo picado
1 cebolla picada

2 pimientos morrón cortado
1 cda aceite
4 tazas caldo de pollo
1 cdita romero
Sal y pimienta negra al gusto

ELABORACIÓN

Seleccionar Sauté y calentar el aceite. Agregar la cebolla, cocinar 2 minutos. Añadir el ajo, cocinar 1 minuto más. Añadir el pimiento, cocinar 2 minutos. Incorporar los ingredientes restantes. Sellar la tapa. Cocinar en Manual durante 25 minutos en High. Una vez listo, realizar una liberación rápida.

Gumbo de Pollo y Vegetales

4 raciones | Tiempo Total de Preparación: 15 minutos

INGREDIENTES

2 cdas aceite de oliva
2 zanahorias en dados
1 cebolla amarilla picada
2 dientes de ajo picado
3 ramas de apio picado
1 pimiento morrón verde picado
2 cdas puré de tomate

1 taza arroz
2 ciles rojos picados
2 tazas fondo de verduras
½ taza okras baby
Sal y pimienta negra al gusto
3 cdas cilantro picado
½ pechuga de pollo picada

ELABORACIÓN

Seleccionar Sauté y calentar el aceite. Agregar el pollo, zanahorias, cebolla, ajo, apio y pimiento, cocinar 5 minutos. Añadir puré de tomate, arroz, chiles rojos, fondo, okra, sal y pimienta. Sellar la tapa. Cocinar en Manual durante 8 minutos en High. Una vez listo, realizar una liberación natural de presión por 10 minutos. Esponjar el gumbo y mezclar el cilantro. Servir de inmediato.

Pilaf de Coco con Salchicha y Cheddar

4 raciones | Tiempo Total de Preparación: 15 minutos

INGREDIENTES

4 cdas mantequilla
2 cdas aceite de oliva
3 dientes de ajo picado
1 cebolla blanca picada
1 ½ tazas arroz
6 tomates deshidratados en trozos
1 ½ tazas caldo de verduras

1 taza vino blanco
Sal y pimienta negra al gusto
1 taza queso cheddar rallado
¼ crema de coco
½ taza salchichas picadas
1 ½ cda albahaca seca

ELABORACIÓN

Seleccionar Sauté y calentar el aceite y mantequilla. Agregar la salchicha, ajo y cebolla, cocinar 3 minutos. Añadir el arroz y tomates, cocinar 3 minutos. Incorporar el caldo, vino blanco, sal y pimienta. Colocar la tapa y asegurarla. Cocinar en Manual durante 8 minutos en High. Una vez listo, realizar una liberación rápida. Seleccionar Sauté y remover la crema de coco y col rizada. Cocer hasta que la col marchite. Servir con queso cheddar y albahaca por encima.

Risotto de Camarones con Queso

4 raciones | Tiempo Total de Preparación: 20 minutos

INGREDIENTES

1 lb camarón desvenado
1 ½ tazas arroz Arborio
1 cda aceite
3 cdas mantequilla
3 tazas fondo de pescado

2 cditas ajo picado
2 chalotes picados
¼ taza vino blanco
Sal y pimienta negra al gusto
1 taza parmesano rallado

ELABORACIÓN

Seleccionar Sauté y calentar el aceite. Agregar cebolla y ajo, cocinar 3 minutos. Añadir el camarón, cocinar 3 minutos. Incorporar los ingredientes restantes. Sellar la tapa. Cocinar en Manual 8 minutos en High. Una vez listo, realizar una liberación rápida. Servir con queso parmesano por encima.

Arroz Salvaje Tri-Color

6 raciones | Tiempo Total de Preparación: 30 minutos

INGREDIENTES

2 tazas arroz salvaje
4 tazas caldo de verduras
½ taza zanahorias picada
3 pimientos morrón rojo, amarillo y verde picados
2 tomates picados

1 cebolla morada picada
3 cditas aceite
1 cda romero
1 taza chicharos
Sal y pimienta negra al gusto

ELABORACIÓN

Seleccionar Sauté y calentar el aceite. Agregar cebolla, cocinar 3 minutos. Añadir la zanahoria y pimiento, cocinar 2 minutos más. Incorporar el resto de los ingredientes. Colocar la tapa y asegurarla. Cocinar en Manual durante 20 minutos en High. Realizar una liberación manual de presión. Servir.

Chuletas a la Italiana con Arroz Integral

4 raciones | Tiempo Total de Preparación: 38 minutos

INGREDIENTES

2 lb lomo de cerdo en cubos
2 cdas aceite de oliva
2 tazas caldo de pollo

1 taza arroz integral cocido
1 cebolla picada
1 cdita sazonador italiano

ELABORACIÓN

Seleccionar Sauté y calentar el aceite. Agregar la cebolla y el lomo, cocinar 5 minutos. Incorporar el arroz y sazonador italiano, cocinar 3 minutos más. Verter el caldo. Colocar la tapa y asegurarla. Cocinar en Manual durante 20 minutos en High. Realizar liberación natural de presión.

Arroz con Pollo a la Mexicana

4 raciones | Tiempo Total de Preparación: 35 minutos

INGREDIENTES

¼ taza jugo de lima
3 cdas aceite de oliva
½ taza salsa
2 pechugas de pollo
½ cdita ajo en polvo

1 taza arroz integral
½ taza queso Mexicano rallado
½ taza puré de tomate
Sal y pimienta negra al gusto

ELABORACIÓN

Acomodar el pollo dentro de IP. Añadir jugo de limón, sal, ajo en polvo, aceite, puré de tomate, pimienta y 1 taza de agua. Sellar la tapa. Cocinar en Manual por 15 minutos en High. Realizar liberación manual de presión. Dejar pollo en un plato. Agregar el arroz integral con 2 tazas de agua. Sellar la tapa. Cocinar en Manual 10 minutos en High. Realizar liberación rápida. Servir con pollo.

Arroz con Pasas y Avellanas

4 raciones | Tiempo Total de Preparación: 15 minutos

INGREDIENTES

4 cdas mantequilla
3 cebollas blancas finamente rebanadas
½ cdita comino en polvo
½ cdita canela en polvo
1 cda chile en polvo

Sal y pimienta negra al gusto
1 naranja, ralladura y jugo
¾ taza pasas
1 ½ tazas arroz basmati
¾ taza avellanas

ELABORACIÓN

Seleccionar Sauté y derretir la mantequilla. Agregar cebolla, cocinar 3 minutos. Incorporar comino, canela, chile en polvo, sal y pimienta. Cocinar 30 segundos, Añadir 2 ½ tazas de agua, ralladura de naranja, jugo de naranja, pasas y arroz. Sellar la tapa. Cocinar en Rice 8 minutos. Realizar una liberación rápida. Mezclar las avellanas. Sazonar con ralladura de naranja, sal y pimienta. Servir.

Arroz Vegetariano con Queso Monterey Jack

4 raciones | Tiempo Total de Preparación: 30 minutos

INGREDIENTES

1 cda aceite vegetal
4 salchichas vegetarianas en rebanadas
1 diente de ajo machacado
½ taza salsa de soya tamari
2 chalotes picados

2 tazas fondo de verduras
2 pimientos morrón rebanados
1 taza arroz
1 taza queso Monterey Jack rallado
Sal y pimienta negra al gusto

ELABORACIÓN

Seleccionar Sauté y calentar el aceite. Agregar salchichas, ajo y chalote, cocinar 6 minutos. Incorporar los ingredientes restantes, excepto el queso. Verter 2 ½ tazas de agua. Sellar la tapa. Cocinar en Manual durante 15 minutos en High. Realizar liberación rápida. Servir con queso.

Pudín de Arroz con Ciruelas Pasas

6 raciones | Tiempo Total de Preparación: 20 minutos

INGREDIENTES

2 tazas arroz blanco
½ taza ciruela pasa
2 huevos + 1 yema
8 oz leche
¼ taza azúcar

3 cdas aceite de coco
¼ cdita canela molida
½ cda extracto de vainilla
½ cdita sal
½ cdita cardamomo molido

ELABORACIÓN

Colocar el aceite, 1 taza de agua, leche, arroz, azúcar, canela, vainilla, sal y cardamomo. Sellar la tapa. Cocinar en Manual 8 minutos. Realizar liberación rápida. Seleccionar Sauté e incorporar los huevos batidos y las ciruelas pasas. Cocinar en High y sin tapa hasta hervir. Servir.

Caldo de Arroz y Salmón

6 raciones | Tiempo Total de Preparación: 39 minutos

INGREDIENTES

6 tazas fondo de pescado
3 cdas aceite de oliva
2 dientes de ajo picado
½ cdita mostaza en polvo
½ cdita romero seco
2 rebanadas de tocino en trozos
Sal y pimienta de cayena al gusto

1 lb medallón de salmón en cubos
½ taza leche
1 taza arroz integral
1 ½ tazas champiñones rebanados
½ apio en rebanadas
1 cebolla picada

ELABORACIÓN

Seleccionar Sauté y calentar el aceite. Agregar el ajo, cebolla, apio y champiñones, cocinar 4 minutos. Incorporar el fondo, mostaza, romero, pescado, leche, arroz, sal y cayena. Colocar la tapa y asegurarla. Cocinar en Manual durante 8 minutos en High. Una vez listo, realizar una liberación natural de presión por 2 minutos, luego un a liberación rápida. Servir decorado con trozos de tocino.

Risotto con Chicharos y Champiñones

4 raciones | Tiempo Total de Preparación: 15 minutos

INGREDIENTES

¼ taza mantequilla
2 tazas champillones Bella en rebanadas
1 taza cebolla picada
2 dientes de ajo picado
1 rama romero picado
1 ½ tazas arroz Arborio

¾ taza vino blanco
2 tazas caldo de verduras
Sal y pimienta negra al gusto
½ taza parmesano rallado
½ taza chicharos
1 cda perejil picado

ELABORACIÓN

Seleccionar Sauté y derretir la mantequilla. Agregar los champiñones, cocinar 5 minutos. Añadir la cebolla, ajo y romero, sofreir 3 minutos. Incorporar el arroz, vino blanco, caldo, sal y pimienta. Colocar la tapa y asegurarla. Cocinar en Manual durante 8 minutos en High. Una vez listo, realizar una liberación natural de presión. Añadir el parmesano, mezclar hasta que se derrita. Seleccionar Warm y agregar los chicharos. Decorar con perejil y decorar.

Risotto de Champiñones con Queso Suizo

4 raciones | Tiempo Total de Preparación: 20 minutos

INGREDIENTES

1 taza champiñones rebanados
2 tazas acelga picada
½ taza vermouth
1 taza arroz
1 calabacín rebanado
½ taza Grana Padano rallado

1 chalote picado
1 cdita ajo picado
1 cda aceite
2 tazas fondo de pollo
Sal y pimienta negra al gusto

ELABORACIÓN

Seleccionar Sauté y calentar el aceite. Agregar el chalote y el ajo, cocinar por 2 minutos. Añadir los champiñones, cocinar 3 minutos más. Incorporar los ingredientes restantes, excepto el queso. Colocar la tapa y asegurarla. Cocinar en Manual durante 8 minutos en High. Una vez listo, realizar una liberación rápida. Revolver el queso y servir.

PESCADO & MARISCOS

Risotto cremoso con camarón

6 raciones | Tiempo Total de Preparación: 30 minutos

INGREDIENTES

4 dientes de ajo picado
2 huevos batidos
½ cda jengibre rallado
3 cdas aceite de canola
1 cda mantequilla
¼ cdita chile en polvo
1 ½ tazas chicharos congelados

2 tazas arroz Arborio integral
¼ taza vino blanco
1 taza cebolla picada
12 oz camarones pelados
3 cdas crema batida
¼ taza Pecorino Romano rallado
Sal y pimienta negra al gusto

ELABORACIÓN

Calentar el aceite y revolver los huevos por 4-5 minutos en Sauté. Dejar en un plato. Derretir la mantequilla y agregar las cebollas, ajo y arroz, cocinar 4 minutos. Incorporar el jengibre, chile en polvo, vino, chicharos, 4 tazas de agua, sal y pimienta. Colocar la tapa y asegurarla. Cocinar en Manual por 15 minutos en High. Una vez listo, realizar una liberación rápida. Seleccionar Sauté y mezclar el camarón, queso Pecorino, crema y huevos. Cocinar por unos segundos sin tapa. Servir.

Salmón al Vapor con Brócoli

1 porción | Tiempo Total de Preparación: 15 minutos

INGREDIENTES

4 oz filete de salmón
4 patatas
4 oz brocoli

2 cditas aceite de sésamo
1 cdita eneldo
Sal y pimienta negra al gusto

ELABORACIÓN

Depositar 1 taza de agua y colocar una rejilla. Sazonar las patatas con sal y pimienta, colocarlas encima de la rejilla. Salpicar sobre las patatas la mitad del aceite. Sellar la tapa. Cocinar en Manual por 2 minutos en High. Realizar una liberación rápida. Sazonar el brocoli y salmon con eneldo. Acomodar el brocoli y el salmon por encima de las patatas, salpicar el aceite restante. Colocar la tapa y asegurarla. Cocinar en Steam por 3 minutos en High. Realizar una liberación rápida. Servir.

Bacalao Mediterráneo

4 raciones | Tiempo Total de Preparación: 15 minutos

INGREDIENTES

4 filetes de bacalao
2 tazas tomates picados
1 cda aceite de oliva

Sal y pimienta negra al gusto
10 aceitunas relenas de anchoas

ELABORACIÓN

Machacar los tomates en un molde. Sazonar con sal, pimienta y ajo en polvo. Sazonar el bacalao con sal y pimienta. Acomodarlos sobre los tomates. Salpicar por encima aceite de oliva. Depositar 1 taza de agua y colocar el trivet. Acomodar el molde en el trivet. Colocar la tapa y asegurarla. Cocinar en Manual por 5 minutos en High. Una vez listo, realizar una liberación natural de presión por 5 minutos. Servir.

Camarones en Salsa de Soya

4 raciones | Tiempo Total de Preparación: 10 minutos

INGREDIENTES

2 cdas mantequilla
1 cda Pecorino Romano rallado
2 chalotes picados
¼ taza vino blanco
1 cdita ajo picado
2 cdas jugo de limón

1 lb camarón desvenado
Sal y pimienta negra al gusto
Para la Salsa:
2 cdas salsa de soya
1 cda puerro picado
½ cda aceite de oliva

ELABORACIÓN

Seleccionar Sauté y derretir la mantequilla. Agregar el chalote, cocinar hasta ablandar. Añadir el ajo, cocinar 1 minuto. Verter el vino, cocinar 1 minuto más. Incorporar los ingredientes restantes. Colocar la tapa y asegurarla. Cocinar en Manual por 2 minutos en High. Una vez listo, realizar una liberación rápida. Servir acompañado de salsa.

Croquetas de Cangrejo

2 raciones | Tiempo Total de Preparación: 10 minutos

INGREDIENTES

1 taza carne de cangrejo
¼ taza aceitunas negras picadas
1 zanahoria rallada
½ taza puré de patata
¼ taza harina
¼ taza cebolla rallada
1 ½ tazas puré de tomate

½ lima, jugo y ralladura
1 cdita pimienta de cayena
¼ cdita tomillo seco
1 cda aceite de oliva
½ taza caldo de pollo
Sal y pimienta negra al gusto

ELABORACIÓN

En un bol, mezclar la carne de cangrejo, zanahorias, aceitunas, harina, patatas, jugo de lima, pimienta de cayena, tomillo y cebolla. Crear 2 hamburguesas. Seleccionar Sauté y calentar el aceite. Agregar las hamburguesas, cocinar 1 minuto. Darles la vuelta y cocinar un minuto más. Verter los tomates y el caldo. Colocar la tapa y asegurarla. Cocinar en Manual por 2 minutos en High. Una vez listo, realizar una liberación rápida. Servir de inmediato.

Brochetas de Atún y Langostino

4 raciones | Tiempo Total de Preparación: 15 minutos

INGREDIENTES

1 lb atún en cubos
1 lb langostino desvenado
Sal y pimienta negra al gusto
½ cebolla en dados
1 pimiento morrón rojo en dados

1 cdita ralladura de limón
1 chile picado
1 cdita salsa de soya
1 paquete de aderezo ranch seco

ELABORACIÓN

En un bol, combinar el atún con el camarón. Sazonar con sal. Usando palillos para brocheta, encajar el atún y el camarón separando por un pedazo de pimiento y uno de cebolla. En la olla, depositar 1 taza de agua, aderezo, chile y soya. Esperar hasta que el aderezo se disuelva. Colocar el trivet y acomodar las brochetas transversalmente. Colocar la tapa y asegurarla. Cocinar en Manual por 4 minutos en High. Una vez listo, realizar una liberación rápida. Dejar enfriar y servir.

Salmón en Salsa de Pepino

4 raciones | Tiempo Total de Preparación: 17 minutos

INGREDIENTES

1 lata (15-oz) salmón drenado
1 huevo batido
1 cda hojas de eneldo
2 cdas alcaparras
2 cdas jugo de limón
¼ taza cebolletas picadas
Sal y pimienta negra al gusto

1 taza pan molido
¼ taza leche
Salsa de Pepino:
½ taza yogurt natural
½ taza pepino picado
½ cdita hojas de eneldo
Sal y pimienta blanca al gusto

ELABORACIÓN

En un recipiente, mezclar el salmón, huevo, eneldo, alcaparras, jugo de limón, cebolleta, leche, pan molido, sal y pimienta. Introducir la mezcla dentro de un pan de molde. Colocar el pan dentro de un molde previamente engrasado. Depositar una taza de agua dentro del IP y colocar un trivet. Acomodar el molde sobre el trivet. Colocar la tapa y asegurarla. Cocinar en Manual por 7 minutos ingredientes en High. Una vez listo, realizar una liberación rápida. Retirar el molde. En un bol, mezclar todos los la salsa. Rebanar el pan y rociar la salsa de pepino. Servir.

Ziti con Colas de Langosta

4 raciones | Tiempo Total de Preparación: 20 minutos

INGREDIENTES

1 cda harina
8 oz ziti seco
1 taza crema batida
1 cda estragón picado
¾ taza Gruyere rallado

4 colas de langosta de 6oz cada una
½ taza vino blanco
Sal y pimienta negra al gusto
1 cda salsa inglesa

ELABORACIÓN

Depositar 6 tazas de agua y añadir las colas de langosta y ziti. Colocar la tapa y asegurarla. Cocinar en Manual por 10 minutos en High. Una vez listo, realizar una liberación rápida. Escurrir la pasta y separar. Retirar la carne de las colas y cortar. Añadir a la pasta. Incorporar los ingredientes restantes. Seleccionar Sauté y cocinar hasta que la salsa se reduzca. Mezclar la pasta y langosta. Servir.

Eglefino al Perejil

4 raciones | Tiempo Total de Preparación: 15 minutos

INGREDIENTES

4 filetes de eglefino
4 ramas de salvia
2 patatas medianas rebanadas
1 limón rebanado finamente

1 cebolla rebanada
Un manojo de perejil fresco
Sal y pimienta negra al gusto
2 cdas aceite de oliva

ELABORACIÓN

Colocar el eglefino sobre papel de horno. Dividir las patatas, salvia, perejil, cebolla y limón entre los 4 papeles. Salpicar en cada uno ½ cdita de aceite de oliva. Envolver el pescado con el papel de horno y después en aluminio. Depositar 1 taza de agua y colocar el trivet. Acomodar el pescado en el trivet. Colocar la tapa y asegurarla. Cocinar en Manual por 5 minutos en High. Realizar una liberación rápida. Servir.

Almejas al Vapor con Hierbas

4 raciones | Tiempo Total de Preparación: 20 minutos

INGREDIENTES

¼ taza vino blanco
2 tazas caldo de verduras
¼ taza estragón picado
¼ taza aceite de oliva
2 ½ lb almejas

2 cdas jugo de limón
2 dientes de ajo picado
½ taza perejil picado
Sal y pimienta negra al gusto

ELABORACIÓN

Seleccionar Sauté y calentar el aceite. Agregar el ajo, cocinar por un minuto. Incorporar el vino, caldo, estragón y jugo de limón. Hervir la mezcla y cocinar por un minuto. Colocar la canastilla y poner las almejas dentro.

Colocar la tapa y asegurarla. Cocinar en Steam por 6 minutos en High. Esperar 5 minutos y realizar una liberación rápida. Transferir las almejas a un bol y separar las que no estén abiertas. Rociar los jugos y decorar con perejil fresco para servir.

Bagre Chowder

4 raciones | Tiempo Total de Preparación: 25 minutos

INGREDIENTES

1 taza leche
1 taza patatas picadas
½ lb bagre picado
½ taza fondo de pollo
¾ taza cebolla en dados
½ cdita pimentón

½ cdita tomillo seco
½ cdita oregano seco
½ cdita albahaca seca
2 cditas jugo de limón
Sal y pimienta negra al gusto
1 cda maicena mezclada con 1 ½ cdas agua

ELABORACIÓN

Incorporar todos los ingredientes excepto la maicena, en la olla. Depositar 1 ½ tazas de agua. Colocar el trivet y acomodar las brochetas transversalmente. Colocar la tapa y asegurarla. Cocinar en Manual por 10 minutos en High. Una vez listo, realizar una liberación rápida. Seleccionar Sauté y verter la maicena, cocinar 5 minutos o hasta que la salsa espese. Servir de inmediato.

Sopa Griega Kakavia

6 raciones | Tiempo Total de Preparación: 25 minutos

INGREDIENTES

12 oz camarón desvenado
1 lb bacalao en cubos sin piel
1 lata (14.5-oz) tomates
2 puerros (parte blanca), rebanados
Sal y pimienta negra al gusto
12 mejillones
12 almejas

1 cdita tomillo seco
3 hojas de laurel
1 zanahoria picada
2 dientes de ajo picado
2 apios picado
½ taza vino blanco
4 cdas jugo de limón

ELABORACIÓN

Agregar el bacalao, tomates, puerro, camarones, mejillones, almejas, tomillo, laurel, zanahoria, ajo, apio, vino blanco, jugo de limón y 6 tazas de agua en el IP. Sellar la tapa. Cocinar en Manual por 5 minutos en High. Una vez listo, realizar una liberación rápida. Sazonar con sal y pimienta. Descartar los mejillones y almejas que no estén abiertas y el laurel. Dividir en platos hondos para servir.

Chowder de Salmón

4 raciones | Tiempo Total de Preparación: 37 minutos

INGREDIENTES

1 taza leche entera
2 cdas aceite de oliva
3 tazas patatas en cubos
½ cdita mejorana seca
1 taza cebolla picada

3 tazas fondo de pescado
1 cda maicena
1 lb salmón en cubos
Sal y pimienta blanca al gusto

ELABORACIÓN

Seleccionar Sauté y calentar el aceite. Agregar la cebolla, cocinar 3 minutos. Incorporar la leche, patatas, mejorana, fondo, sal y pimienta blanca. Colocar la tapa y asegurarla. Cocinar en Manual por 6 minutos en High. Una vez listo, realizar una liberación rápida. Transferir la mezcla a un procesador de comida y batir hasta quedar uniforme. Distribuir la mezcla por la olla y situar el salmón encima. Colocar la tapa y asegurarla. Cocinar en Manual por 5 minutos en High. Una vez listo, realizar una liberación rápida. Mezclar la maicena con leche. Verter la mezcla sobre la olla y cocinar 2-3 minutos en Sauté. Servir caliente.

Cazuela de Salmón y Apio

4 raciones | Tiempo Total de Preparación: 33 minutos

INGREDIENTES

4 filetes de salmón rebanados
2 cdas aceite de oliva
6 huevos batidos
1 lata (10.5-oz) sopa de apio
1 cda jugo de limón

1 pimiento morrón verde rebanado
Sal y pimienta negra al gusto
½ taza leche
1 taza cheddar rallado

ELABORACIÓN

Seleccionar Sauté y calentar el aceite. Agregar las tiras de salmón, cocinar 1-2 minutos por lado. Añadir el pimiento encima. En un bol, batir los huevos, leche, crema de apio, pimienta y sal. Vaciar la mezcla en la olla y esparcir el queso cheddar. Colocar la tapa y asegurarla. Cocinar en Manual por 6 minutos en High. Una vez listo, realizar una liberación rápida. Servir.

Curry de Salmón Picante

6 raciones | Tiempo Total de Preparación: 22 minutos

INGREDIENTES

½ taza fondo de verduras
2 cditas cilantro picado
2 cditas perejil picado
Sal y pimienta negra al gusto
6 filetes de salmón
2 cditas pimentón ahumado
1 cdita chile en polvo

2 cditas jengibre picado
2 zanahorias rebanadas
2 dientes de ajo picado
3 ramas de apio picado
2 latas (14.5-oz) leche de coco
1 lata (14.5-oz) salsa de tomate

ELABORACIÓN

Colocar la olla, la leche de coco, pasta de tomate, fondo de verduras, apio, zanahoria, cilantro, jengibre, chile en polvo, pimentón y perejil. Añadir el salmón. Colocar la tapa y asegurarla. Cocinar en Manual por 5 minutos en High. Una vez listo, realizar una liberación natural de presión por 5 minutos.

Mejillones al Vino

4 raciones | Tiempo Total de Preparación: 25 minutos

INGREDIENTES

1 cebolla picada
2 lb mejillones limpios
1 taza vino blanco

1 diente de ajo machacado
Jugo de un limón
Sal y pimienta negra al gusto

ELABORACIÓN

Seleccionar Sauté y cocinar la cebolla y ajo por 3 minutos. Añadir jugo de limón y vino, cocinar 1 minuto. Acomodar los mejillones en la canastilla. Depositar 1 taza de agua en el IP y colocar el trivet. Situar la canastilla dentro del trivet. Colocar la tapa y asegurarla. Cocinar en Steam por 3 minutos en High. Una vez listo, realizar una liberación natural de presión por 10 minutos. Poner los mejillones en un plato y rociar el jugo por encima. Servir.

Cazuela de Atún con Habas

4 raciones | Tiempo Total de Preparación: 50 minutos

INGREDIENTES

1 lb habas remojada
2 tazas tomates picados
1 diente de ajo triturado

Sal y pimienta negra al gusto
4 cdas aceite
20 oz atún en agua, drenado

ELABORACIÓN

Seleccionar IP y calentar el aceite. Freir el ajo un minuto. Añadir las habas y 6 tazas de agua. Colocar la tapa y asegurarla. Cocinar en Manual por 30 minutos en High. Una vez listo, realizar una liberación rápida. Seleccionar Sauté e incorporar el atún, tomates, sal y pimienta. Cocinar 3 minutos. Servir.

Tilapia Empanizada con Anacardos

4 raciones | Tiempo Total de Preparación: 15 minutos

INGREDIENTES

4 filetes de tilapia
1 taza anacardos triturados
2 cdas mostaza de Dijon

1 cda aceite de oliva
Sal y pimienta negra al gusto
1 cda eneldo

ELABORACIÓN

Depositar 1 taza de agua y colocar el trivet. En un bol, mezclar el aceite, pimienta, eneldo y mostaza. Untar la tilapia con la mezcla por ambos lados. Empanizar los filetes en la nuez de la india y acomodarlos sobre el trivet. Colocar la tapa y asegurarla. Cocinar en Manual por 10 minutos en High. Una vez listo, realizar una liberación rápida.

Fideos con Atún en Salsa de Champiñón

4 raciones | Tiempo Total de Preparación: 15 minutos

INGREDIENTES

1 lata atún drenado
3 tazas de agua
4 oz queso Monterey rallado
16 oz fideos de huevo

¼ taza pan molido
1 taza chicharos congelados
28 oz lata sopa de champiñoes
Sal y pimienta negra al gusto

ELABORACIÓN

Colocar 3 tazas de agua y los fideos en la olla. Agregar sopa, atún y chícharos. Sellar la tapa. Cocinar en Manual por 5 minutos en High. Realizar una liberación rápida. Mezclar el queso. Transferir a un molde y espolvorear con pan molido. Depositar 1 taza de agua y colocar el trivet. Acomodar el molde en el trivet. Colocar la tapa y asegurarla. Cocinar en Steam por 3 minutos en High. Servir.

Salmón a las Hierbas Cítricas

6 raciones | Tiempo Total de Preparación: 23 minutos

INGREDIENTES

1 lb filete de salmón
1 chile fresno picado
Sal y pimienta negra al gusto
4 ramas de eneldo picadas

¾ taza aceite de oliva
1 hinojo rebanado
1 naranja rebanada
1 limón rebanado

ELABORACIÓN

Seleccionar Sauté y calentar el aceite. Agregar el chile, hinojo, eneldo, sal y pimienta, cocinar 2-3 minutos. Añadir el salmón y las rebanadas de naranja y limón. Depositar 1 taza de agua. Colocar la tapa y asegurarla. Cocinar en Manual por 5-7 minutos en High. Una vez listo, realizar una liberación natural de presión por 3 minutos, después una liberación rápida. Servir caliente.

Trucha con Espaguetis de Calabacín

4 raciones | Tiempo Total de Preparación: 15 minutos

INGREDIENTES

4 filetes de trucha
2 cdas aceite de oliva
1 zanahoria en espiral
2 patatas en espiral
1 calabacín en espiral

1 rama de tomillo
2 cdas ajo picado
¼ cda perejil picado
Sal y pimienta negra al gusto
1 limón en gajos

ELABORACIÓN

Depositar 1 taza de agua y añadir el ramo de tomillo, Acomodar los fideos dentro de la canastilla y colocar el salmón por encima. Añadir el ajo y sazonar con sal y pimienta. Salpicar con aceite. Acomodar la canastilla dentro de la olla. Colocar la tapa y asegurarla. Cocinar en Manual por 7 minutos en High. Una vez listo, realizar una liberación rápida. Servir con gajos de limón y perejil.

Tilapia al Limón

4 raciones | Tiempo Total de Preparación: 25 minutos

INGREDIENTES

1 ½ lb filetes de tilapia
1 cda aceite de oliva
2 cditas ralladura de naranja
Sal y pimienta negra al gusto
2 cditas ralladura de limón

½ taza cebolla picada
5 cdas perejil picado
Perejil para decorar
Rebanadas de limón y naranja para decorar

ELABORACIÓN

Sazonar pescado con sal y pimienta. Ubicarlos dentro de IP, añadir aceite, perejil, cebolla, ralladura de limón y naranja. Depositar ½ taza de agua. Sellar la tapa. Cocinar en Manual por 5 minutos en High. Realizar liberación rápida. Servir con rodajas de limón y naranja, decorar con perejil.

Salmón en Salsa de Limón

4 raciones | Tiempo Total de Preparación: 15 minutos

INGREDIENTES

4 filetes de salmón
1 cda miel
½ cda comino
1 cda aceite de oliva
1 chalote pequeño picado

1 cda chipotle en polvo
1 cda perejil picado
¼ taza jugo de limón
Sal y pimienta negra al gusto

ELABORACIÓN

Depositar 1 taza de agua en el IP y colocar el trivet. Acomodar el salmón en el trivet. Colocar la tapa y asegurarla. Cocinar en Manual por 3 minutos en High. Mezclar los ingredientes sobrantes con 1 taza de agua caliente, para crear una salsa. Una vez listo, realizar una liberación rápida. Vaciar la salsa sobre el salmón. Asegurar la tapa de nuevo. Cocinar en Manual por 3 minutos más en High. Realizar una liberación rápida. Servir caliente.

Curry de Tilapia y Berenjena

6 raciones | Tiempo Total de Preparación: 25 minutos

INGREDIENTES

1 berenjena picada
6 cdas jengibre picado
4 cdas aceite de coco
3 dientes de ajo picado
1 cebolla picada
2 tomates picados
Un puñado de hojas de curry
1 cdita comino

1 cdita cúrcuma
2 chiles picados
5 tazas fondo de pescado
1 taza leche de coco
1 cda curry en polvo
6 filetes de tilapia picados
1 cdita cilantro molido

ELABORACIÓN

Seleccionar Sauté y calentar el aceite de coco. Agregar la berenjena, cocinar por unos minutos cada lado. Separar. Sofreír la cebolla, chiles y hojas de curry por unos minutos. Añadir la tilapia, freír 2 minutos. Incorporar los ingredientes restantes. Colocar la tapa y asegurarla. Cocinar en Manual por 5 minutos en High. Una vez listo, realizar una liberación natural de presión por 10 minutos. Servir.

Trucha al Vapor con Granada

4 raciones | Tiempo Total de Preparación: 27 minutos

INGREDIENTES

1 lb filetes de trucha
4 limones en rodajas
¼ taza granada
1 cda vinagre de vino blanco
1 cda miel
2 cdas menta fresca picada

2 tazas jugo de granada
1 hinojo rebanado
2 cdas aceite de oliva
½ taza cebolla morada rebanada
1 cda pimienta gorda
Sal y pimienta negra al gusto

ELABORACIÓN

Seleccionar Sauté y calentar el aceite. Agregar cebolla e hinojo, cocinar 3 minutos. Añadir trucha, vinagre, jugo de granada, pimienta gorda, sal y pimienta negra. En un bol, mezclar miel con 1 taza de agua. Verter la mezcla dentro de la olla. Sellar la tapa. Cocinar en Manual por 9 minutos en High. Realizar liberación rápida. Rociar pescado con los jugos, Servir con menta, granada y limón.

Jugoso Salmón al Tomillo con Garbanzos

4 raciones | Tiempo Total de Preparación: 20 minutos

INGREDIENTES

2 cditas ghee derretido
1 lb filete de salmón

Un manojo de tomillo
2 cditas sazonador italiano

Para los Garbanzos:

15 oz garbanzo en lata escurrido
½ cdita jugo de lima

1 cebolleta picada
Sal y pimienta negra al gusto

ELABORACIÓN

Sazonar salmón con el sazonador italiano. Colocar tomillo en el fondo del IP y poner el salmón y ghee por encima. Depositar 1 taza de agua. Sellar la tapa. Cocinar en Manual por 7 minutos en High. Realizar liberación natural de presión. En un bol, combinar todos los ingredientes de garbanzos. Colocar el salmón en platos y acompañar con garbanzos para servir.

Fletán en Salsa de Mango

2 raciones | Tiempo Total de Preparación: 35 minutos

INGREDIENTES

Para el pescado:

2 filetes de halibut
½ cdita chile en polvo
Sal y pimienta negra al gusto

1 cda jugo de lima
1 cda aceite de oliva

Para la salsa de mango:

3 cdas jugo de lima
1 mango picado
1 jalapeño picado

1 diente de ajo picado
¼ cdita sal

ELABORACIÓN

Colocar todos los ingredientes para la salsa en la batidora, exceptuando el cilantro, y triturar. En un bol, mezclar los de pescado, excepto el pescado. Cubrir el pescado con la mezcla. Acomodar los filetes en la olla y vaciar la salsa. Añadir ½ taza de agua. Sellar la tapa. Cocinar en Manual 5 minutos en High. Una vez listo, realizar una liberación natural de presión por 10 minutos. Servir.

Tilapia a la Mandarina

4 raciones | Tiempo Total de Preparación: 17 minutos

INGREDIENTES

10 oz mandarina picada
4 filetes de tilapia
2 cdas vinagre balsámico

Sal y pimienta blanca al gusto
1 cda miel

ELABORACIÓN

Colocar la tilapia en hojas de aluminio. En un bol, mezclar los gajos de mandarina, vinagre balsámico, sal, pimienta blanca y miel. Cubrir el pescado con la mezcla y cerrar el aluminio. Depositar 1 taza de agua en el IP y colocar el trivet. Acomodar los paquetes en el trivet. Sellar la tapa. Cocinar en Manual por 5 minutos en High. Realizar liberación natural de presión por 5 minutos. Servir.

Salmón con Salsa de Aguacate

4 raciones | Tiempo Total de Preparación: 20 minutos

INGREDIENTES

1 cda cilantro
½ cebolla morada en dados
1 cdita aceite de oliva
Sal y pimienta negra al gusto
1 cdita pimentón
1 cdita chile en polvo

1 cdita comino
1 aguacate rebanado
1 cdita ajo en polvo
2 cditas jugo de lima
4 filetes de salmón

ELABORACIÓN

Para la salsa, mezclar el aguacate, jugo de lima, cilantro y cebolla morada. En otro bol, combinar el ajo en polvo, comino, chile en polvo, pimentón, sal y pimienta. Cubrir el salmón con la mezcla. Depositar 1 taza de agua en el IP y colocar el trivet. Acomodar el salmón sobre el trivet. Colocar la tapa y asegurarla. Cocinar en Manual por 7 minutos en High. Una vez listo, realizar una liberación natural de presión por 3 minutos, luego una liberación rápida. Servir con la salsa de aguacate.

Estofado Marino Estilo San Francisco

5 raciones | Tiempo Total de Preparación: 29 minutos

INGREDIENTES

2 cdas albahaca fresca para decorar
3 cdas aceite de oliva
6 oz carne de cangrejo
6 oz camarón cocido
3 oz almejas
2 cditas sazonador italiano
1 cda ajo picado
1 cdita miel

2 cebollas picada
1 pimiento morrón rojo rebanado
3 apios picados
1 lata (14.5-oz) tomates
6 oz atún Albacore
Sal y pimienta negra al gusto
¾ cdita hojas de pimienta roja
1 cda perejil picado

ELABORACIÓN

Seleccionar Sauté y calentar el aceite. Agregar el apio, pimiento , cebolla y ajo, cocinar 4-5 minutos. Añadir los tomates, miel, hojas de pimienta roja, sazonador italiano, mariscos, sal, pimienta y una taza de agua. Colocar la tapa y asegurarla. Cocinar en Manual por 7 minutos en High. Una vez listo, realizar una liberación natural de presión por 5 minutos. Servir decorado con albahaca y perejil.

Pulpos a la Griega

4 raciones | Tiempo Total de Preparación: 60 minutos

INGREDIENTES

3 tazas pilpo picado
½ taza licor ouzo
¼ taza vinagre de vino tinto
10 aceitunas Kalamata
1 taza cebolla picada

3 dientes de ajo
2 tazas de agua caliente
2 tazas hinojo
1 cda mostaza amarilla

ELABORACIÓN

Agregar el pulpo y agua calienta en la olla. Colocar la tapa y asegurarla. Cocinar en Manual por 40 minutos en High. Una vez listo, realizar una liberación rápida. Incorporar el hinojo, ajo y cebollas. Colocar la tapa de nuevo. Cocinar en Manual por 10 minutos más en High. Una vez listo, realizar una liberación rápida. Añadir las aceitunas, vino rojo, vinagre y mostaza. Servir caliente.

Gumbo de Camarón y Salchicha

6 raciones | Tiempo Total de Preparación: 42 minutos

INGREDIENTES

1 pimiento morrón verde picado
1 ½ tazas qumbombó congelado
3 cdas aceite
1 lata (14.5-oz) tomates
1 taza cebolla picada
3 tazas arroz blanco cocido
½ lb salchicha ahumada rebanada
1 taza camarón cocido
3 tazas caldo de pollo
Sal y pimienta negra al gusto
¼ cditas pimienta de cayena molida
3 dientes de ajo picado

ELABORACIÓN

Seleccionar Sauté y calentar el aceite. Agregar el ajo, cebolla, salchichas y pimiento, cocinar 5 minutos. Incorporar los ingredientes restantes, excepto el arroz. Colocar la tapa y asegurarla. Cocinar en Manual por 8 minutos en High. Una vez listo, realizar una liberación natural de presión por 5 minutos. Añadir el camarón, cocinar por 3-4 minutos en Sauté. Servir con arroz.

Cazuela de Mariscos con Puré de Papas

4 raciones | Tiempo Total de Preparación: 38 minutos

INGREDIENTES

1 lb filete blanco en cubos
2 cdas mantequilla derretida
2 cdas aceite de oliva
8 oz camarón desvenado
2 tazas col rizada picada
½ taza cebollín picado
1 taza hojuelas de papa
½ taza leche
1 ½ tazas agua caliente
15 oz tomates en lata
6.5 oz almejas en lata
3 ½ tazas caldo de verduras
Sal y pimienta negra al gusto
2 cditas tomillo seco
1 taza cebolla picada
2 dientes de ajo picado

ELABORACIÓN

Seleccionar Sauté y calentar el aceite. Agregar ajo y cebolla, cocinar 3 minutos. Añadir las almejas, tomates, caldo, camarón, sal, pimienta y tomillo. Sellar la tapa. Cocinar en Manual 6 minutos en High. Realizar liberación natural de presión. Incorporar las hojuelas de patata, leche, agua caliente, mantequilla, sal y pimienta en un bol, mezclar hasta quedar cremoso. Añadir la col rizada, cocinar 3-4 minutos en Sauté. Servir sobre el puré de patata y decorar con cebollin.

Sopa de Almeja Estilo Manhattan

4 raciones | Tiempo Total de Preparación: 29 minutos

INGREDIENTES

6 rebanadas tocino en dados
3 ramas de apio rebanadas
2 zanahorias rebanadas
1 taza cebolla picada
8 oz jugo de almeja
20 oz almeja picada
2 patatas en dados
1 cdita tomillo
Sal y pimienta negra al gusto
30 oz tomates
1 cda perejil picado

ELABORACIÓN

Seleccionar Sauté y freír el tocino por 5 minutos. Agregar apio, zanahoria, cebolla y pimienta, cocinar 5 minutos. Incorporar los ingredientes faltantes, excepto el perejil. Sellar la tapa. Cocinar en Manual por 4 minutos. Realizar una liberación natural de presión. Servir decorado con perejil.

Jambalaya Louisiana

4 raciones | Tiempo Total de Preparación: 29 minutos

INGREDIENTES

1 lb camarón
1 cebolla picada
2 cdas aceite de oliva
2 cdas sazonador creole
1 lata (28-oz) tomates
½ cdita pmienta de cayena en polvo
4 salchichas andouille rebanadas

2 cditas ajo picado
3 ramas de apio picado
4 pimientos morrón cortados
1 taza arroz largo
Sal y pimienta negra al gusto
4 cebolletas picadas

ELABORACIÓN

Seleccionar Sauté y calentar el aceite. Cocinar las salchichas 3 minutos. Agregar ajo, apio, pimiento y cebolla, sofreir 2-3 minutos. Incorporar tomates, arroz, sazonador creole, pimienta de cayena, sal, pimienta y 2 tazas de agua. Sellar la tapa. Cocinar en Manual por 8 minutos en High. Realizar liberación rápida. Añadir el camarón, cocinar por 5 minutos en Sauté. Servir caliente con cebolletas.

Cebada con Mariscos

6 raciones | Tiempo Total de Preparación: 29 minutos

INGREDIENTES

10 oz camarón drenado
3 cdas aceite de oliva
3 dientes de ajo picado
15 oz atún en lata
½ taza vino blanco seco
½ cdita salsa Tabasco
½ cdita pimentón
2 latas (10.5-oz) sopa de champiñón

2 cdas hojas de eneldo
3 tazas de agua
1 taza cebada perlada remojada
2 pimientos picados
1/3 taza perejil picado
¼ taza cebolla picada
15 oz carne de cangrejo en lata

ELABORACIÓN

Seleccionar Sauté y calentar el aceite. Agregar la cebolla, ajo, pimientos y pimentón, cocinar 3 minutos. Incorporar los ingredientes restantes, excepto el perejil. Colocar la tapa y asegurarla. Cocinar en Manual por 6 minutos en High. Una vez listo, realizar una liberación natural de presión por 5 minutos. Servir decorado con perejil.

Estofado Caribeño de Calamares

6 raciones | Tiempo Total de Preparación: 29 minutos

INGREDIENTES

3 cdas aceite de oliva
1 cebolla en dados
2 zanahorias rebanadas
3 apios en dados
1 camote en dados
1 pimiento morrón verde en dados

2 tazas de calamares
1 taza tomates en lata
Sal y pimienta negra al gusto
4 tazas caldo de verduras
1 chipotle en adobo en dados
Hojas de cilantro para decorar

ELABORACIÓN

Seleccionar Sauté y calentar el aceite. Agregar cebolla, zanahoria, apio y pimiento, cocinar 5 minutos. Añadir los ingredientes restantes, excepto el cilantro. Sellar la tapa. Cocinar en Manual 14 minutos en High. Realizar una liberación rápida. Servir caliente con cilantro.

AVES

Pollo al Limón con Grosellas

6 raciones | Tiempo Total de Preparación: 35 minutos

INGREDIENTES

1 ½ lb pechuga de pollo
¼ taza grosellero
2 dientes de ajo picado
6 rebanadas de limón
1 taza de cebolletas

1 taza aceitunas kalamata sin hueso
2 cdas aceite de sésamo
1 cda semillas de cilantro
1 cda comino
Sal y pimienta negra al gusto

ELABORACIÓN

Seleccionar Sauté y calentar el aceite. Agregar las cebolletas, semillas de cilantro y ajo, cocinar 3 minutos. Añadir pollo y cubrir con aceitunas y comino. Sazonar con sal y pimienta. Extender las rebanadas de limón por encima y verter 2 ¼ tazas de agua. Sellar la tapa. Cocinar en Poultry por 15 minutos en High. Una vez listo, realizar una liberación natural de presión por 10 minutos. Servir.

Pollo Arriero

6 raciones | Tiempo Total de Preparación: 20 minutos

INGREDIENTES

2 lb pechuga de pollo en cubos
4 cdas mantequilla
1 ¼ lb champiñones rebanados
½ taza caldo de pollo
2 cdas maicena

1 zanahoria picada
½ taza leche
Sal y pimienta negra al gusto
2 cebollines rebanados
½ cda ajo en polvo

ELABORACIÓN

Seleccionar Sauté y derretir la mantequilla. Agregar el pollo, cocinar hasta dorar. Separar en un plato. Añadir el cebollin y champiñones, cocinar 3 minutos. Incorporar el pollo y sazonar con pimienta y ajo en polvo. Depositar el caldo y las zanahorias. Colocar la tapa y asegurarla. Cocinar en Manual por 8 minutos en High. Una vez listo, realizar una liberación rápida. En un bol, combinar la maicena con leche. Vaciar la mezcla sobre el pollo, seleccionar Sauté y cocinar hasta espesar. Servir.

Pollo en Salsa de Pimiento Rojo

6 raciones | Tiempo Total de Preparación: 20 minutos

INGREDIENTES

1 ½ lb pechuga de pollo en cubos
2 tazas chalotes picados
4 dientes de ajo
12 oz pimientos rojos asados
2 cditas salsa de adobo

½ taza caldo de pollo
1 cdita comino
Jugo de ½ limón
1 cda aceite de oliva
Sal y pimienta negra al gusto

ELABORACIÓN

En la batidora, colocar ajo, pimientos asados, jugo de limón, sal y pimienta. Mezclar hasta crear una mezcla suave. Seleccionar Sauté y calentar aceite. Agregar chalote, cocinar 2 minutos. Añadir pollo, cocinar hasta que esté bien cocido. Vaciar el adobo y caldo. Sellar la tapa. Cocinar en Manual por 8 minutos en High. Una vez listo, realizar liberación rápida. Servir.

Pollo con Ejotes y Patata

6 raciones | Tiempo Total de Preparación: 25 minutos

INGREDIENTES

2 lb muslos de pollo
1 cda mantequilla
¼ cdita perejil seco
¼ cdita oregano seco
½ cdita salvia seca
Jugo de un limón

½ taza caldo de verduras
2 cdas aceite de oliva
1 diente de ajo picado
1 lb ejotes
1 lb patatas rebanadas
Sal y pimienta negra al gusto

ELABORACIÓN

Seleccionar Sauté y calentar el aceite y mantequilla. Agregar el ajo, cocinar 1 minuto. Añadir el pollo, cocinar por ambos lados hasta dorar. Incorporar las hierbas y el jugo de limón, cocinar un minuto más. Mezclar los ingredientes restantes. Colocar la tapa y asegurarla. Cocinar en Manual por 15 minutos en High. Una vez listo, realizar una liberación rápida. Servir.

Coq Au Vin Casero

8 raciones | Tiempo Total de Preparación: 35 minutos

INGREDIENTES

2 lb muslos de pollo
4 oz pancetta picada
14 oz vino tinto
1 taza perejil picado
2 cebollas picada
4 patatas por la mitad

7 oz champiñones rebanados
1 cdita ajo en pasta
2 cdas harina
¼ taza aceite de oliva
2 cdas brandy
Sal y pimienta negra al gusto

ELABORACIÓN

Seleccionar Sauté y calentar el aceite. Agregar pollo, dorar por ambos lados. Separar. Añadir cebolla, ajo y pancetta, cocinar 2 minutos. Incorporar la harina y el brandy. Mezclar los ingredientes faltantes, excepto los champiñones. Cubrir con suficiente agua. Sellar la tapa. Cocinar en Manual por 20 minutos en High. Realizar una liberación rápida. Agregar los champiñones. Asegurar la tapa de nuevo. Cocinar en Manual por 5 minutos en High. Realizar una liberación rápida. Servir.

Pollo Rostizado con Limón y Ajo

4 raciones | Tiempo Total de Preparación: 60 minutos

INGREDIENTES

3 cdas aceite de oliva
1 (3-4lb) pollo entero
1 cda pimentón
2 hojas de laurel
2 dientes de ajo machacado
¼ cebolla rebanada

1 cdita tomillo seco
Sal y pimienta negra al gusto
1 ½ taza caldo de pollo
¼ taza jugo de limón
1 limón en gajos

ELABORACIÓN

En un recipiente, combinar sal, pimienta, tomillo y pimentón. Sazonar el pollo con la mezcla. Rellenar el pollo con cebolla, ajo, limón y laurel. Colocar el pollo en la olla. Vaciar el caldo y el jugo de limón alrededor del pollo. Rociar aceite de oliva sobre el pollo. Colocar la tapa y asegurarla. Cocinar en Manual por 30 minutos en High. Una vez listo, realizar una liberación natural de presión por 10 minutos. Retirar el pollo y dejar reposar 5 minutos antes de cortar. Servir cubierto de los jugos.

Piernas de Pollo a las Finas Hierbas

4 raciones | Tiempo Total de Preparación: 35 minutos

INGREDIENTES

4 piernas de pollo sin piel
1 taza cebolla morada rebanada
2 tomates canario picados
1 cdita ajo picado
2 cdas maicena
1 ½ tazas caldo de pollo

3 cditas aceite de oliva
1 cdita comino molido
2 cditas oregano seco
Sal y pimienta negra al gusto
½ taza queso feta en cubos
10 aceitunas Kalamata

ELABORACIÓN

Sazonar el pollo con sal, pimienta, oregano y comino. Seleccionar Sauté y calentar el aceite. Dorar el pollo 3 minutos por lado. Agregar la cebolla, cocinar 4 minutos más. Añadir el ajo, cocinar un minuto más. En una taza de medidas, preparar la mezcla combinando la maicena con el caldo de pollo. Cuando esté líquida, vaciar sobre el pollo. Añadir los tomates, mezclar. Colocar la tapa y asegurarla. Cocinar en Poultry por 20 minutos en High. Una vez listo, realizar una liberación rápida. Servir con queso feta y aceitunas kalamata a un lado.

Pollo Garam Masala

4 raciones | Tiempo Total de Preparación: 25 minutos

INGREDIENTES

1 ½ lb muslos de pollo
1 ½ tazas tomates picados
1 cebolla picada
1 ½ cda mantequilla
2 tazas leche de coco
½ taza avellanas picadas
2 cditas pimentón

1 cdita Garam masal
2 cditas cilantro
1 cda salvia
1 cdita pimienta de cayena en polvo
1 ¼ cdita ajo en polvo
Sal y pimienta negra al gusto

ELABORACIÓN

Seleccionar Sauté y derretir la mantequilla. Sofreir la cebolla por 3 minutos. Añadir todas las especias, cocinar un minuto más. Incorporar los tomates y leche de coco. Poner el pollo dentro. Colocar la tapa y asegurarla. Cocinar en Manual por 13 minutos en High. Una vez listo, realizar una liberación rápida. Servir decorado con avellanas y salvia.

Pollo con Salsa de Tomate

2 raciones | Tiempo Total de Preparación: 35 minutos

INGREDIENTES

2 piernas de pollo
2 tazas salsa de tomate
1 taza crema entera
1 taza Pecorino Romano rallado
4 cdas mantequilla

1 cdita ajo en pasta
1 cda albahaca picada
Sal y pimienta negra al gusto
½ cdita romero picado
½ cdita tomillo picado

ELABORACIÓN

Seleccionar Sauté y derretir la mantequilla. Agregar el ajo, salsa de tomate, romero, tomillo y albahaca. Sazonar el pollo con sal y pimienta. Añadir el pollo a la salsa. Colocar la tapa y asegurarla. Cocinar en Poultry por 20 minutos en High. Una vez listo, realizar una liberación natural de presión por 5 minutos. Incorporar el queso y la crema. Servir de inmediato.

Piernas de Pollo al Mango

4 raciones | Tiempo Total de Preparación: 25 minutos

INGREDIENTES

4 piernas de pollo
1 taza mango picado
½ taza leche de coco
½ taza puré de tomate
2 cdas azúcar moscabada
1 cda jugo de lima
Sal y pimienta negra al gusto

ELABORACIÓN

En un bol, combinar todos los ingredientes con 4 cdas de agua, excepto pollo y mango. Acomodar el pollo y mango dentro de la olla y vaciar la salsa por encima. Sellar la tapa. Cocinar en Manual por 15 minutos en High. Realizar liberación manual de presión. Mezclar antes de servir caliente.

Pechugas de Pollo al Habero y Miel

4 raciones | Tiempo Total de Preparación: 30 minutos

INGREDIENTES

2 lb pechuga de pollo
6 cdas salsa habanero
½ taza puré de tomate
¼ taza miel
½ cdita comino
1 cdita pimentón ahumado
Sal y pimienta negra al gusto

ELABORACIÓN

Depositar 1 ½ tazas de agua en el IP y colocar el pollo dentro. Sazonar con sal y pimienta. Colocar la tapa y asegurarla. Cocinar en Poultry por 15 minutos en High. Realizar una liberación natural de presión por 10 minutos. Descartar los jugos. Desmenuzar el pollo y añadir los ingredientes faltantes. Cocinar en Sauté, sin tapa, por unos minutos hasta espesar. Servir caliente.

Pollo con Chiles Verdes y Cilantro

4 raciones | Tiempo Total de Preparación: 45 minutos

INGREDIENTES

1 ½ lb pechuga de pollo
2 tazas tomates en dados
½ cdita tomillo
2 chiles verdes picados
½ cdita pimentón ahumado
2 cdas azúcar de coco
2 cdas cilantro fresco
2 cdas aceite de oliva
Sal y pimienta negra al gusto

ELABORACIÓN

En un bol, combinar el aceite con las especias. Sazonar la pechuga con la mezcla. Colocar el pollo dentro de la olla. Agregar los tomates. Colocar la tapa y asegurarla. Cocinar en Poultry por 20 minutos en High. Una vez listo, realizar una liberación rápida. Retirar el pollo y desmenuzarlo. Devolver el pollo demenuzado a la olla, seleccionar Sauté y hervir por 15 minutos.

Pollo Entero con Salvia

4 raciones | Tiempo Total de Preparación: 35 minutos

INGREDIENTES

1 (3lb) pollo entero
2 cdas aceite de oliva
Sal y pimienta negra al gusto
2 salvias frescas picadas

ELABORACIÓN

Sazonar el pollo con sal y pimienta. Seleccionar Sauté y calentar el aceite. Dorar pollo por todos lados. Separar y limpiar la olla. Depositar una taza de agua y colocar una rejilla. Acomodar el pollo sobre la rejilla. Sellar la tapa. Cocinar en Poultry por 25 minutos en High. Realizar liberación rápida. Permitir enfriar el pollo por unos minutos antes de cortar. Servir decorado con salvia.

Pechugas de Pollo Cajun

4 raciones | Tiempo Total de Preparación: 35 minutos

INGREDIENTES

4 pechuga de pollo
2 tazas judías planas congelados
1414 oz relleno de pan de maíz

1 cda sazonador cajun
1 taza caldo de pollo
Sal y pimienta negra al gusto

ELABORACIÓN

Colocar pollo y caldo en IP. Sellar la tapa. Cocinar en Poultry por 20 minutos en High. Realizar liberación manual de presión. Agregar el tirabeque, asegurar la tapa de nuevo y cocinar el Manual 2 minutos más en High. Realizar liberación rápida. Incorporar el relleno del pan de harina y sazonador Cajún, cocinar en Sauté por 5 minutos más. Una vez listo, realizar una liberación manual. Servir.

Pechugas en Salsa Cremosa de Champiñones

6 raciones | Tiempo Total de Preparación: 20 minutos

INGREDIENTES

6 mitades pechugas de pollo
1 cebolla en dados
8 oz champiñones rebanados
1 lata sopa de crema de champiñones
1 lb zanahoria baby

1 cda mantequilla
1 cda aceite de oliva
2 cdas suero de mantequilla
Sal y pimienta negra al gusto

ELABORACIÓN

Seleccionar Sauté y calentar el aceite y mantequilla. Agregar la cebolla y champiñones, cocinar 3 minutos. Añadir la zanahoria, pollo, sopa de champiñones y una taza de agua. Colocar la tapa y asegurarla. Cocinar en Manual por 8 minutos en High. Una vez listo, realizar una liberación rápida y separar en un plato los champiñones, pollo y zanahorias. Vaciar el suero de mantequilla, cocinar en Sauté por unos minutos hasta espesar. Servir el polllo y los vegetales bañados en salsa.

Piernas de Pollo con Pimiento al Tomate

3 raciones | Tiempo Total de Preparación: 30 minutos

INGREDIENTES

1 cda aceite de oliva
6 piernas de pollo sin piel
4 dientes de ajo machacados
½ pimiento morrón en dados
½ cebolla en dados

2 cdas puré de tomate
1 cda romero
1 cda tomillo picado
Sal y pimienta negra al gusto

ELABORACIÓN

Seleccionar Sauté y calentar aceite. Agregar cebolla y pimiento morrón, cocinar 4 minutos. Añadir ajo, puré, romero y tomillo con 2 tazas de agua y vaciar dentro de la olla. Acomodar el pollo dentro. Sellar la tapa. Cocinar en Poultry por 20 minutos en High. Realizar una liberación rápida. Servir.

Estofado de Pollo con Zanahoria y Col

4 raciones | Tiempo Total de Preparación: 40 minutos

INGREDIENTES

- 4 pechugas de pollo en dados
- 1 ¼ lb champiñones por la mitad
- 3 cdas aceite de oliva
- 1 cebolla grande rebanada
- 5 dientes de ajo picado
- Sal y pimienta negra al gusto
- 1 ¼ cditas maicena
- 1 zanahoria picada
- ½ taza col rizada picada
- 1 hoja de laurel
- 1 ½ tazas fondo de pollo
- 1 cdita mostaza Dijón
- 1 ½ tazas suero de mantequilla
- 3 cdas perejil picado

ELABORACIÓN

Seleccionar Sauté y calentar el aceite. Agregar la cebolla, cocinar 3 minutos. Incorporar los champiñones, zanahoria, pollo, ajo, laurel, sal, pimienta, mostaza y fondo. Colocar la tapa y asegurarla. Cocinar en Manual por 15 minutos en High.

Una vez listo, realizar una liberación natural de presión por 5 minutos, luego una liberación manual. Seleccionar Sauté, mezclar el estofado y descartar el laurel. Colocar un poco de líquido en un recipiente, añadir la maicena y mezclar hasta que no queden grumos. Verter sobre el estofado y cocinar hasta esperar al gusto. Incorporar el suero de mantequilla y seleccionar Warm, cocinar 4 minutos. Dividir en platos y decorar con perejil picado. Servir con chicharos hervidos.

Pollo en Salsa Verde

6 raciones | Tiempo Total de Preparación: 25 minutos

INGREDIENTES

- 1 ½ lb pollo, con hueso
- ¼ taza puré de tomate
- Sal y pimienta negra al gusto
- 2 cditas albahaca seca
- ¼ taza miel pura
- Para la Salsa Verde:
- 2 chiles verdes por la mitad
- ½ taza perejil picado
- 1 cdita azúcar
- 1 diente de ajo picado
- 2 cdas jugo de lima
- ¼ taza aceite de oliva

ELABORACIÓN

Depositar una taza de agua en el IP y colocar el trivet. Acomodar el pollo en el trivet. Colocar la tapa y asegurarla. Cocinar en Manual por 20 minutos en High. Para la salsa, en un procesador de alimentos, mezclar todos los ingredientes. Una vez listo, realizar una liberación rápida. Para servir, colocar el pollo en un plato y bañarlo con la salsa.

Pollo Tikka Masala

4 raciones | Tiempo Total de Preparación: 48 minutos

INGREDIENTES

- 4 muslos de pollo con hueso
- 2 cdas tomate en pasta
- 3 cdas cilantro picado
- 3 cdas harina
- 1 taza leche de coco
- 1 taza cebolla picada
- 1 cda jengibre picado
- 1 cda garam masala
- 1 cda aceite de oliva
- 1 cdita curry en polvo
- Sal y pimienta negra al gusto
- ½ cdita pimienta roja molida
- ¼ taza yogurt Griego
- 2 latas(14.5-oz) tomates en dados
- 2 tazas arroz basmati, cocido
- 2 dientes de ajo picado

ELABORACIÓN

Seleccionar Sauté, agregar ajo, jengibre, pollo y cebolla. Cocinar 4-5 minutos. Añadir tomates, tomate en pasta, mezclar y cocinar 3 minutos. En un bol, mezclar 1/3 taza de agua con la harina hasta que quede uniforme. Verter dentro de la olla. Incorporar el Garam Masala, curry en polvo, leche de coco, sal y pimienta. Depositar 1 taza de agua. Colocar la tapa y asegurarla. Cocinar en Manual por 15 minutos en High. Realizar una liberación rápida. Servir sobre una cama de arroz basmati y una cucharada de yogurt griego y cilantro.

Bowl de Pollo estilo Griego

5 raciones | Tiempo Total de Preparación: 35 minutos

INGREDIENTES

Para el Arroz de Coliflor:
1 coliflor picada
1 pimiento morrón verde picado
1 cebolla picada
1 cdita cilantro
1 cda aceite de oliva
Para la Salsa:
¼ taza aderezo griego
¼ taza aceitunas negras
3 pepinos picados

1 taza tomates cherry picados
¼ taza cebolla picada
Para el Pollo:
5 pechugas de pollo cortadas por la mitad
Jugo y ralladura de 2 limones
Sal y pimienta negra al gusto
½ cdita oregano griego
1 cda aceite de oliva
Cebolletas picadas

ELABORACIÓN

Seleccionar Sauté y calentar 1 cda de aceite de oliva. Dorar el pollo por 3 minutos cada lado. Añadir el jugo y ralladura de limón, oregano, sal, pimienta y una taza de agua. Colocar la tapa y asegurarla. Cocinar en Manual por 15 minutos en High. Una vez listo, realizar una liberación natural de presión por 5 minutos. Separar el pollo y desmenuzarlo. Regresarlo a la olla y mezclar bien. Separar. Para el arroz de coliflor, mezclar la coliflor en un procesador de alimentos hasta quedar finamente picado, Seleccionar Sauté y calentar el aceite restante. Agregar el arroz, pimiento morrón, cebolla y cilantro. Cocinar 5 minutos. Para la salsa, combinar todos los ingredientes en un recipiente. Colocar el pollo encima del arroz y bañar con la salsa. Decorar con cebolletas y servir.

Pollo Thai

6 raciones | Tiempo Total de Preparación: 45 minutos

INGREDIENTES

6 mitades pechuga de pollo rebanadas
3 cebolletas picadas
¼ taza jugo de lima
2/3 taza mantequilla de maní derretida
2 cdas maicena
Sal y pimienta negra al gusto
½ cdita hojas de pimienta roja
3 dientes de ajo picado

1 cda comino
1 taza caldo de pollo
1 cebolla picada
½ taza cacahuates picados
¼ cilantro picado
3 tazas arroz blanco cocido
1 pimiento morrón rojo en tiras

ELABORACIÓN

Agregar todos los ingredientes en la olla, excepto la mantequilla de maní, jugo de lima, cacahuate y maicena. Mezclar los ingredientes. Colocar la tapa y asegurarla. Cocinar en Manual por 20 minutos en High. Una vez listo, realizar una liberación natural de presión por 5 minutos. En un recipiente, mezclar la mantequilla de maní, jugo de lima, maicena y una taza de los jugos. Vaciar la mezcla en la olla. Seleccionar Sauté y cocinar 3 minutos. Decorar con cilantro, cacahuatess y cebolletas.

Piccata de Pollo

6 raciones | Tiempo Total de Preparación: 35 minutos

INGREDIENTES

6 mitades de pechuga de pollo
¼ taza aceite de oliva
¼ taza jugo de limón
1 cda jeréz
½ taza harina
4 chalotes picados
3 dientes de ajo machacado

¾ taza caldo de pollo
1 cdita albahaca seca
Sal y pimienta negra al gusto
¼ taza queso Pecorino Romano rallado
1 cda harina
¼ taza crema agria
1 taza aceitunas negras picadas

ELABORACIÓN

En un bol, combinar la harina, sal y pimienta. Meter el pollo dentro de la harina y sacudir el exceso. Seleccionar Sauté y calentar el aceite. Dorar el pollo 3-4 minutos por ambos lados. Separar en un plato. Agregar el chalote y ajo, sofreir 2 minutos. Incorporar el jerez, caldo, jugo de limón, sal, aceitunas, albahaca y pimienta. Regresar el pollo a la olla con todo y jugos Sellar la tapa. Cocinar en Poultry por 20 minutos en High. Realizar liberación rápida. Mezclar con crema y el queso Pecorino.

Muslos de Pollo con Patatas

6 raciones | Tiempo Total de Preparación: 25 minutos

INGREDIENTES

2 lb muslos de pollo
1 cda aceite de canola
¼ cdita perejil seco
¼ cdita salvia seca
Jugo de 1 limón
½ taza caldo de pollo

2 cdas aceite de oliva
1 diente de ajo picado
1 lb judía plana
1 lb patatas en mitades
Sal y pimienta negra al gusto

ELABORACIÓN

Seleccionar Sauté y calentar los aceites. Agregar el ajo, cocinar por un minuto. Añadir el pollo, cocinar ambos lados hasta dorar. Incorporar las hierbas y el jugo de limón, cocinar un minuto más. Mezclar los ingredientes faltantes. Colocar la tapa y asegurarla. Cocinar en Manual por 15 minutos en High. Una vez listo, realizar una liberación manual de presión. Servir de inmediato.

Pechugas de Pollo a la Italiana

4 raciones | Tiempo Total de Preparación: 40 minutos

INGREDIENTES

1 taza espinaca picada
1 lb pechugas de pollo en mitades
¾ taza caldo de pollo
2 dientes de ajo picado
2 cdas aceite de oliva

¾ taza crema batida
½ taza tomates deshidratados
2 cditas sazonador italiano
½ taza Pecorino Romano rallado
Sal y pimienta negra al gusto

ELABORACIÓN

En un bol, combinar el aceite con ajo, sal y sazonadores. Marinar el pollo con la mezcla. Seleccionar Sauté y calentar el aceite. Dorar el pollo por 4-5 minutos en ambos lados. Vaciar el caldo. Colocar la tapa y asegurarla. Cocinar en Manual por 20 minutos en High. Una vez listo, realizar una liberación rápida. Incorporar los tomates y espinaca. Cocinar en Sauté por 3-4 minutos hasta que la espinaca marchite. Mezclar la crema. Servir con queso rallado por encima.

Pollo Entero a las Hierbas y Ajo

6 raciones | Tiempo Total de Preparación: 40 minutos

INGREDIENTES

1 (3.5lb) pollo entero
1 taza vino blanco
2 cdas aceite de oliva
1 cdita pimentón
¾ cdita romero
¾ cdita ajo en polvo
¼ cdita cebolla en polvo
Sal y pimienta negra al gusto

ELABORACIÓN

Enguajar el pollo en agua fría y remover las víceras, secar con toallas de papel. En un bol, combinar el aceite con las especias. Marinar el pollo con la mezcla. Seleccionar Sauté y sellar el pollo por ambos lados hasta dorar. Depositar el vino blanco y ½ taza de agua. Colocar la tapa y asegurarla. Cocinar en Manual por 25 minutos en High. Realizar una liberación manual de presión. Remover el pollo a un plato y dejar reposar 10 minutos antes de cortar. Servir con verduras o ensalada.

Cremosas Pechugas con Cebolletas

6 raciones | Tiempo Total de Preparación: 20 minutos

INGREDIENTES

2 lb pechuga de pollo en cubos
4 cdas ghee
1 ¼ lb champiñones rebanados
½ taza caldo de pollo
2 cdas maicena
½ taza leche
Sal y pimienta negra al gusto
2 cebolletas rebanadas
¼ cdita ajo en polvo

ELABORACIÓN

Seleccionar Sauté y derretir el ghee. Agregar los cubos de pollo, cocinar hasta dorar. Separar las piezas en un plato. Agregar la cebolleta y champiñones, cocinar 3 minutos. Devolver el pollo y sazonar con pimienta y ajo en polvo. Vaciar el caldo, mezclar. Colocar la tapa y asegurarla. Cocinar en Manual por 8 minutos en High. Realizar una liberación rápida. En un bol, combinar la maicena con leche. Vaciar la mezcla sobre el pollo, seleccionar Sauté y cocinar hasta que la salsa espese.

Pollo con Mole

6 raciones | Tiempo Total de Preparación: 24 minutos

INGREDIENTES

¼ taza leche de coco
3 oz chocolate negro derretido
1 cdita canela molida
½ cdita comino
Sal y pimienta negra al gusto
6 tomates en dados
5 chiles rebanados
¼ taza mantequilla de almendra
4 dientes de ajo picado
1 cebolla amarilla picada
2 lb muslos de pollo
2 cdas aceite de coco
Cebolletas picadas

ELABORACIÓN

Sazonar el pollo con sal y pimienta. Seleccionar Sauté y calentar el aceite de coco. Dorar el pollo por 3 minutos cada lado. Separar. Agregar la cebolla, sofreír 2-3 minutos. Regresar el pollo. Mezclar los ingredientes restantes, excepto las cebolletas, Vaciar la mezcla sobre el pollo. Depositar 2 tazas de agua. Colocar la tapa y asegurarla. Cocinar en Manual por 6-8 minutos en High. Una vez listo, realizar una liberación natural de presión por 5 minutos. Servir caliente, decorado de cebolletas picadas.

Pollo Mediterráneo

4 raciones | Tiempo Total de Preparación: 45 minutos

INGREDIENTES

4 zanahorias rebanadas
1 (3.5lb) pollo entero, cortado y sin piel
2 cdas jugo de limón
2 cebollas rebanadas
2 dientes de ajo picado
1 ½ cditas jengibre molido
1 ½ cditas comino molido
¼ taza tomate en pasta
Sal y pimienta negra al gusto

½ taza pasas
½ taza duraznos deshidratados picados
1 cdita canela molida
1 lata (14-oz) caldo de pollo
2 cdas harina
2 tazas couscous cocido
Perejil picado para decorar
2 cdas aceite de oliva

ELABORACIÓN

Seleccionar Sauté y calentar el aceite. Agregar zanahora, ajo y cebolla, cocinar 3-5 minutos. Sazonar el pollo con sal y pimienta. Colocar en la IP. Cubrir con duraznos y pasas. En un recipiente, batir caldo, pasta de tomate, jugo de limón, harina y sazonadores. Vaciar la mezcla dentro de la olla. Colocar la tapa y asegurarla. Cocinar en Manual por 20 minutos en High. Realizar una liberación rápida. Servir caliente encima del couscous, decorar con perejil fresco.

Muslos de Pollo Picosos

4 raciones | Tiempo Total de Preparación: 30 minutos

INGREDIENTES

1 ½ lb muslos de pollo sin hueso
2 cditas pimentón
2 pimientos morrón rebanados
1 taza caldo de verduras
½ taza leche
1 cda chile verde en polvo
¼ taza jugo de lima
1 cdita comino

½ cdita ajo en polvo
½ cdita cebolla en polvo
1 cdita oregano
½ cdita pimienta de cayena
1 cda aceite de oliva
1 cda maicena
Sal y pimienta negra al gusto

ELABORACIÓN

Seleccionar Sauté y calentar el aceite. Combinar todas las especias en un bol y aplicar la mezcla en todo el pollo. Dorar el pollo en ambos lados. Incorporar el caldo, jugo de limón y pimientos. Colocar la tapa y asegurarla. Cocinar en Manual por 7 minutos en High. Realizar una liberación rápida. Seleccionar Sauté y mezclar la leche y maicena. Cocinar hasta que la salsa espese. Servir.

Guiso de Pollo a la Italiana

6 raciones | Tiempo Total de Preparación: 45 minutos

INGREDIENTES

12 tiras de pollo
6 salchichas de pollo
½ cdita romero
½ cdita oregano
½ cdita albahaca
1 cdita cebolla en polvo
Sal y pimienta negra al gusto
1 taza caldo de pavo

½ taza vinagre de sidra
1 lata de tomates en dados
1 pimiento morrón verde rebanado
3 cdas aceite de oliva
1 puerro picado
1 zanahoria, pelada y picada
4 dientes de ajo picado
Cilantro picado para decorar

ELABORACIÓN

Engrasar la IP con aceite. Agregar las tiras de pollo. En un recipiente, combinar todas las especias. Rociar la mezcla sobre las tiras. Colocar los trozos de salchicha sobre el pollo. Añadir ajo, puerro y pimiento por encima. Verter el tomate, caldo y vinagre. Sazonar con sal y pimienta. Sellar la tapa. Cocinar en Manual por 20 minutos en High. Realizar liberación rápida. Servir decorado con cilantro.

Pollo al Adobo

4 raciones | Tiempo Total de Preparación: 35 minutos

INGREDIENTES

4 mitades pechuga de pollo
1 cda salsa adobo
8 oz queso crema en cubos
½ taza caldo de pollo
2 dientes de ajo picado

¼ taza mantequilla
Sal y pimienta negra al gusto
Cebollino ralaldo para decorar
3 chiles chipotle en adobo, picado
1 lata (10.75-oz) sopa de pollo condensada

ELABORACIÓN

Aplicar mantequilla al pollo y sazonar con sal, pimienta y ajo. Incorporar pollo y el resto de los ingredientes dentro de IP. Sellar la tapa. Cocinar en Manual por 15 minutos en High. Realizar liberación natural de presión. Servir caliente, bañado con los jugos. Decorar con cebollino picado.

Tradicional Cordon Bleu

6 raciones | Tiempo Total de Preparación: 30 minutos

INGREDIENTES

¼ taza mantequilla derretida
12 oz relleno de pollo
4 oz queso Gruyere

4 oz jamón rebanado
1 taza leche
1 lata (10.75-oz) sopa de pollo concentrada

ELABORACIÓN

En un bol, mezcla la leche con la sopa de pollo. Vaciarla dentro de IP. Añadir el pollo, jamón y queso. Cubrir de mantequilla. Depositar 1 taza de agua. Sellar la tapa. Cocinar en Manual por 15 minutos en High. Una vez listo, realizar una liberación natural de presión por 5 minutos. Servir.

Curry de Pollo con Edamame

4 raciones | Tiempo Total de Preparación: 25 minutos

INGREDIENTES

1 lb pechuga de pollo en cubos
2 tazas camote en cubos
2 tazas edamame
½ cebolla picada
1 pimiento morrón amarillo rebanado
1 ½ cdita ajo picado
1 cdita comino

1 cda cilantro
1 taza leche
2 cditas ghee
3 cdas curry en polvo
½ taza caldo de pollo
Sal y pimienta negra al gusto

ELABORACIÓN

Seleccionar Sauté y calentar el ghee. Agregar la cebolla, cocinar 3 minutos. Añadir el ajo, cocinar por 30 segundos más. Incorporar los ingredientes sobrantes, excepto la leche. Colocar la tapa y asegurarla. Cocinar en Manual por 12 minutos en High. Realizar una liberación rápida. Mezclar la leche, seleccionar Sauté y cocinar 3 minutos, sin tapa. Servir de inmediato.

Pechugas al Adobo con Pimientos Rostizados

6 raciones | Tiempo Total de Preparación: 20 minutos

INGREDIENTES

1 ½ lb pechuga de pollo en cubos
1 cebolla en dados
4 dientes de ajo
12 oz pimiento rostizado
2 cditas salsa adobo
½ taza caldo de verduras

1 cda vinagre de sidra de manzana
1 cdita comino
Jugo de ½ limón
3 cdas perejil picado
1 cda aceite de oliva
Sal y pimienta negra al gusto

ELABORACIÓN

En un procesador de alimentos, mezclar el ajo, pimientos, salsa de adobo, jugo de limón, vinagre, cilantro, sal y pimienta, hasta quedar sin grumos. Seleccionar Sauté y calentar el aceite. Agregar la cebolla, cocinar 2 minutos. Añadir el pollo, cocinar hasta que no quede crudo. Vaciar la salsa y el caldo sobre el pollo. Colocar la tapa y asegurarla. Cocinar en Manual por 8 minutos en High. Una vez listo, realizar una liberación rápida.

Entomatado de Pollo con Pimientos

6 raciones | Tiempo Total de Preparación: 25 minutos

INGREDIENTES

2 pimientos morrón en dados
1 pimiento morrón amarillo en dados
1 chile serrano en dados
2 lb pechuga de pollo
10 oz puré de tomate
1 cebolla morada en dados

½ cdita comino
¾ cdita chile en polvo
Sal y pimienta negra al gusto
Jugo de 1 limón
½ taza caldo de pollo
1 cda aceite de oliva

ELABORACIÓN

Seleccionar Sauté y calentar el aceite. Agregar la cebolla y pimiento, cocinar 3-4 minutos. Incorporar los ingredientes faltantes, mezclar hasta combinar. Colocar la tapa y asegurarla. Cocinar en Poultry por 15 minutos en High. Una vez listo, realizar una liberación manual de presión. Desmenuzar el pollo dentro de la olla con dos tenedores y mezclar para combinar con los jugos. Servir.

Pollo Marroquí

6 raciones | Tiempo Total de Preparación: 35 minutos

INGREDIENTES

1 cebolla rebanada
4 cdas mantequilla
2 lb mitades pechuga de pollo
¼ cdita canela molida
½ cdita cúrcuma molida
½ cdita comino molido
1 lata (14-oz) garbanzo

2 camotes grandes en dados
2 zanahorias en dados
2 dientes de ajo picado
Sal y pimienta negra al gusto
1 lata (14.5-oz) tomates
2 tazas caldo de pollo
Cebollino picado para decorar

ELABORACIÓN

En un bol, mezclar el comino, canela, pimienta negra, cúrcuma y sal. Cortar el pollo en cubos y aplicarles las mezcla. Seleccionat Sauté y derretir la mantequilla. Agregar el pollo, cocinar 5 minutos. Incorporar los ingredientes faltantes. Colocar la tapa y asegurarla. Cocinar en Manual por 20 minutos en High. Realizar una liberación rápida. Servir caliente decorado con cebollino.

Pollo al Coco con Champiñones

4 raciones | Tiempo Total de Preparación: 40 minutos

INGREDIENTES

1 taza champiñones blancos
2 cdas aceite de oliva
1 cda vinagre balsámico
2 cdas leche de coco
1 taza vino Marsala
Pimienta negra y sal al gusto

½ taza caldo de pollo
3 dientes de ajo picado
2 cdas tapioca en polvo
3 cdas perejil
4 mitades pechuga de pollo
Cilantro picado

ELABORACIÓN

Seleccionar Sauté y calentar el aceite. Agregar el ajo, pollo y champiñones, cocinar 5 minutos. Incorporar el caldo, vinagre y vino Marsala. Sazonar con sal y pimienta. Colocar la tapa y asegurarla. Cocinar en Manual por 18 minutos en High. Una vez listo, realizar una liberación natural de presión por 5 minutos. Combinar la tapioca en polvo con 4 cdas de agua. Verter dentro de la olla. Seleccionar Sauté y cocinar por 2 minutos más. Mezclar la leche de coco. Servir decorado con cilantro picado.

Estofado de Pollo con Cebada

6 raciones | Tiempo Total de Preparación: 40 minutos

INGREDIENTES

32 oz caldo de pollo
1 cda ajo picado
6 pechugas de pollo en cubos
6 patatas en cubos
3 zanahorias rebanadas
1 cebolla dulce en cubos
½ taza cebada
½ taza frijol de ojo negro

2 hojas de laurel
¼ cdita eneldo
½ cda cilantro
½ cda albahaca
½ cda tomillo
Sal y pimienta negra al gusto
Cilantro picado para decorar

ELABORACIÓN

Colocar todos los ingredientes dentro del IP, excepto el cilantro. Colocar la tapa y asegurarla. Cocinar en Manual por 20 minutos en High. Realizar una liberación. Descartar el laurel. Servir caliente decorado de cilantro picado.

Pollo con Nuez de la India

4 raciones | Tiempo Total de Preparación: 40 minutos

INGREDIENTES

1 lb pechuga de pollo rebanada
1 pimiento morrón rojo picado
2 tazas caldo de pollo
¼ taza salsa sazonadora sin soya
1 cda salsa picante de ajo
3 cdas catsup

2 cdas miel
2 cdas vinagre de sidra de manzana
¾ taza nuez de la india picada
2 cdas aceite de coco
2 cdas tapioca en polvo
Cilantro picado para decorar

ELABORACIÓN

Combinar la tapioca en polvo con el pollo. Seleccionar Sauté y calentar el aceite. Agregar el pollo, cocinar 5 minutos hasta dorar. Incorporar el resto de ingredientes, excepto la nuez de la india. Colocar la tapa y asegurarla. Cocinar en Manual por 15-20 minutos en High. Una vez listo, realizar una liberación natural de presión por 5 minutos. Servir decorado con nueces de la india y cilantro.

Pollo estilo Teriyaki

4 raciones | Tiempo Total de Preparación: 18 minutos

INGREDIENTES

1 cda miel
Sal y pimienta negra al gusto
2 lb muslos de pollo

1 cda jengibre rallado
½ taza salsa sazonadora sin soya
Cebollino picado para decorar

ELABORACIÓN

Colocar el pollo en la olla. En un bol, mezclar todos los ingredientes con 1 taza de agua. Vaciar la mezcla sobre el pollo. Sellar la tapa. Cocinar en Manual por 8 minutos en High. Realizar una liberación natural de presión por 5 minutos. Servir caliente decorado con cebollino picado.

Pollo a la Mostaza y Miel

4 raciones | Tiempo Total de Preparación: 4 horas y 10 minutos

INGREDIENTES

1.5 lb pechuga de pollo
2 cditas chipotle en polvo
1 cda romero
1 cdita humo líquido
1 cda mostaza

3 cdas miel
2 dientes de ajo picado
4 cdas aceite de oliva
1 taza caldo de pollo
Sal y pimienta negra al gusto

ELABORACIÓN

Aplicar aceite de oliva al pollo y dorar por 3-4 minutos ambos lados en Sauté. En un bol, combinar el caldo con los ingredientes restantes. Vaciar la mezcla sobre el pollo. Colocar la tapa y asegurarla. Cocinar en Slow Cook por 4 horas. Realizar una liberación manual de presión. Servir.

Pechugas a la BBQ

4 raciones | Tiempo Total de Preparación: 30 minutos

INGREDIENTES

4 mitades pechuga de pollo
2 cdas salsa BBQ
1/8 cdita pimienta de cayena
½ cdita chile en polvo
2 cdas salsa inglesa
½ taza jarabe de maple

½ cdita ajo en polvo
2 cditas jugo de limón
2 cdas mostaza
1 taza catsup
2 tazas arroz basmati cocido
Cebollino picado para decorar

ELABORACIÓN

Colocar el pollo en el IP. En un recipiente mezclar los ingredientes sobrantes. Vaciar la mezcla sobre el pollo y remover. Depositar 1 taza de agua. Sellar la tapa. Cocinar en Manual por 20 minutos en High. Realizar una liberación natural de presión por 5 minutos. Separar el pollo y desmenuzarlo. Regresar al IP y mezclar. Servir sobre una cama de arroz basmati. Decorar con cebollino.

Cazuela de Pollo al Tomate

4 raciones | Tiempo Total de Preparación: 25 minutos

INGREDIENTES

8 muslos de pollo pequeños
½ taza aceitunas rellenas de pimiento

1 lb tomates cherry
Un manojo de hojas de albahaca

1 ½ cditas ajo picado
1 cdita oregano seco

1 cda mantequilla
Sal y pimienta negra al gusto

ELABORACIÓN

Sazonar el pollo con sal y pimienta. Seleccionar Sauté y derretir la mantequilla, dorar por 2 minutos cada lado. Separar. Colocar tomates en una bolsa y machacarlos. Incorporar en la olla los tomates, ajo, oregano y una taza de agua. Añadir el pollo. Sellar la tapa. Cocinar en Poultry por 15 minutos en High. Una vez listo, realizar una liberación rápida. Mezclar la albahaca y las aceitunas. Servir.

Pechugas en Crema de Champiñón con Parmesano

6 raciones | Tiempo Total de Preparación: 41 minutos

INGREDIENTES

6 cdas mantequilla
6 mitades pechuga de pollo
Sal y pimienta negra al gusto
2 latas (10.75-oz) sopa de champiñón concentrada
1 ½ tazas leche

¼ taza parmesano rallado
1 taza arroz
1 oz sopa de cebolla en polvo
Perejil picado para decorar

ELABORACIÓN

Seleccionar Sauté y derretir la mantequilla. Agregar el pollo, cocinar 5-6 minutos ambos lados. Mezclar las sopas, leche y arroz. Vaciar la mezcla sobre el pollo, sazonar y depositar 1 taza de agua. Colocar la tapa y asegurarla. Cocinar en Manual por 20 minutos en High. Una vez listo, realizar una liberación natural de presión por 5 minutos. Servir decorado con perejil y queso parmesano.

Pollo al Pimentón y Ajo

6 raciones | Tiempo Total de Preparación: 38 minutos

INGREDIENTES

3 lb pechuga de pollo
4 dientes de ajo picado
Sal y pimienta negra al gusto

1 cebolla amarilla picada
1 cda aceite de oliva
1 cdita pimentón

ELABORACIÓN

Combinar pimienta, sal, pimentón y aceite hasta crear una pasta. Cortar el pollo en tiras. Aplicar la pasta sobre las tiras. Engrasar la IP con spray de cocina. En un recipiente, mezclar cebolla, ajo y aceite de oliva. Colocar el pollo dentro de la olla y cubrir con la mezcla de cebolla. Depositar 2 tazas de agua. Sellar la tapa. Cocinar en Manual por 18 minutos en High. Realizar una liberación rápida.

Muslos de Pollo estilo asiático

4 raciones | Tiempo Total de Preparación: 20 minutos

INGREDIENTES

1 cda miel
2 dientes de ajo picado
2 lb muslos de pollo

2 rebanadas de jengibre fresco
¼ taza salsa de soya
2 cdas ajonjolí para decorar

ELABORACIÓN

Colocar el pollo en la olla. En una licuadora, mezclar el resto de los ingredientes con 1 taza de agua. Vaciar la mezcla sobre el pollo. Colocar la tapa y asegurarla. Cocinar en Manual por 10 minutos en High. Una vez listo, realizar una liberación natural de presión por 5 minutos. Espolvorear con ajonjolí. Servir caliente.

Tinga de Pollo en Salsa Verde

5 raciones | Tiempo Total de Preparación: 43 minutos

INGREDIENTES

2 lb muslos de pollo, sin piel y sin hueso
2 cdas aceite de oliva
1 taza salsa verde
1 cdita tomillo seco
1 cdita comino seco
Sal y pimienta negra al gusto

2 dientes de ajo picado
1 cebolla amarilla picada
2 cdas jugo de lima
Cilantro picado para decorar
3 tazas arroz blanco cocido

ELABORACIÓN

Seleccionar Sauté y calentar el aceite. Añadir los muslos, cocinar 5 minutos. Agregar la salsa verde, ajo y cebolla, cocinar 3 minutos más. Depositar 2 tazas de agua. Colocar la tapa y asegurarla. Cocinar en Manual por 20 minutos en High. Una vez listo, realizar una liberación rápida y separar el pollo. Desmenuzar las piezas y regresarlo a la olla. Servir sobre una cama de arroz, decorado con cilantro.

Pechuga a la Crema con Apio y Champiñones

4 raciones | Tiempo Total de Preparación: 35 minutos

INGREDIENTES

20 oz pechuga de pavo
6 oz champiñones blancos rebanados
3 cdas puerro picado
½ cdita salvia seca
¼ taza vino blanco
 taza fondo de pollo

1 diente de ajo picado
2 cdas aceite de oliva
3 cdas crema batida
1 ½ cdas maicena
Sal y pimienta negra al gusto

ELABORACIÓN

Seleccionar Sauté y calentar el aceite. Amarrar la pechuga horizontalmente con hilo de cocina, dejando una separación de 2 pulgadas. Sazonar con sal y pimienta. Colocar el pavo en el IP, cocinar 3 minutos cada lado. Separar en un plato. Calentar el aceite restante, cocinar el puerro, tomillo, ajo y champiñones. Verter el vino blanco y raspar lo dorado del fondo. Cuando el vino evapore, regresar el pavo. Colocar la tapa y asegurarla. Cocinar en Manual por 25 minutos en High. Combinar la crema para batir y la maicena en un bol. Realizar una liberación rápida. Vaciar la mezcla y hervir. Cortar el pavo por la mitad y servir bañado de salsa de champiñón.

Pollo Alfredo

4 raciones | Tiempo Total de Preparación: 45 minutos

INGREDIENTES

4 mitades pechuga de pollo
¼ taza agua
1 cda perejil picado
1 taza champiñones picados

1 lata (10.75-oz) sopa de pollo concentrado
8 oz queso crema, ablandado
1 diente de ajo picado
2 cdas aderezo italiano para ensalada

ELABORACIÓN

Engrasar la olla con spray de cocina y acomodar el pollo. En un recipiente mezclar el aderezo con agua. Sazonar con ajo y mezclar con el pollo. En otro recipiente, batir la sopa de pollo con el queso crema. Agregar la mezcla y los champiñones sobre el pollo. Colocar la tapa y asegurarla. Cocinar en Manual por 20 minutos en High. Una vez listo, realizar una liberación natural de presión por 5 minutos. Servir decorado con perejil picado.

Pollo a la Hawaiana

5 raciones | Tiempo Total de Preparación: 38 minutos

INGREDIENTES

5 muslos de pollo
1 cda aceite vegetal
¼ taza agua
2 cdas maicena
1 lata (20-oz) piña en trozos

1 cda jengibre picado
2 dientes de ajo picado
3 cdas catsup
¾ taza miel
Cilantro picado

ELABORACIÓN

Seleccionar Sauté y calentar el aceite. Agregar el pollo, cocinar 5 minutos. En un recipiente, mezclar la miel, jengibre, catsup, ajo, 1 taza de agua y la piña con el almíbar. Vaciar la mezcla sobre el pollo.

Colocar la tapa y asegurarla. Cocinar en Manual por 20 minutos en High. Realizar una liberación rápida. Combinar la maicena con agua. Agregar la mezcla a la olla, seleccionar Sauté y cocinar 2-3 minutos hasta espesar. Servir decorado con hojas de cilantro.

Pollo con Zanahoria y Albahaca

6 raciones | Tiempo Total de Preparación: 45 minutos

INGREDIENTES

1 (3.5lb) pollo entero
16 oz zanahoria baby
3 dientes de ajo machacado
4 cdas mantequilla
2 cdas ajo en polvo

1 cebolla amarilla picada
Manojo de albahaca
Sal y pimienta negra al gusto
Perejil picado para decorar

ELABORACIÓN

Aplicar ajo en polvo, mantequilla, sal y pimienta sobre el pollo. Agregar la albahaca y dientes de ajo machacados dentro del pollo. Colocar la cebolla y zanahoria en el fondo de la IP, acomodar el pollo encima. Depositar 2 tazas de agua.

Colocar la tapa y asegurarla. Cocinar en Manual por 25-30 minutos en High. Una vez listo, realizar una liberación natural de presión por 5 minutos. Servir decorado con perejil.

Cazuela de Pollo con Frijoles y Elote

4 raciones | Tiempo Total de Preparación: 32 minutos

INGREDIENTES

4 mitades pechuga de pollo picadas
1 bote (16-oz) salsa para pasta
Sal y pimienta negra al gusto
1 lata (11-oz) elote en grano
1 lata (15-oz) frijoles pinto

2 cditas ajo en polvo
1 cdita chile en polvo
Cebolletas picadas
Cilantro picado para decorar

ELABORACIÓN

Sazonar el pollo con comino en polvo, chile en polvo, sal y pimienta. Acomodar dentro del IP. Vaciar la salsa con ½ taza de agua. Colocar la tapa y asegurarla. Cocinar en Manual por 18 minutos en High. Realizar una liberación natural de presión por 5 minutos.

Separar el pollo y desmenuzarlos. Regresarlo a la olla e incorporar el elote y los frijoles. Cocinar en Sauté por 5 minutos. Servir decorado con cilantro y cebolletas.

Estofado de Pollo con Espinacas

6 raciones | Tiempo Total de Preparación: 35 minutos

INGREDIENTES

2 lb muslos de pollo
½ lb salchichas ahumadas
2 dientes de ajo picado
2 tazas espinaca baby picada
29 oz tomates en lata

1 cebolla amarilla picada
Sal y pimienta negra al gusto
2 tazas caldo de pollo
2 camotes picados
Cebollino picado para decorar

ELABORACIÓN

Engrasar el IP con spray de cocina. Incorporar todos los ingredientes, excepto el cebollino. Colocar la tapa y asegurarla. Cocinar en Manual por 20 minutos en High. Una vez listo, realizar una liberación natural de presión por 5 minutos. Servir decorado con cebollino.

Pollo a las Hierbas con Tomates

6 raciones | Tiempo Total de Preparación: 30 minutos

INGREDIENTES

6 pechugas de pollo
2 latas (14.5-oz) tomates
1 cdita romero seco
1 cdita oregano seco
1 cda aceite de oliva
½ taza vinagre balsámico

4 dientes de ajo
1 cebolla rebanada
Sal y pimienta negra al gusto
½ cdita tomillo
1 cdita albahca seca
Cebolletas picadas

ELABORACIÓN

Incorporar todos los ingredientes en el IP. Depositar una taza de agua. Sellar la tapa. Cocinar en Manual por 20 minutos en High. Realizar una liberación. Servir decorado con cebolleta picada.

Pollo Rostizado Garam Masala

6 raciones | Tiempo Total de Preparación: 35 minutos

INGREDIENTES

1 (3.5lb) pollo entero
1 cda ajo picado
2 cdas aceite de oliva
1 cda Garam masala

1 cda chile en polvo
Sal y pimienta negra al gusto
Cebolletas picadas

ELABORACIÓN

Mezclar todos los ingredientes en un bol, excpeto el pollo. Aplicar la mezcla sobre el pollo. Engrasar el IP con spray de cocina. Colocar el pollo. Añadir 3 tazas de agua. Colocar la tapa y asegurarla. Cocinar en Manual por 25 minutos en High. Realizar una liberación rápida. Servir caliente decorado con cebolleta.

Exquisito Pollo estilo Jamaiquino

4 raciones | Tiempo Total de Preparación: 33 minutos

INGREDIENTES

2 ramas cebollín picado
4 cditas pimienta gorda

1 jalapeño picado
4 pechugas de pollo rebanada

½ taza melaza
2 cdas tomillo
1/3 taza aceite de coco

½ cdita cardamomo molido
2 dientes de ajo picado
Cebollino picado para decorar

ELABORACIÓN

Colocar todos los ingredientes en una licuadora, excepto el pollo. Marinar el pollo con la mezcla y acomodar las piezas en el IP. Depositar 1 ½ tazas de agua. Colocar la tapa y asegurarla. Cocinar en Manual por 18 minutos en High. Una vez listo, realizar una liberación natural de presión por 5 minutos. Servir decorado con cebollino.

Medallones de Pollo Empanizados

4 raciones | Tiempo Total de Preparación: 23 minutos

INGREDIENTES

4 filetes de pechuga de pollo
½ cdita sal marina
1 huevo
½ cdita tomillo
½ cdita oregano

2 cdas leche de coco
Cilantro picado para decorar
4 cdas harina de almendra
5 cdas aceite vegetal

ELABORACIÓN

Enrollar el pollo con papel encerado y aplanar para formar medallones. En un recipiente, combinar el oregano, tomillo, sal marina y harina. En otro recipiente, batir los huevos. Colocar los medallones en el huevo y cubrir por ambos lados. Luego colocarlos en la harina y cubrir ambos lados. Seleccionar Sauté y calentar el aceite. Poner el pollo, cocinar 3-4 minutos cada lado. Servir con cilantro.

Pollo al Chipotle

4 raciones | Tiempo Total de Preparación: 38 minutos

INGREDIENTES

4 mitades pechuga de pollo
1 ½ tazas salsa chipotle

1 cdita comino
1 cdita ajo en polvo

ELABORACIÓN

Colocar todos los ingredientes dentro del IP. Depositar 1 taza de agua. Colocar la tapa y asegurarla. Cocinar en Manual por 18 minutos en High. Realizar una liberación rápida. Servir caliente decorado con cebolletas.

Pollo Cítrico con Miel

6 raciones | Tiempo Total de Preparación: 40 minutos

INGREDIENTES

½ taza miel pura
½ taza jugo de naranja
1 (3.5lb) pollo entero
3 tazas caldo de pollo

1 mitad de limón
Perejil picado para decorar
Sal y pimienta negra al gusto

ELABORACIÓN

Rellenar el pollo con el limón y colocarlo dentro del IP. Mezclar el jugo de naranja, caldo y miel. Vaciar la mezcla sobre el pollo. Colocar la tapa y asegurarla. Cocinar en Manual por 25 minutos en High. Una vez listo, realizar una liberación natural de presión por 5 minutos. Retirar el limón y exprimirlo sobre el pollo. Servir caliente decorado de perejil.

Pollo Ahumado al Pimentón

6 raciones | Tiempo Total de Preparación: 45 minutos

INGREDIENTES

1 (3.5lb) pollo entero
2 cdas sazonador de carne
Sal y pimienta negra al gusto

1 cda pimentón ahumado
Cebollino picado para decorar

ELABORACIÓN

Colocar el pollo en el IP. Aplicar los sazonadores. Añadir 3 tazas de agua. Colocar la tapa y asegurarla. Cocinar en Manual por 25 minutos en High. Realizar una liberación rápida. Servir con cebollino.

Barbacoa de Pollo

6 raciones | Tiempo Total de Preparación: 35 minutos

INGREDIENTES

6 mitades pechuga de pollo
2 tazas salsa BBQ

Cebollino picado para decorar

ELABORACIÓN

Colocar el pollo en el IP. Vaciar la salsa BBQ y 1 taza de agua. Colocar la tapa y asegurarla. Cocinar en Manual por 20 minutos en High. Realizar una liberación natural de presión por 5 minutos. Separar el pollo y desmenuzarlo. Regresarlo a la olla y mezclar. Servir decorado con cebollino.

Pollo Paleo

4 raciones | Tiempo Total de Preparación: 35 minutos

INGREDIENTES

4 mitades pechuga de pollo
1 lb camote en cubos
2 cditas sazonador italiano

1 ½ cdita ghee derretido
1 lb zanahorias picada
Cebollino picado para decorar

ELABORACIÓN

Aplicar los sazonadores y el ghee sobre las pechugas. Depositar 3 tazas de agua en el IP y colocar las pechugas con el resto de los ingredientes. Colocar la tapa y asegurarla. Cocinar en Manual por 20 minutos en High. Realizar una liberación rápida. Servir decorado de cebollino.

Pollo al Limón y Cilantro

6 raciones | Tiempo Total de Preparación: 33 minutos

INGREDIENTES

12 muslos de pollo
1 limón en rebanadas
Sal y pimienta negra al gusto
1 cebolla picada
3 cdas perejil

½ taza agua
2 cdas aceite de oliva
3 cdas tomillo
Cilantro picado para decorar

ELABORACIÓN

Sazonar el pollo con sal y pimienta. Colocarlo en el IP, añadir los ingredientes restantes y 1 ½ tazas de agua. Colocar la tapa y asegurarla. Cocinar en Manual por 18 minutos en High. Una vez listo, realizar una liberación natural de presión por 5 minutos. Servir decorado con cilantro picado.

Pollo Jugoso al Romero

4 raciones | Tiempo Total de Preparación: 34 minutos

INGREDIENTES

8 muslos de pollo
2 tazas caldo de pollo
Sal y pimienta negra al gusto
1 cda albahaca
1 ramo de romero fresco
¼ taza vinagre balsámico

4 dientes de ajo picado
1 cdita cebolla en polvo
½ cebolla picada
¼ taza aceite de coco
Cebollino picado para decorar

ELABORACIÓN

Seleccionar Sauté y calentar el aceite de coco. Agregar el ajo y cebolla, cocinar 3 minutos. Añadir el pollo, cocinar 3-4 minutos más. Combinar los ingredientes restantes en un bol, excepto el cebollino. Vaciar la mezcla sobre el pollo. Colocar la tapa y asegurarla. Cocinar en Manual por 20 minutos en High. Una vez listo, realizar una liberación natural de presión por 5 minutos. Servir con cebollino.

Barbacoa de Pavo a la Cerveza

6 raciones | Tiempo Total de Preparación: 60 minutos

INGREDIENTES

2 lb pechuga de pavo
Sal y pimienta negra al gusto
1 taza cerveza ale
1 ½ cdas aceite de canola

Salsa:
2 cdas jarabe de maple
½ taza vinagre de sidra de manzana

1 cdita humo líquido
2 cditas sriracha
1 cdita ajo en polvo
1 cdita cebolla en polvo
½ taza mostaza
1 cda salsa inglesa
1 cdita mostaza en polvo
2 cdas aceite de oliva

ELABORACIÓN

Seleccionar Sauté y calentar el aceite. Dorar el pavo por ambos lados. En un recipiente mezclar los ingredientes de la salsa. Vaciar la mezcla en la olla y combinar. Colocar la tapa y asegurarla. Cocinar en Manual por 45 minutos en High. Una vez listo, realizar una liberación rápida. Retirar el pavo y desmenuzarlo. Seleccionar Sauté, cocinar hasta que la salsa espese, sin tapa. Regresar el pollo y mezclar. Servir.

Pavo al Curry

4 raciones | Tiempo Total de Preparación: 40 minutos

INGREDIENTES

2 cditas cilantro
2 cdas aceite de oliva
2 tazas fondo de verduras
¼ cdita nuez moscada molida

1 cda curry
1 lb pechuga de pavo
Sal y pimienta negra al gusto
Perejil picado para decorar

ELABORACIÓN

Aplicar el curry, nuez moscada molida, cilantro, sal y pimienta sobre la pechuga. Seleccionar Sauté y calentar el aceite. Dorar el pavo por 6 minutos. Verter el fondo de verduras. Colocar la tapa y asegurarla. Cocinar en Manual por 20 minutos en High. Una vez listo, realizar una liberación natural de presión por 10 minutos. Retirar el pavo y cortar en rebanadas. Servir bañado con los jugos y decorado con perejil.

Muslo de Pavo en Salsa de Durazno

6 raciones | Tiempo Total de Preparación: 35 minutos

INGREDIENTES

2 lb muslos de pavo sin piel
1 taza zanahorias rebanadas
2 chalotes picados
4 patatas en cubos
¼ taza vinagre balsámico

12 duraznos deshidratados, mitades
2 tazas caldo de pollo
½ apio en dados
Sal y pimienta negra al gusto

ELABORACIÓN

Agregar la zanahoria, chalote, apio y pavo dentro del IP. En un recipiente, mezclar los ingredientes faltantes, excpeto los duraznos. Vaciar la mezcla sobre el pavo. Sazonar con sal y pimienta. Añadir los duraznos y 1 taza de agua.

Colocar la tapa y asegurarla. Cocinar en Manual por 15 minutos en High. Una vez listo, realizar una liberación natural de presión. Colocar los duraznos, pavo y vegetales en un plato. Drenar la salsa de la olla y bañar el pavo y verduras con ella. Servir.

Campanelle de Pavo en Salsa Roja

4 raciones | Tiempo Total de Preparación: 20 minutos

INGREDIENTES

3 tazas puré de tomate
Sal y pimienta negra al gusto
½ cda mejorana
1 zanahoria picada
½ cda albahaca picada
1 ½ lb pechuga de pavo picada

1 cdita ajo picado
1 ½ tazas de cebolletas picadas
1 paquete pasat campanelle
2 cdas aceite de oliva
½ taza Pecorino Romano rallado

ELABORACIÓN

Seleccionar Sauté y calentar el aceite. Agregar el pavo, cebollas, zanahoria y ajo. Cocinar por 6-7 minutos. Incorporar los ingredientes restantes, excepto el queso.

Colocar la tapa y asegurarla. Cocinar en Manual por 5 minutos en High. Una vez listo, realizar una liberación rápida. Decorar con Pecorino Romano para servir.

Pechuga de Pavo con Yogurt Griego

4 raciones | Tiempo Total de Preparación: 40 minutos

INGREDIENTES

1 ½ lb pechuga de pavo
10 oz cerveza
1 taza cebolletas picadas
1 ¼ tazas yogurt Griego
¼ taza tapioca en polvo

½ cdita salvia
Sal y pimienta negra al gusto
2 cditas tomillo seco
2 cditas romero seco
2 cdas aceite de oliva

ELABORACIÓN

Seleccionar Sauté y calentar el aceite. Agregar la cebolla, cocinar 2 minutos. Empanizar la pechuga con la tapioca. Añadir a la olla, dorar po 5-6 minutos todos los lados. Vaciar la cerveza y hervir. Incorporar las hierbas, sal y pimienta.

Colocar la tapa y asegurarla. Cocinar en Manual por 30 minutos en High. Realizar una liberación rápida. Servir con el yogurt.

CERDO

Chuletas de Cerdo a la Mantequilla con Brocoli

4 raciones | Tiempo Total de Preparación: 35 minutos

INGREDIENTES

1 lb chuletas de cerdo
1 taza cebollas rebanadas
1 taza zanahorias rebanadas
1 cda mantequilla
2 tazas brocoli

1 cda tapioca
1 cdita ajo picado
1 taza fondo de pollo
½ cdita tomillo seco
Sal y pimienta negra al gusto

ELABORACIÓN

Seleccionar Sauté y derretir la mantequilla. Agregar chuletas, dorar por ambos lados. Retirar a un plato. Añadir la cebolla y ajo, cocinar 4 minutos. Regresar las chuletas y verter el fondo. Colocar la tapa y asegurarla. Cocinar en Manual por 15 minutos en High. Una vez listo, realizar una liberación rápida. Incorporar la zanahoria y brocoli. Asegurar la tapa de nuevo. Cocinar en Manual por 3 minutos más en High. Combinar la crema para batir y la maicena en un bol. Realizar una liberación manual de presión. Colocar las verduras y chuletas en un plato. Mezclar la tapioca en polvo en la olla, cocinar en Sauté hasta espesar. Bañar las chuletas y vegetales con la salsa. Servir de inmediato.

Salteado de Garbanzos con Bacon y Espinacas

8 raciones | Tiempo Total de Preparación: 35 minutos

INGREDIENTES

1 paquete (2-oz) sopa de cebolla en polvo
¼ taza aceite de oliva
1 cda ajo picado
1 ½ lb garbanzos en lata
2 cditas mostaza

½ lb rebanadas de bacon picadas
1 cebolla picada
1 taza espinaca picada
Sal y pimienta negra al gusto

ELABORACIÓN

Seleccionar Sauté y calentar el aceite. Agregar la cebolla, ajo y tocino, cocinar 5 minutos. Verter 1 taza de agua y la sopa de cebolla, cocinar 5 minutos más. Agregar los garbanzos y 4 tazas de agua. Incorporar la espinaca y mostaza. Colocar la tapa y asegurarla. Cocinar en Manual por 15 minutos en High. Una vez listo, realizar una liberación rápida. Servir.

Goulash de Cerdo con Chucrut

4 raciones | Tiempo Total de Preparación: 35 minutos

INGREDIENTES

1 lb carne picada de cerdo
4 tazas chucrut rallado
1 taza puré de tomate
1 taza fondo de verduras

1 cebolla morada picada
2 dientes de ajo picados
2 cditas oregano
Sal y pimienta negra al gusto

ELABORACIÓN

Agregar la cebolla y ajo, cocinar hasta ablandar en Sauté. Añadir el cerdo, cocinar hasta dorar. Incorporar los ingredientes restantes y sazonar con sal y pimienta. Colocar la tapa y asegurarla. Cocinar en Manual por 25 minutos en High. Una vez listo, realizar una liberación rápida. Servir.

Cazuela de Pancetta a la Italiana

4 raciones | Tiempo Total de Preparación: 30 minutos

INGREDIENTES

½ lb pancetta ahumada picada
½ taza zanahorias rebanadas
1 taza fondo de pollo
¾ taza crema batida
1 cdita salvia
4 patatas picadas
4 endivias, cortadas por la mitad
Sal y pimienta negra al gusto

ELABORACIÓN

Seleccionar Sauté y cocinar la pancetta por 2 minutos hasta quedar crujiente. Separar. Agregar las patatas, zanahorias, salvia, 2 tazas de agua y fondo. Colocar la tapa y asegurarla. Cocinar en Manual por 10 minutos en High. Realizar una liberación rápida. Añadir las endivias, cocinar 5 minutos más en Sauté. Escurrir los vegetales y regresarlos a la olla. Mezclar la crema para batir. Sazonar con sal y pimienta. Cocinar 3 minutos más. Servir con pancetta por encima.

Meatloaf de Cerdo

6 raciones | Tiempo Total de Preparación: 60 minutos

INGREDIENTES

1 lb salchicha molida
1 lb carne picada de cerdo
1 taza arroz cocido
1 taza leche
½ cdita pimienta de cayena en polvo
½ cdita mejorana
2 huevos batidos
1 cda tomillo
1 cdita salvia
Sal y pimienta negra al gusto
2 dientes de ajo picado
1 cebolla dulce en dados
Cubierta:
2 cdas azúcar moscabada
1 taza catsup

ELABORACIÓN

En un bol, batir los huevos con leche. Añadir la carne picada, cayena, mejorana, tomillo, salvia, arroz, cebolla y ajo. Usar las manos para crear el rollo de carne. Engrasar un molde con spray de cocina. Colocar la carne dentro del molde y acomodarla. Mezclar la catsup y azúcar. Vaciar la mezcla sobre la carne. Depositar una taza de agua y colocar el trivet. Acomodar el molde en el trivet. Colocar la tapa y asegurarla. Cocinar en Manual por 50 minutos en High. Realizar una liberación rápida.

Lomo de Cerdo a la Pera

4 raciones | Tiempo Total de Preparación: 55 minutos

INGREDIENTES

1 ¼ lb lomo de cerdo
1 apio picado
2 tazas peras picadas
1 taza cerezas sin hueso
½ taza jugo de pera
½ taza agua
¼ taza cebolla picada
Sal y pimienta negra al gusto
2 cdas aceite de oliva

ELABORACIÓN

Seleccionar Sauté y calentar el aceite. Agregar el apio, cocinar 5 minutos. Sazonar el cerdo con sal y pimienta. Colocar en la olla, dorar 2-3 minutos por lado. Añadir las peras y cerezas. Verter ½ taza de agua y jugo de pera. Colocar la tapa y asegurarla. Cocinar en Manual por 40 minutos en High. Una vez listo, realizar una liberación rápida. Rebanar el cerdo y enplatar. Servir bañado con salsa de pera.

Lomo con Piña y Jengibre

6 raciones | Tiempo Total de Preparación: 30 minutos

INGREDIENTES

2 lb lomo de cerdo en cubos
16 oz piñas en lata
1 taza caldo de verduras
1 cda azúcar moscabada
3 cdas aceite de oliva
½ taza puré de tomate
2 tazas chalote rebanado

½ cdita jengibre rallado
Sal y pimienta negra al gusto
¼ taza salsa de soya Tamari
¼ taza vinagre de vino blanco
½ cda maicena
1 cda agua

ELABORACIÓN

Seleccionar Sauté y calentar 2 cdas de aceite. Agregar el chalote, cocinar 3 minutos. Añadir el lomo y el resto de los ingredientes, excepto la maicena. Colocar la tapa y asegurarla. Cocinar en Manual por 20 minutos en High. Realizar una liberación rápida. Combinar la maicena con 1 cda de agua y vaciar la mezcla en la olla. Cocinar en Sauté 2 minutos más o hasta espesar. Servir.

Pulled Pork Cítrico a la Canela

10 raciones | Tiempo Total de Preparación: 60 minutos

INGREDIENTES

2 cdas aceite de oliva
5 lb aguja
1 rama de canela
2 tazas jugo de limón
1 cda comino
½ cdita ajo en polvo

¼ cdita cebolla en polvo
1 cebolla picada
1 chile serrano en dados
2 cditas perejil
½ cdita oregano
Sal y pimienta negra al gusto

ELABORACIÓN

Poner la mitad del aceite en un recipiente. Añadir todas las especias y mezclar. Aplicar sobre la aguja. Seleccionar Sauté y calentar el aceite restante. Agregar aguja, dorar por ambos lados. Transferir a un plato. Verter jugo de limón y raspar el fondo de la olla. Incorporar los ingredientes restantes. Regresar la carne. Sellar la tapa. Cocinar en Manual por 40 minutos en High. Realizar liberación natural de presión por 10 minutos. Desmenuzar la carne y combinar con los jugos para servir.

Agujas Bañadas en Salsa BBQ Dulce

8 raciones | Tiempo Total de Preparación: 70 minutos

INGREDIENTES

4 lb aguja
1 cda cebolla en polvo
1 cda ajo en polvo
Sal y pimienta negra al gusto
1 cda chile dulce en polvo

2 tazas fondo de verduras
Para la Salsa BBQ:
6 ciruelas pasa remojadas
¼ taza puré de tomate
½ taza salsa sazonadora sin soya

ELABORACIÓN

En un bol, combinar la cebolla en polvo, ajo en polvo, pimienta, sal y chile en polvo. Aplicar sobre el cerdo. Acomodarlo en la olla. Verter el fondo alrededor de la carne. Colocar la tapa y asegurarla. Cocinar en Manual por 60 minutos en High. Mientras tanto, agregar todos los ingredientes de la salsa en un procesador de alimentos y mezclar. Realizar una liberación rapida. Desmenuzar la carne dentro de la olla. Vaciar la salsa por encima y mezclar hasta combinar.

Cazuela de Cerdo en Salsa Cremosa de Tomate

6 raciones | Tiempo Total de Preparación: 40 minutos

INGREDIENTES

1 ½ lb aguja en cubos
2 cebollas picadas
1 ½ tazas suero de mantequilla
1 taza salsa de tomate
½ cda cilantro

¼ cdita comino
¼ cdita pimienta de cayena
1 cdita ajo picado
Sal y pimienta negra al gusto

ELABORACIÓN

Engrasar la IP con spray de cocina. Agregar el cerdo, cocinar por unos minutos hasta dorar en Sauté. Añadir la cebolla y ajo, cocinar 1 minuto. Incorporar los ingredientes restantes. Colocar la tapa y asegurarla. Cocinar en Manual por 30 minutos en High. Realizar una liberación rápida.

Lomo de Cerdo con Nabas y Peras

4 raciones | Tiempo Total de Preparación: 25 minutos

INGREDIENTES

1 cda aceite de oliva
1 lb lomo de cerdo en cubos
2 peras peladas y picadas
2 nabas picadas
1 cebolla en dados
1 apio en dados

1 cda perejil picado
½ taza puerros rebanados
1 ½ tazas caldo de verduras
½ cdita comino
½ cdita tomillo
Sal y pimienta negra al gusto

ELABORACIÓN

Seleccionar Sauté y calentar la mitad del aceite. Agregar el cerdo, dorar por ambos lados. Transferir a un plato. Añadir el puerro, cebolla, apio y el resto de aceite. Mezclar y cocinar por 3 minutos. Regresar el cerdo e incorporar el caldo, especias y hierbas. Colocar la tapa y asegurarla. Cocinar en Manual por 10 minutos en High. Una vez listo, realizar una liberación manual de presión. Agregar las nabas y peras. Asegurar la tapa de nuevo. Cocinar en Manual por 5 minutos en High. Realizar una liberación rápida. Servir de inmediato.

Chuletas en Merlot

4 raciones | Tiempo Total de Preparación: 45 minutos

INGREDIENTES

4 chuletas de cerdo
3 zanahorias picadas
1 tomate picado
2 chalotes picados
2 dientes de ajo picado
¼ taza vino tinto Merlot
½ taza caldo de verduras

1 cdita romero seco
2 cdas aceite de oliva
2 cdas harina
2 cdas puré de tomate
1 cubo caldo de verduras
Sal y pimienta negra al gusto

ELABORACIÓN

Seleccionar Sauté y calentar el aceite. En un bol, combinar la harina, pimienta y sal. Empanizar las chuletas. Agregarlas a la olla, cocinar 5-6 minutos en ambos lados. Añadir las zanahorias, chalotes, ajo y oregano, cocinar 2 minutos. Incorporar los ingredientes faltantes. Colocar la tapa y asegurarla. Cocinar en Manual por 25 minutos en High. Una vez listo, realizar una liberación natural de presión por 10 minutos. Servir.

Picadillo Caldoso con Puerro

6 raciones | Tiempo Total de Preparación: 20 minutos

INGREDIENTES

1 lb carne picada de cerdo
1 cebolla en dados
2 lb col china picada
1 patata en dados
6 champiñones rebanados
3 tazas puerro picado

2 zanahorias picadas
1 cdita perejil
1 cda mantequilla
4 tazas caldo de pollo
Sal y pimienta negra al gusto

ELABORACIÓN

Seleccionar Sauté y derretir la mantequilla. Agregar la carne, cocinar hasta dorar. Añadir la cebolla, puerro y champiñones, cocinar 4-5 minutos más. Sazonar con sal y pimienta. Incorporar el caldo y el resto de ingredientes. Colocar la tapa y asegurarla. Cocinar en Manual por 6 minutos en High. Realizar una liberación rápida. Colocar en platos y servir.

Delicioso Picadillo de la Abuela

6 raciones | Tiempo Total de Preparación: 25 minutos

INGREDIENTES

1 ¼ lb carne picada de cerdo
3 cdas aceite de oliva
1 taza col rallada
½ taza apio picado
2 cebollas picadas
2 tomates grandes picados
1 chirívia rallada

1 pimiento morrón rojo picado
1 pimiento morrón verde picado
1 pimiento morrón amarillo picado
¼ cdita comino
1 cdita hojas de pimienta roja
Sal y pimienta negra al gusto
Perejil picado para decorar

ELABORACIÓN

Engrasar la olla con spray de cocina. Seleccionar Sauté y calentar el aceite. Agregar carne, dorar 5-6 minutos. Mezclar los ingredientes restantes y 2 tazas de agua. Colocar la tapa y asegurarla. Cocinar en Manual por 15 minutos en High. Realizar liberación rápida. Decorar con perejil.

Lomo a la Manzana

4 raciones | Tiempo Total de Preparación: 25 minutos

INGREDIENTES

1 lb lomo de cerdo en cubos
1 cebolla en dados
2 nabas peladas y en dados
1 taza caldo de pollo
½ taza vino blanco
2 manzanas en dados
½ taza puerros rebanados

1 cda aceite vegetal
1 apio en dados
2 cdas perejil seco
¼ cdita tomillo
½ cdita comino
¼ cdita ralladura de limón
Sal y pimienta negra al gusto

ELABORACIÓN

Sazonar el lomo con sal y pimienta. Seleccionar Sauté y calentar el aceite. Agregar el lomo, cocinar unos minutos hasta dorar. Añadir la cebolla, cocinar 2 minutos más. Incorporar los ingredientes restantes, excepto las manzanas. Colocar la tapa y asegurarla. Cocinar en Manual por 15 minutos en High. Una vez listo, realizar una liberación rápida. Agregar las manzanas. Asegurar la tapa de nuevo. Cocinar en Manual por 5 minutos en High. Realizar una liberación rápida.

Frittata de Molida de Cerdo

5 raciones | Tiempo Total de Preparación: 30 minutos

INGREDIENTES

1 cda mantequilla derretida
2 tazas chalotes picados
½ lb carne picada de cerdo cocida

1 cdita salvia
6 huevos
Sal y pimienta negra al gusto

ELABORACIÓN

En un recipiente, batir los huevos hasta esponjar. Agregar el chalote, carne picada, salvia, sal y pimienta. Engrasar una caserola con mantequilla y vaciar la mezcla de huevo. Depositar una taza de agua y colocar un trivet. Acomodar la caserola en el trivet. Colocar la tapa y asegurarla. Cocinar en Manual por 25 minutos en High. Realizar una liberación rápida. Servir de inmediato.

Trozos de Cerdo con Salsa de Durazno

4 raciones | Tiempo Total de Preparación: 25 minutos

INGREDIENTES

4 trozos de cerdo
¼ taza leche
8 duraznos sin hueso
½ taza vino blanco
2 manzanas peladas y rebanadas

¼ taza crema entera
1 cda mermalada de fruta
½ cdita jengibre molido
Sal y pimienta negra al gusto

ELABORACIÓN

Agregar todos los ingredientes a la olla, excepto la mermelada. Remover y sazonar con sal y pimienta. Colocar la tapa y asegurarla. Cocinar en Manual por 15 minutos en High. Una vez listo, esperar 5 minutos y realizar una liberación rápida. Mezclar la mermelada y servir.

Albóndigas de Cerdo Tropicales

8 raciones | Tiempo Total de Preparación: 50 minutos

INGREDIENTES

2 ½ lb carne picada de cerdo
¼ taza salsa de soya Tamari
3 dientes de ajo picado
½ cda tomillo seco
1 cdita salvia

½ taza cebollas en dados
2 cditas miel
¼ taza jugo de piña
1 taza pan molido
Sal y pimienta negra al gusto

ELABORACIÓN

Incorporar la miel, salsa tamari, jugo de limón, 1 ½ tazas de agua y tomillo en la IP. Sazonar con sal y pimienta. Seleccionar Sauté y cocinar 15 minutos. Mezclar los ingredientes restantes en un bol. Crear albóndigas con la mezcla. Añadirlas a la salsa. Colocar la tapa y asegurarla. Cocinar en Manual por 15 minutos en High. Una vez listo, realizar una liberación natural de presión. Servir.

Chorizo con Pimiento Rojo

8 raciones | Tiempo Total de Preparación: 20 minutos

INGREDIENTES

8 salchichas de chorizo
2 cebollas rebanadas

4 pimientos morrón rojo rebanados
1 cda aceite de oliva

½ taza caldo de verduras
¼ taza vino blanco

1 cdita ajo picado
Sal y pimienta negra al gusto

ELABORACIÓN

Seleccionar Sauté y calentar el aceite. Agregar las salchichas, dorar por 5 minutos. Separar en un plato. Añadir la cebolla y pimiento, sofreir 5 minutos. Añadir el ajo, cocinar un minuto más. Regresar las salchichas y verter el caldo y el vino. Colocar la tapa y asegurarla. Cocinar en Manual por 5 minutos en High. Una vez listo, realizar una liberación rápida.

Paleta de Cerdo Americana

6 raciones | Tiempo Total de Preparación: 55 minutos

INGREDIENTES

2 lb paleta de cerdo
¼ cdita ajo en polvo
Sal y pimienta negra al gusto
1 taza salsa BBQ

¼ cdita comino en polvo
1 cdita romero
½ cdita cebolla en polvo
1 ½ tazas caldo de verduras

ELABORACIÓN

En un bol, combinar salsa BBQ con las especias. Aplicar sobre el cerdo. Engrasar la IP con aceite y seleccionar Sauté. Agregar cerdo, dorar en ambos lados 5 minutos. Vaciar el caldo alrededor de la carne. Sellar la tapa. Cocinar en Manual por 40 minutos en High. Realizar liberación rápida.

Cazuela de Chorizo y Tater Tots

6 raciones | Tiempo Total de Preparación: 20 minutos

INGREDIENTES

1 lb chorizo rebanado
1 lb tater tots
1 lb coliflor
10 oz sopa de champiñoes en lata

10 oz sopa de coliflor en lata
10 oz leche evaporada
Sal y pimienta negra al gusto

ELABORACIÓN

Colocar ¼ del chorizo en la olla. En un bol, mezclar las sopas con la leche. Vaciar un poco de la mezcla sobre el chorizo. Añadir ¼ de la coliflor y ¼ de los tater tots. Verter un poco más de la salsa y repetir las capas hasta agotar todos los ingredientes. Colocar la tapa y asegurarla. Cocinar en Manual por 10 minutos en High. Una vez listo, realizar una liberación rápida.

Lomo en Salsa de Ciruela Pasa

4 raciones | Tiempo Total de Preparación: 60 minutos

INGREDIENTES

1 ¼ lb lomo de cerdo
1 apio picado
2 tazas peras picadas
1 taza ciruelas pasa sin hueso

½ taza jugo de pera
¼ taza cebollas picada
Sal y pimienta negra al gusto
2 cdas aceite de oliva

ELABORACIÓN

Seleccionar Sauté y calentar el aceite. Agregar la cebolla y apio, cocinar 5 minutos. Sazonar el cerdo con sal y pimienta. Añadirlo a la olla, dorar 2-3 minutos. Cubrir con las peras y ciruelas pasa. Depositar ½ taza de agua. Colocar la tapa y asegurarla. Cocinar en Manual por 40 minutos en High. Realizar una liberación rápida. Rebanar el lomo y colocar en platos. Bañar con la salsa y servir.

Albóndigas al estilo Clásico

4 raciones | Tiempo Total de Preparación: 30 minutos

INGREDIENTES

1 lb carne picada de cerdo
½ taza pan molido
½ cebolla en dados
1 cdita ajo picado
1 huevo
1 cdita perejil seco
1 cdita salvia seca

Sal y pimienta negra al gusto
1 ½ tazas jugo de tomate
1 taza tomates en dados en lata
1 cda azúcar moscabada
¼ cdita ajo en polvo
¼ cdita cilantro

ELABORACIÓN

En un bol, combinar la carne picada, pan molido, cebolla, ajo, huevo, perejil, salvia, sal y pimienta. Crear albóndigas con la mezcla. Engrasar la olla con spray de cocina. Añadir las albóndigas y dorar 6 minutos en Sauté. Incorporar los ingredientes restantes. Colocar la tapa y asegurarla. Cocinar en Manual por 20 minutos en High. Una vez listo, realizar una liberación rápida. Servir caliente.

Picadillo con Jengibre y Jalapeño

6 raciones | Tiempo Total de Preparación: 60 minutos

INGREDIENTES

2 lb carne picada de cerdo
1 cebolla en dados
1 lata tomates en dados
1 lata chicharos
5 dientes de ajo machacado
3 cdas mantequilla
1 chile jalapeño picado

1 taza caldo de verduras
1 cdita jengibre molido
2 cditas cilantro molido
Sal y pimienta negra al gusto
¾ cdita oregano
¼ cdita pimienta de cayena
½ cdita cúrcuma

ELABORACIÓN

Seleccionar Sauté y derretir la mantequilla. Agregar la cebolla, cocinar 3 minutos. Incorporar las especias y el ajo, cocinar 2 minutos más. Agregar la carne picada, cocinar hasta dorar. Verter el caldo, jalapeño, chicharos y tomates. Colocar la tapa y asegurarla. Cocinar en Manual por 30 minutos en High. Realizar una liberación natural de presión por 10 minutos.

Tiras de Cerdo con Infusión de Lima y Menta

6 raciones | Tiempo Total de Preparación: 70 minutos

INGREDIENTES

3 lb carne de cerdo
4 dientes de ajo picado
Sal y pimienta negra al gusto
1 cda aceite de oliva

½ taza menta fresca
1 taza cilantro picado
1 cda jugo de lima
3 cdas ralladura de lima

ELABORACIÓN

En un recipiente, mezclar todos los ingredientes excepto la carne y hojas de menta. Cubrir la carne con la pasta y marinar durante toda la noche. Colocar las hojas de menta en el fondo de la olla. Acomodar el cerdo por encima. Depositar 2 tazas de agua.

Colocar la tapa y asegurarla. Cocinar en Manual por 50 minutos en High. Una vez listo, realizar una liberación natural de presión por 10 minutos. Descartar las hojas de menta. Rebanar la carne, servir bañada con los jugos y decorar con cebolletas.

Cerdo Cubano

4 raciones | Tiempo Total de Preparación: 65 minutos

INGREDIENTES

2 lb carne de cerdo
1 cdita oregano
2 cdas aceite de oliva
1 hoja de laurel
1 cebolla dulce picada

Pimienta negra y sal al gusto
4 dientes de ajo picado
¼ cdita hojas de pimienta roja
½ taza jugo de naranja
Cebollino picado

ELABORACIÓN

Mezclar todos los ingredientes en un bol, excepto el cerdo. Realizar pequeñas incisiones a la carne. Acomodar en la IP. Vaciar la mezcla dentro de las incisiones. Depositar 2 tazas de agua. Colocar la tapa y asegurarla. Cocinar en Manual por 40 minutos en High. Una vez listo, realizar una liberación natural de presión por 10 minutos. Descartar el laurel. Rebanar la carne. Servir bañada con los jugos y decorada con cebollino.

Chuletas Agridulces

4 raciones | Tiempo Total de Preparación: 28 minutos

INGREDIENTES

1 ½ lb chuletas de cerdo en cubos
1 chile rojo entero
½ taza caldo de pollo
2 dientes de ajo rebanados
1 cebolla blanca picada
¼ taza salsa de soya
1 taza piña en trozos
1 pimiento morrón verde en dados

1 pimiento morrón rojo en dados
2 cdas almidón de papa
¼ taza jugo de naranja
½ cdita jengibre molido
1 cda miel pura
2 cdas jugo de caña evaporada
3 cdas tomate en pasta
¼ vinagre blanco

ELABORACIÓN

Agregar todos los ingredientes a la IP, excepto la piña, pimientos, harina y jugo de naranja. Depositar 1 taza de agua. Colocar la tapa y asegurarla. Cocinar en Manual por 10 minutos en High. Realizar una liberación natural de presión por 5 minutos. En un bol, mezclar la harina con el jugo de naranja hasta formar una pasta. Incorporar la pasta, piñas y pimientos, cocinar 2-3 minutos en Sauté. Descartar el chile y servir.

Asado de Tira con Salsa de Papaya

6 raciones | Tiempo Total de Preparación: 30 minutos

INGREDIENTES

1 lb asado de tira en piezas
18 oz papaya en lata, sin drenar
½ cdita perejil picado
Sal y pimienta negra al gusto
1 taza cebollas rebanadas
1 jengibre pequeño rallado

½ cdita ajo picado
½ taza puré de tomate
3 cditas aceite de oliva
½ taza salsa de soya
2 cdas vinagre de sidra de manzana
¼ taza mezcla de tapioca preparada

ELABORACIÓN

Seleccionar Sauté y calentar el aceite. Agregar cebollas, cocinar 4 minutos. Incorporar los ingredientes restantes, excepto la tapioca. Sellar la tapa. Cocinar en Manual por 20 minutos en High. Realizar una liberación rápida. Mezclar la tapioca y cocinar en Sauté hasta espesar.

Pancita de Cerdo al Ajo

6 raciones | Tiempo Total de Preparación: 40 minutos

INGREDIENTES

4 dientes de ajo rebanados
½ cdita clavo molido
1 cdita jengibre fresco rallado
1 ½ lb panza de cerdo rebanada
3 cdas aceite de canola

¼ taza vino blanco
½ taza cebollas amarillas picadas
¼ taza salsa de soya
1 cdita jarabe de maple
Sal y pimienta negra al gusto

ELABORACIÓN

Seleccionar Sauté y calentar el aceite. Dorar la panza por 10 minutos ambos lados. Incorporar los ingredientes restantes, excepto el arroz integral y 2 ¼ tazas de agua. Colocar la tapa y asegurarla. Cocinar en Manual por 25 minutos en High. Realizar una liberación rápida. Servir.

Sabroso Lomo de Cerdo

5 raciones | Tiempo Total de Preparación: 45 minutos

INGREDIENTES

1 cda ajo en polvo
2 cdas aceite de oliva
½ taza salsa de soya
1 cda romero

2 lb lomo de cerdo
1 cda mostaza seca
Cebollino picado para decorar

ELABORACIÓN

En un bol, mezclar todos los ingredientes con 1 taza de agua. Seleccionar Sauté y calentar el aceite. Sellar el lomo por 5 minutos ambos lados. Vaciar la mezcla sobre el lomo. Colocar la tapa y asegurarla. Cocinar en Manual por 20 minutos en High. Una vez listo, realizar una liberación natural de presión por 10 minutos. Servir decorado con cebollino picado.

Costillas a la BBQ con Zanahoria

4 raciones | Tiempo Total de Preparación: 30 minutos

INGREDIENTES

4 chuletas de costilla
1 taza zanahorias finamente rebanadas
1 taza chirívia finamente rebanada

1 cebolla en aros
1 ½ tazas salsa BBQ
Sal y pimienta negra al gusto

ELABORACIÓN

Agregar las chuletas a IP. En un recipiente, combinar salsa BBQ, 2 tazas de agua, cebolla, chirivia y zanahorias. Vaciar la mezcla sobre las chuletas. Sellar la tapa. Cocinar en Manual por 20 minutos en High. Una vez listo, realizar una liberación rápida. Bañar con la salsa BBQ restante y servir.

Solomillo de Cerdo Picante

6 raciones | Tiempo Total de Preparación: 55 minutos

INGREDIENTES

3 lb sirloin
1 cda miel
1 cdita pimienta de cayena en polvo
1 cda oregano

1 cda aceite de oliva
1 ¼ tazas agua
2 cdas jugo de limón
Sal y pimienta negra al gusto

ELABORACIÓN

Combinar las especias en un recipiente. Aplicar la mezcla sobre la carne. Seleccionar Sauté y calentar el aceite. Sellar la carne por 2-3 minutos en ambos lados. Incorporar los ingredientes restantes con 1 ¼ tazas de agua. Colocar la tapa y asegurarla. Cocinar en Manual por 30 minutos en High. Realizar una liberación natural de presión por 15 minutos.

Chuletas a la Cerveza

4 raciones | Tiempo Total de Preparación: 30 minutos

INGREDIENTES

4 chuletas de cerdo
1 cebolla picada
2 cdas chile en polvo
14 oz puré de tomate
1 diente de ajo picado

½ taza cerveza ale
½ taza fondo de pollo
1 cda aceite de canola
Sal y pimienta negra al gusto

ELABORACIÓN

Seleccionar Sauté y calentar el aceite. Agregar cebolla, ajo y chile en polvo, cocinar 2 minutos. Dorar las chuletas por ambos lados. Incorporar el puré de tomate, caldo y cerveza. Sazonar con sal y pimienta. Sellar la tapa. Cocinar en Manual por 20 minutos en High. Realizar liberación rápida.

Aguja de Cerdo a la Naranja

5 raciones | Tiempo Total de Preparación: 50 minutos

INGREDIENTES

1 naranja por la mitad
2 cditas oregano
1 cebolla dulce picada
½ cdita chile en polvo
¼ cdita pimienta roja
Sal y pimienta negra al gusto

2 lb aguja sin hueso
2 cdas aceite de oliva
3 dientes de ajo rallados
½ cdita pimentón
1 jalapeño picado
Cebolletas para decorar

ELABORACIÓN

En un recipiente, mezclar todas las especias con el aceite de oliva. Aplicar sobre la carne. Agregar el resto de los ingredientes junto con la carne a la olla. Depositar 1 taza de agua. Colocar la tapa y asegurarla. Cocinar en Manual por 30 minutos en High. Una vez listo, realizar una liberación natural de presión por 10 minutos. Servir decorado con cebolletas picadas.

Aguja al Tomate

6 raciones | Tiempo Total de Preparación: 35 minutos

INGREDIENTES

1 ½ lb aguja en cubos
1 taza puré de tomate
½ taza crema agria
1 taza cebolletas picadas

2 cditas mantequilla derretida
¼ cdita chile verde
3 dientes de ajo picado
Sal y pimienta negra al gusto

ELABORACIÓN

Seleccionar Sauté y derretir la mantequilla. Agregar cebolla y ajo, cocinar 2-3 minutos. Incorporar los ingredientes restantes, excepto la crema. Sellar la tapa. Cocinar en Manual por 25 minutos en High. Una vez listo, realizar una liberación rápida. Mezclar la crema hasta quedar bien incorporada.

Albóndigas en Salsa Agria de Champiñón

4 raciones | Tiempo Total de Preparación: 35 minutos

INGREDIENTES

Albóndigas:
1 ½ lb carne picada de cerdo
1 cdita sal
½ taza pan molido
1 huevo
1 diente de ajo picado
¼ taza cebolletas picadas
¼ cdita pimienta negra

Salsa de Champiñón:
1 taza caldo de pollo
Sal y pimienta negra al gusto
16 oz fettuccine cocido
3 cdas maicena
1 taza crema agria
8 oz champiñones rebanados

ELABORACIÓN

Combinar todos los ingredientes de las albóndigas y formar 8 bolas. Separar. Acomodar ¾ de los champiñones en el fondo de la IP, agregar las albóndigas y cubrir con los champiñones restantes. Verter el caldo sobre las albóndigas. Sellar la tapa. Cocinar en Manual por 11 minutos en High. Una vez listo, realizar una liberación natural de presión por 10 minutos. Retirar las albóndigas. Mezclar la crema y maicena en la olla, cocinar en Sauté por unos minutos. Sazonar con sal y pimienta.

Cerdo a la BBQ estilo Americano

4 raciones | Tiempo Total de Preparación: 61 minutos

INGREDIENTES

2 lb aguja sin hueso
2 cdas aceite de oliva
1/3 taza vinagre de sidra
Sal y pimienta negra al gusto

½ taza azúcar moscabada
Cebolletas picadas
2 tazas salsa BBQ

ELABORACIÓN

Mezclar todos los ingredientes en un bol, excepto la aguja. Seleccionar Sauté y calentar el aceite. Dorar la carne por 5-6 minutos en ambos lados. Vaciar la mezcla sobre la carne junto con 1 taza de agua. Colocar la tapa y asegurarla. Cocinar en Manual por 45 minutos en High. Una vez listo, realizar una liberación rápida. Retirar la carne y desmenuzar, luego regresar la carne a la olla y mezclar. Servir caliente, decorado con cebolletas.

Tinga de Cerdo a la Mostaza

4 raciones | Tiempo Total de Preparación: 65 minutos

INGREDIENTES

2 cdas aceite de coco
¼ cdita ajo en polvo
1/3 taza mostaza
½ cdita comino
2 lb carne de cerdo

¼ cdita chile en polvo
½ cdita pimentón ahumado
¼ cdita sal
¼ taza vinagre de sidra de manzana

ELABORACIÓN

Colocar en un bol, todos los ingredientes excepto el cerdo. Agregar la carne dentro de la olla y vaciar la mezcla sobre el cerdo. Añadir 2 tazas de agua. Colocar la tapa y asegurarla. Cocinar en Manual por 45 minutos en High. Una vez listo, realizar una liberación natural de presión por 10 minutos. Desmenuzar la carne. Servir caliente decorado de perejil picado.

Rollitos Moo-Shu

6 raciones | Tiempo Total de Preparación: 54 minutos

INGREDIENTES

2 lb lomo de cerdo
Sal y pimienta negra al gusto
6 tortillas de harina, calientes
2 cditas jengibre picado
1/3 taza brotes de bambú
2 cditas sazonador cinco especias en polvo

2 cditas ajo picado
6 cebolletas pequeñas
1 cda salsa de soya
½ taza salsa de ciruela
¾ taza salsa Hoisin

ELABORACIÓN

Aplicar el polvo de cinco especias y el ajo sobre el lomo. Dejar reposar 30 minutos. Acomodar el lomo dentro de la olla. En un bol, combinar una taza de agua, salsa de ciruela, jengibre y salsa de soya. Vaciar la mezcla sobre el lomo. Colocar la tapa y asegurarla. Cocinar en Manual por 15 minutos en High. Realizar una liberación rápida. Desmenuzar la carne y colocarla en la olla. Añadir los brotes de bambú, cocinar por 4 minutos en Sauté. Sazonar con sal y pimienta al gusto. Untar la salsa Hoisin en las tortillas y agregar cebolletas picadas. Sirve el cerdo dentro de las tortillas.

Costillas de Cerdo en Salsa de Nueces Pecanas

4 raciones | Tiempo Total de Preparación: 30 minutos

INGREDIENTES

1 lb costillas de cerdo
¼ taza nueces pecanas picadas
4 dientes de ajo picado
1 ½ tazas caldo de verduras
2 cdas vinagre de sidra de manzana

3 cdas mantequilla
½ cdita hojas de pimienta roja
1 cdita salvia
1 cdita oregano
Sal y pimienta negra al gusto

ELABORACIÓN

Seleccionar Sauté y derretir la mantequilla. Sazonar las costillas con sal, pimienta, salvia y hojas de pimienta. Acomodarlas en la olla, dorar 5 minutos. Incorporar los ingredientes restantes. Colocar la tapa y asegurarla. Cocinar en Manual por 20 minutos en High. Realizar una liberación rápida. Servir bañadas con la salsa.

Fideos con Agujas

6 raciones | Tiempo Total de Preparación: 51 minutos

INGREDIENTES

3 lb agujas
3 cdas aceite de oliva
2 cdas oregano
6 tazas fideos cocidos

1 taza cebolla picada
3 cdas maicena
1 taza caldo de pollo
Sal y pimienta negra al gusto

ELABORACIÓN

Seleccionar Sauté y calentar el aceite. Dorar las agujas por 5-6 minutos en todos los lados. Separar. Agregar la cebolla, cocinar 3 minutos. Regresar la carne, verter el caldo y una taza de agua. Sazonar con sal, pimienta y oregano. Sellar la tapa. Cocinar en Manual por 20 minutos en High. Una vez listo, realizar una liberación natural de presión por 10 minutos. Retirar la carne y desmenuzarla. En un bol, mezclar la maicena con una taza de los jugos. Vaciar dentro de la olla. Cocinar en Sauté 2-3 minutos hasta espesar. Regresar la carne y mezclar. Servir sobre una cama de fideos.

Cerdo con Relleno de Manzanas y Ciruelas

4 raciones | Tiempo Total de Preparación: 38 minutos

INGREDIENTES

¾ taza ciruelas pasa sin hueso, remojadas y picadas
2 lb carne de cerdo sin hueso
1 taza vino blanco seco
Sal y pimienta negra al gusto
½ cdita mejorana
½ cdita hojas de salvia
½ taza manzanas picadas
½ taza leche
2 cdas maicena
2 cdas miel

ELABORACIÓN

Hacer una incisión en el centro del cerdo para rellenar. Combinar manzanas, ciruelas y hierbas. Rellenar el cerdo con la mezcla. Sazonar por afuera con sal y pimienta. Agregar el cerdo, vino y ½ taza de agua en la olla. Sellar la tapa. Cocinar en Manual por 15 minutos en High. Una vez listo, realizar una liberación natural de presión. Retirar la carne. En un bol, mezclar la maicena, miel y leche. Vaciar la mezcla en la olla, cocinar 2-3 minutos en Sauté. Servir caliente bañado con el gravy.

Goulash de Cerdo

6 raciones | Tiempo Total de Preparación: 59 minutos

INGREDIENTES

2 lb lomo de cerdo en cubos
4 oz champiñones por la mitad
3 cdas aceite de oliva
2 cebollas pequeñas picadas
14 ½ oz tomates en lata
2 cdas tomate en pasta
1 ½ tazas caldo de verduras
1 lb fideos cocidos
2 hojas de laurel
½ taza crema agria
2 cdas maicena
½ cdita semillas de hinojo
½ cdita semillas de alcarabia
2 cdas pimentón
2 dientes de ajo picado
Sal y pimienta negra al gusto

ELABORACIÓN

Seleccionar Sauté y calentar el aceite. Agregar cebolla, ajo, cerdo, champiñones, pimentón, sal y pimienta, cocinar 5-6 minutos. Incorporar el tomate en pasta, tomates, hojas de laurel, semillas de hinojo, semillas de alcarabia, cocinar 2-3 minutos más. Verter el caldo. Sellar la tapa. Cocinar en Manual por 20 minutos en High. Realizar liberación natural de presión. Mezclar maicena y crema agria, cocinar por unos minutos en Sauté. Descartar el laurel. Servir sobre una cama de fideos.

Cerdo a la Alemana

6 raciones | Tiempo Total de Preparación: 25 minutos

INGREDIENTES

1 col rallada
½ taza fondo de verduras
4 dientes de ajo finamente picados
2 cebollas moradas picadas
1 zanahoria picada
1 taza puré de tomate
3 tomates picados
1 ¼ lb aguja en cubos
1 hoja de laurel
1 cda eneldo
½ cdita chipotle en polvo
Sal y pimienta negra al gusto

ELABORACIÓN

Seleccionar Sauté y agregar el cerdo, cebolla y ajo, cocinar 5 minutos. Añadir los ingredientes restantes. Colocar la tapa y asegurarla. Cocinar en Manual por 15 minutos en High. Una vez listo, realizar una liberación rápida. Descartar la hoja de laurel y servir.

Albóndigas Mediterráneas

4 raciones | Tiempo Total de Preparación: 19 minutos

INGREDIENTES

1 lb carne picada de cerdo
Sal y pimienta negra al gusto
2 tazas salsa de spaghetti
16 oz linguine cocido
½ taza pan molido
½ cdita nuez moscada molida
½ cdita hojas de eneldo secas

2 dientes de ajo picado
2 cditas oregano seco
¼ taza cebolletas picadas
½ taza queso ricotta
1 huevo
1 taza espinacas

ELABORACIÓN

Colocar en un procesador de alimentos la cebolleta, queso ricotta, nuez moscada, eneldo, sal, pimienta, ajo y huevo, mezclar hasta triturar. En un bol, mezcla la carne picada con la mezcla. Formar albóndigas. Sumergirlas en pan molido. Agregar a la IP la salsa de spaghetti, 2 tazas de agua y las albóndigas. Colocar la tapa y asegurarla. Cocinar en Manual por 9 minutos en High. Una vez listo, realizar una liberación rápida. Servir sobre una cama de spaghetti.

English Muffins con Chorizo

8 raciones | Tiempo Total de Preparación: 20 minutos

INGREDIENTES

8 muffins ingleses
1 ½ lb chorizo
1 ¼ taza leche
¼ taza harina
1 taza calabacines rebanados

1 taza caldo
Sal y pimienta negra al gusto
2 ramas salvia seca
2 ramas romero seco

ELABORACIÓN

Seleccionar Sauté. Agregar el calabacín y chorizo, cocinar 5 minutos. Añadir el romero y salvia. Verter el caldo. Colocar la tapa y asegurarla. Cocinar en Manual por 5 minutos en High. Realizar liberación rápida. En una taza, mezclar harina con la leche, sazonar con sal y pimienta. Vaciar la mezcla en la olla. Seleccionar Sauté y hervir por 3 minutos. Servir el gravy sobre los muffins.

Sopa de Cerdo con Bacon y Verduras

4 raciones | Tiempo Total de Preparación: 55 minutos

INGREDIENTES

4 tazas fondo de pollo
2 cdas aceite de oliva
1 ½ cdita tomillo seco
2 apios rebanados
½ taza zanahorias rebanadas
1 taza cebolla picada
1 diente de ajo picado

2 hojas de laurel
2 tazas patatas rojas en cubos
½ taza vino tinto seco
1 lata (14-oz) salsa de tomate
1 lb lomo de cerdo en cubos
6 oz bacon en dados
Sal y pimienta negra al gusto

ELABORACIÓN

Seleccionar Sauté y calentar el aceite. Agregar la cebolla, ajo, apio, zanahoria, tocino y lomo, cocinar 4-5 minutos. Añadir el caldo, salsa de tomate, hojas de laurel, patatas, vino tinto, sal y pimienta. Colocar la tapa y asegurarla. Cocinar en Manual por 20 minutos en High. Una vez listo, realizar una liberación natural de presión por 10 minutos. Descartar el laurel. Ajustar el sazón. Servir.

Estofado de Cerdo al Tomate

6 raciones | Tiempo Total de Preparación: 48 minutos

INGREDIENTES

1 ½ lb carne de cerdo en cubos
3 cdas aceite de oliva
8 patatas en cubos
Sal y pimienta negra al gusto
2 cdas harina

1 hoja de laurel
1 cebolla picada
3 zanahorias baby picadas
1 taza tomates deshidratados

ELABORACIÓN

Rehidratar los tomates directamente en el envase, escurrirlos y cortalos. Seleccionar Sauté y calentar el aceite. Agregar la cebolla, zanahorias, tomates y la carne, cocinar 4-5 minutoss. Depositar 3 tazas de agua, hojas de laurel y patatas. Sazonar con sal y pimienta. Colocar la tapa y asegurarla. Cocinar en Manual por 20 minutos en High. Una vez listo, realizar una liberación natural de presión por 10 minutos. En un bol, mezclar ¼ taza de agua con la harina. Vaciar la mezcla en la olla. Cocinar 2-3 minutos en Sauté. Descartar el laurel. Servir.

Chuletas con Mostaza Dulce

4 raciones | Tiempo Total de Preparación: 43 minutos

INGREDIENTES

4 chuletas de cerdo sin hueso
2 cdas mostaza Dijón
1 cda maicena
2 cdas jugo de limón
2 cdas miel
2 cdas agua

½ taza caldo de pollo
½ taza vino blanco seco
¼ taza cebolla picada
Sal y pimienta negra al gusto
2 cdas salvia picada

ELABORACIÓN

Agregar el vino, cebolla, caldo y chuletas en la IP. Colocar la tapa y asegurarla. Cocinar en Manual por 10 minutos en High. Una vez listo, realizar una liberación natural de presión por 10 minutos. Retirar las chuletas a un plato. Seleccionar Sauté e incorporar la miel, agua, mostaza, jugo de limón y maicena. Cocinar 2-3 minutos. Servir caliente decorado con salvia.

Estofado de Cerdo Estilo Europeo

6 raciones | Tiempo Total de Preparación: 56 minutos

INGREDIENTES

1 lb lomo de cerdo en cubos
3 cdas aceite de oliva
2 lb salchichas ahumadas rebanadas
3 ½ tazas remolacha cocida en cubos
Sal y pimienta negra al gusto
1 taza crema agria
2 cditas eneldo picado

2 cditas mejorana seca
1 cdita azúcar
2 cdas vinagre de vino tinto
1 taza zanahorias ralladas
1 taza cebolla rebanada
2 tazas patatas ralladas
4 tazas col rallada

ELABORACIÓN

Seleccionar Sauté y calentar el aceite. Agregar todos los ingredientes, excepto la crema agria, col, patatas, eneldo y 2 tazas de agua, cocinar 5-6 minutos. Incorporar el agua, patatas y col. Colocar la tapa y asegurarla. Cocinar en Manual por 20 minutos en High. Una vez listo, realizar una liberación natural de presión por 10 minutos. Servir caliente decorado con una cucharada de crema y eneldo.

Hamburguesas de Cerdo al Curry con Mango

6 raciones | Tiempo Total de Preparación: 50 minutos

INGREDIENTES

2 lb carne de cerdo sin hueso
2 cdas curry en polvo picante
1 ½ tazas mangos en conserva
1 taza caldo de pollo

6 panes de hamburguesa
1 taza mayonesa
1 taza catsup

ELABORACIÓN

Aplicar el curry sobre toda la carne. Agregarla a la IP y vaciar el caldo con los mangos. Colocar la tapa y asegurarla. Cocinar en Manual por 20 minutos en High. Una vez listo, realizar una liberación natural de presión. Desmenuzar la carne. Servir sobre bollos con mayonesa y catsup.

Chuletas estilo Teriyaki

4 raciones | Tiempo Total de Preparación: 35 minutos

INGREDIENTES

1/3 taza salsa Teriyaki
1 cda azúcar moscabada

4 chuletas de cerdo sin hueso
½ cdita jengibre picado

ELABORACIÓN

Combinar todos los ingredientes con 1 taza de agua en IP. Sellar la tapa. Cocinar en Manual por 10 minutos en High. Realizar una liberación natural de presión por 10 minutos. Servir caliente.

Costillitas a la Ciruela

4 raciones | Tiempo Total de Preparación: 55 minutos

INGREDIENTES

1 cda salsa de soya
¼ taza jugo de naranja
2 cdas maicena

1 envase (7-oz) salsa de ciruela
½ taza miel
3 lb costillas de cerdo cortadas

ELABORACIÓN

Acomodar las costilla dentro de IP, agregar la salsa de ciruela, salsa de soya, miel y 1 taza de agua. Sellar la tapa. Cocinar en Manual por 25 minutos en High. Realizar liberación natural de presión por 10 minutos. Retirar las costillas a un plato. Seleccionar Sauté y añadir jugo de naranja y la maicena, mezclar por unos minutos hasta combinar. Vaciar la salsa sobre las costillas antes de servir.

Chuletas Rápidas

6 raciones | Tiempo Total de Preparación: 36 minutos

INGREDIENTES

2 cdas aceite de oliva
½ cdita tomillo seco
2 ½ tazas caldo de pollo

2 lb chuletas de cerdo
1 taza vegetales mixtos
16 oz relleno de pan de elote

ELABORACIÓN

Seleccionar Sauté y calentar el aceite. Dorar chuletas 6 minutos. En un bol, mezclar el relleno, tomillo y caldo. Vaciar sobre el cerdo. Acomodar los vegetales alrededor de la carne. Sellar la tapa. Cocinar en Manual por 10 minutos en High. Realizar liberación natural de presión por 10 minutos.

Cazuela de Cerdo Mediterránea

6 raciones | Tiempo Total de Preparación: 30 minutos

INGREDIENTES

3 lb carne de cerdo sin hueso
¼ taza Chardonnay
6 dientes de ajo picado

¼ taza jugo de limón
¼ taza aceite de oliva
1 cdita sazonador griego

ELABORACIÓN

Colocar la carne dentro de una bolsa resellable y añadir ajo, jugo de limón, aceite de olive y sazonador griego. Masajearlo y dejar reposar toda la noche. Retirar de la bolsa y descartar el marinado. Agregar la carne a IP y depositar el Chardonnay y 1 taza de agua. Sellar la tapa. Cocinar en Manual por 15 minutos en High. Realizar una liberación natural de presión por 10 minutos. Servir.

Chuletas en Salsa Cremosa de Apio

4 raciones | Tiempo Total de Preparación: 38 minutos

INGREDIENTES

4 chuletas de cerdo sin hueso
½ taza leche
1 apio rebanado
1 cdita tomillo seco

4 cebolletas rebanadas
1 cebolla pequeña rebanada
1 lata crema de apio
Sal y pimienta negra al gusto

ELABORACIÓN

Sazonar las chuletas con sal, pimienta, y tomillo. Acomodarlas en la olla. Agregar la cebolla y apio encima. En un bol, mezclar la leche y la sopa. Vaciar la mezcla sobre la carne. Depositar ½ taza de agua. Colocar la tapa y asegurarla. Cocinar en Manual por 8 minutos en High. Una vez listo, realizar una liberación natural de presión por 10 minutos. Servir caliente.

Barbacoa de Cerdo a la Griega

4 raciones | Tiempo Total de Preparación: 46 minutos

INGREDIENTES

2 cdas sazonador griego
2 cdas aceite de oliva
1 frasco chile peperoncino

2 lb chuletas de cerdo sin grasa
2 cdas eneldo picado

ELABORACIÓN

Aplicar el sazonador griego sobre el cerdo. Seleccionar Sauté y calentar el aceite. Dorar el cerdo 5-6 minutos. Añadir el chile peperoncino y ½ taza de agua. Colocar la tapa y asegurarla. Cocinar en Manual por 20 minutos en High. Una vez listo, realizar una liberación natural de presión por 10 minutos. Retirar el cerdo y desmenuzar. Regresarlo a la olla y mezclar. Servir decorado con eneldo.

Chuletas de Cerdo en Salsa de Cebolla

4 raciones | Tiempo Total de Preparación: 29 minutos

INGREDIENTES

¾ cdita sazonador italiano
Sal y pimienta negra al gusto
2 cebollas picadas
4 chuletas de cerdo

1 ½ tazas caldo de verduras
½ taza harina
2 cdas aceite de oliva
Cilantro picado

ELABORACIÓN

Combinar cerdo, harina, sal y pimienta. Seleccionar Sauté y caelntar el aceite. Dorar el cerdo6 minutos. Agregar cebolla, cocinar 3 minutos. Incorporar el caldo y sazonador italiano. Sellar la tapa. Cocinar en Manual por 8 minutos en High. Una vez listo, realizar una liberación natural de presión por 10 minutos. Servir caliente bañado en los jugos y decorado con hojas de cilantro.

Barbacoa Mexicana

5 raciones | Tiempo Total de Preparación: 64 minutos

INGREDIENTES

1 cdita pimienta de cayena
1 cdita ajo en polvo
2 lb carne de cerdo sin hueso
2 cdas aceite vegetal
¼ cdita canela
Sal y pimienta negra al gusto

4 cdas chipotle en polvo
1 cda azúcar moscabada
Una pizca de clavo molido
1 cdita cebolla en polvo
Cebolletas picadas

ELABORACIÓN

Seleccionar Sauté y calentar el aceite. Dorar el cerdo por 4 minutos. Incorporar los ingredientes restantes y 2 tazas de agua. Sellar la tapa. Cocinar en Manual por 40 minutos en High. Realizar liberación natural de presión Desmenuzar la carne. Servir caliente decorado con cebolletas picadas.

Chuletas de Cerdo con Vegetales

4 raciones | Tiempo Total de Preparación: 40 minutos

INGREDIENTES

4 chuletas de cerdo sin hueso
4 tazas col morada en escabeche
1 taza vino blanco seco
2 dientes de ajo triturado
1 taza zanahorias picadas
½ taza apio picado

2 cebollas rebanadas
2 tazas fondo de verduras
2 cditas mostaza
Sal y pimienta negra al gusto
½ cdita chile en polvo
½ taza puré de tomate

ELABORACIÓN

Colocar el cerdo en el fondo de la IP. Agregar la col e incorporar los ingredientes restantes. Colocar la tapa y asegurarla. Cocinar en Manual por 30 minutos en High. Una vez listo, realizar una liberación rápida. Servir de inmediato.

Lomo de Cerdo con Cheddar en Salsa de Tomate

4 raciones | Tiempo Total de Preparación: 30 minutos

INGREDIENTES

24 oz lomo de cerdo
1 taza queso cheddar rallado
1 taza salsa mild
½ taza caldo de pollo

1 taza salsa de tomate
3 cdas jugo de lima
1 cdita salvia
Sal y pimienta negra al gusto

ELABORACIÓN

Agregar la salsa de tomate, salsa, caldo, jugo de lima, salvia y cerdo en IP. Sellar la tapa . Cocinar en Manual por 15 minutos en High. Realizar liberación natural de presión por 10 minutos. Desmenuzar el cerdo dentro de la olla y mezclar el queso. Cocinar 1 minuto en Sauté hasta que el queso se derrita.

Salchichas Polacas con Chucrut

6 raciones | Tiempo Total de Preparación: 41 minutos

INGREDIENTES

2 lb salchicha kielbasa rebanada
1 botella (12-oz) cerveza
1 lata (14-oz) tomates
1 cda pimentón
3 cdas aceite de oliva
Sal y pimienta negra al gusto
1 lata (20-oz) chucrut
2 cdas perejil picado

ELABORACIÓN

Seleccionar Sauté y calentar el aceite. Agregar salchichas, cocinar 5 minutos. Añadir los ingredientes faltantes. Depositar una taza de agua. Sellar la tapa. Cocinar en Manual por 11 minutos en High. Una vez listo, realizar una liberación natural de presión por 10 minutos. Servir decorado con perejil.

Jugosas Costillas Agridulces

4 raciones | Tiempo Total de Preparación: 40 minutos

INGREDIENTES

2 lb costillas de cerdo
¼ cdita canela
¼ cdita jengibre molido
¼ cdita ajo en polvo
1 cda salsa de soya
1 cda jarabe de maple
1 cebolla picada

ELABORACIÓN

En un bol, combinar todos los ingreedientes, excepto las costillas. Aplicar la mezcla sobre las costillas. Acomodarlas en la IP y añadir una taza de agua. Colocar la tapa y asegurarla. Cocinar en Manual por 20 minutos en High. Una vez listo, realizar una liberación natural de presión por 10 minutos. Servir caliente.

Penne con Tocino y Queso

6 raciones | Tiempo Total de Preparación: 25 minutos

INGREDIENTES

1 ½ cajas pasta penne
6 rebanadas de tocino en trozos
½ taza parmesano rallado
1 taza queso cottage
3 cditas aceite de sésamo
1 taza cebollas amarillas picadas
3 dientes de ajo finamente picados
3 ½ tazas caldo de verduras
2 ramas de romero seco
Sal y pimienta negra al gusto

ELABORACIÓN

Depositar el penne, 4 tazas de agua, sal, pimienta y romero en IP. Colocar la tapa y asegurarla. Cocinar en Manual por 4 minutos en High. Una vez listo, realizar una liberación rápida. Escurrir la pasta y separar. Seleccionar Sauté y derretir la mantequilla. Agregar la cebolla y ajo, cocinar 3 minutos. Regresar la pasta y mezclar el tocino. Servir de inmediato decorado con queso parmesano.

Chuletas Entomatadas con Alcachofas

4 raciones | Tiempo Total de Preparación: 29 minutos

INGREDIENTES

½ cdita hojas de pimienta roja
2 cdas aceite de oliva
13 oz corazones de alcachofa
1 ½ cditas sazonador italiano

2 cdas jeréz para cocinar
16 oz salsa de tomate
1 cdita ajo picado
1 cda azúcar moscabada
4 chuletas de cerdo
Sal y pimienta negra al gusto

ELABORACIÓN

Seleccionar Sauté y calentar el aceite. Sazonar las chuletas con los sazonadores. Agregarlas a IP, dorar por 3-4 minutos en total. Incorporar los ingredientes restantes y una taza de agua. Sellar la tapa. Cocinar en Manual por 9 minutos en High. Realizar liberación natural de presión. Servir.

Cerdo Marinado a la Mostaza

6 raciones | Tiempo Total de Preparación: 68 minutos

INGREDIENTES

3 lb carne de cerdo sin hueso
2 cdas aceite de oliva
1 taza caldo de pollo
1 taza cebolla picada

Mostaza al gusto
2 cditas pimentón
Sal y pimienta negra al gusto

ELABORACIÓN

Seleccionar Sauté y calentar el aceite. Agregar cebolla, cocinar 3 minutos. Verter el caldo. Sazonar el cerdo con sal, pimienta y pimentón. Acomodarlo en IP. Colocar la tapa y asegurarla. Cocinar en Manual por 45 minutos en High. Una vez listo, realizar una liberación natural de presión por 10 minutos. Retirar el cerdo y dejarlo reposar por 10 minutes antes de rebanar, cubierto con aluminio. Drenar las cebollas y acomodarlas alrededor de la carne. Servir caliente con salsa de mostaza.

Chuletas de Cerdo con Tomate y Zanahoria

6 raciones | Tiempo Total de Preparación: 41 minutos

INGREDIENTES

6 chuletas de cerdo con hueso
1 cebolla picada
1 cda aceite de canola
½ taza zanahorias picadas

¼ taza vinagre balsámico
2 cditas oregano seco triturado
1 lata (14 ½-oz) tomates en trozos, drenados

ELABORACIÓN

Seleccionar Sauté y calentar el aceite. Agregar las chuletas, cocinar por 5 minutos Añadir zanahorias y cebollas, sofreir 4-6 minutos. Incorporar los ingredientes restantes. Depositar una taza de agua. Sellar la tapa. Cocinar en Manual por 10 minutos en High. Realizar liberación natural de presión.

Costillas Salsa Picante y Mostaza

6 raciones | Tiempo Total de Preparación: 55 minutos

INGREDIENTES

1 rack (3lb) costillas spare
5 cdas salsa picante
1 taza caldo de verduras
Sal y pimienta negra al gusto

1 cdita mostaza seca
1 taza salsa BBQ
2 cdas vinagre balsámico

ELABORACIÓN

Quitar el peritoneo de las costillas y cortarlo en piezas. Acomodarlas en IP. En un bol, mezclar los ingredientes restantes y vaciarlo sobre las costillas. Sellar la tapa. Cocinar en Manual por 30 minutos en High. Realizar liberación natural de presión por 10 minutos. Servir con los jugos.

Chuletas Estilo Coreano

4 raciones | Tiempo Total de Preparación: 45 minutos

INGREDIENTES

2 cdas aceite de oliva
1 lb chuletas de cerdo rebanadas
1 cdita jengibre rallado
2 dientes de ajo picado
½ taza caldo de pollo
1 taza salsa de soya

1 taza azúcar moscabada
2 cdas maicena
3 cdas agua fría
2 cdas gochugaru (chile coreano)
Cebollino picado para decorar
Ajonjolí para decorar

ELABORACIÓN

Seleccionar Sauté y calentar el aceite. Agregar el cerdo, dorar 3 minutos. Añadir el jengibre, ajo, pimienta roja, caldo y salsa de soya. Colocar la tapa y asegurarla. Cocinar en Manual por 20 minutos en High. Una vez listo, realizar una liberación natural de presión por 10 minutos. Seleccionar Sauté y agregar la azúcar, cocinar 2-3 minutos.

En un bol, mezclar la maicena con agua fría. Vaciar la mezcla en la olla. Cocinar hasta que la salsa espese. Decorar con cebollín picado y ajonjolí tostado. Servir.

Estofado de Cerdo al Curry

6 raciones | Tiempo Total de Preparación: 35 minutos

INGREDIENTES

2 lb lomo de cerdo en cubos
1 ½ tazas cebolla picada
1 ½ cdita curry en polvo
1 ½ tazas caldo de pollo
Sal y pimienta negra al gusto

2 hojas de laurel
2 cdas aceite de oliva
Cebollino picado
1 taza chicharos congelados
1 tomate grande picado

ELABORACIÓN

Seleccionar Sauté y calentar el aceite. Agregar la cebolla, cerdo, curry en polvo, sal y pimienta, cocinar 5-6 minutos. Verter el caldo, tomate y hojas de laurel. Colocar la tapa y asegurarla. Cocinar en Manual por 14 minutos en High. Una vez listo, realizar una liberación rápida. Descartar el laurel. Incorporar los chicharos, cocinar 5 minutos en Sauté. Servir.

Fideos con Lomo y Champiñones

4 raciones | Tiempo Total de Preparación: 35 minutos

INGREDIENTES

1 lb lomo de cerdo en cubos
2 cdas aceite de oliva
1 ½ tazas caldo de pollo
1 diente de ajo picado
1 taza crema agria

1 taza chalotes picados
1 taza champiñones rebanados
Sal y pimienta negra al gusto
16 oz fideos de huevo cocidos

ELABORACIÓN

Seleccionar Sauté y calentar el aceite. Agregar el chalote, ajo, champiñones y lomo, cocinar 4-5 minutos. Añadir el caldo. Sazonar con sal y pimienta. Colocar la tapa y asegurarla. Cocinar en Manual por 20 minutos en High. Una vez listo, realizar una liberación natural de presión por 10 minutos. Añadir la crema y mezclar. Servir caliente sobre una cama de fideos.

Delicioso Pulled Pork

6 raciones | Tiempo Total de Preparación: 50 minutos

INGREDIENTES

2 lb aguja
Sal y pimienta negra al gusto
1 cdita pimienta gorda
1 cdita ajo en polvo
1 cda jengibre picado

2 cdas jarabe de maple
1 cebolla dulce grande picada
3 duraznos sin hueso y rebanados
1 taza caldo de verduras

ELABORACIÓN

Depositar el caldo y el cerdo en el IP. Agregar los duraznos, jarabe de maple, cebolla, jengibre, ajo en polvo, sal, pimienta y pimienta gorda. Colocar la tapa y asegurarla. Cocinar en Manual por 30 minutos en High. Una vez listo, realizar una liberación natural de presión por 10 minutos. Separar el cerdo y desmenuzar, luego incorporar de nuevo y mezclar.

Cremoso Pollo Picante

5 raciones | Tiempo Total de Preparación: 45 minutos

INGREDIENTES

¼ taza cebolletas picadas
3 cdas aceite de oliva
1 cebolla grande picada
1 chile sin semillas y picado
2 latas (15-oz) frijoles pinto
2 lb lomo de cerdo en cubos
3 dientes de ajo picado

2 cditas oregano
Sal y pimienta negra al gusto
1 taza caldo de verduras
½ taza crema agria
2 cditas comino molido
1 lata (14-oz) tomates en trozos

ELABORACIÓN

Seleccionar Sauté y calentar el aceite. Agregar todos los ingredientes, excepto las cebolletas, caldo, tomates y crema agria, cocinar 5 minutos. Incorporar los tomates y caldo. Colocar la tapa y asegurarla. Cocinar en Manual por 30 minutos en High. Realizar una liberación rápida. Servir en platos con una cucharada de crema por encima y decorado con cebolletas.

Cazuela de Pollo con Apio

6 raciones | Tiempo Total de Preparación: 45 minutos

INGREDIENTES

1 lb carne para estofado de cerdo en cubos
4 patatas en cubos
Salsa inglesa al gusto
2 hojas de laurel
½ paquete sopa de cebolla en polvo

1 lata (4-oz) salsa de tomate
10.75 oz crema de apio
10.75 oz crema de pollo
3 ramas de apio picado
3 zanahorias peladas y picadas

ELABORACIÓN

Agregar la carne y los vegetales en la IP. Diluir las sopas acorde a las ELABORACIÓN. Combinar con la salsa de tomate. Vaciar la mezcla en la olla y añadir las hojas de laurel. Depositar una taza de agua.Colocar la tapa y asegurarla. Cocinar en Manual por 20 minutos en High. Una vez listo, realizar una liberación natural de presión por 10 minutos. Servir con pan de ajo.

TERNERA Y CORDERO

Pastel de Carne Picada Navideño

4 raciones | Tiempo Total de Preparación: 35 minutos

INGREDIENTES

Para el Meatloaf:

2 lb carne picada de ternera
2 dientes de ajo picado
1 taza pan molido
1 huevo grande
1 taza leche

2 cebollas finamente picadas
½ cdita cúrcuma en polvo
½ cdita oregano seco
Sal y pimienta negra al gusto

Para el Gravy:

1 taza catsup
2 cdas azúcar moscabada
¼ taza puré de tomate

1 cdita ajo en polvo
½ cdita cebolla en polvo
½ cdita pimienta de cayena

ELABORACIÓN

Depositar una taza de agua y colocar el trivet. Engrasar un molde. En un bol, mezclar la carne picada, pan molido, leche, cebolla, huevo, sal, pimienta, oregano y tomillo. Usando las manos, crear un rollo y colocar la carne dentro del molde. En otro bol, mezclar los ingredientes del aderezo.. Untar el aderezo dentro del rollo y acomodar el molde en el trivet. Colocar la tapa y asegurarla. Cocinar en Manual por 25 minutos en High. Una vez listo, realizar una liberación rápida. Rebanar antes de servir.

Costillas de Ternera con Salsa de Papaya

6 raciones | Tiempo Total de Preparación: 50 minutos

INGREDIENTES

3 lb costillas spare en piezas
18 oz papya en lata
1 taza cebollas rebanadas
Sal y pimienta negra al gusto
¼ taza salsa de soya Tamari

2 cdas vinagre de sidra de manzana
½ taza tomate en pasta
3 cditas aceite de oliva
¼ cdita jengibre en polvo

ELABORACIÓN

Seleccionar Sauté y calentar el aceite. Dorar las costillas 4-5 minutos por lado. Separar. Saltear la cebolla 3-4 minutos. Incorporar los ingredientes restantes y regresar las costillas. Colocar la tapa y asegurarla. Cocinar en Manual por 25 minutos en High. Realizar una liberación natural de presión por 10 minutos. Servir.

Ternera Cítrica en Jugo

6 raciones | Tiempo Total de Preparación: 85 minutos

INGREDIENTES

Jugo de 1 limón
Jugo de 2 toronjas
2 lb carne en trozos
1 cda mantequilla

1 cda sazonador italiano
1 cda romero
Sal y pimienta negra al gusto

ELABORACIÓN

Colocar la carne en la olla y sazonar con sal, pimienta, romero y sazonador italiano. Masajear para incorporar bien las especias. Verter el jugo de limón y toronja.

Colocar la tapa y asegurarla. Cocinar en Manual por 50 minutos en High. Una vez listo, realizar una liberación rápida. Desmenuzar la carne dentro de la olla. Seleccionar Sauté, mezclar y cocinar 20 minutos, sin tapa, hasta que el líquido evapore. Añadir la mantequilla y cocinar 5 minutos más.

Sloppy Joes con Coleslaw Caseros

6 raciones | Tiempo Total de Preparación: 35 minutos

INGREDIENTES

1 taza tomates picados
1 cebolla picada
1 zanahoria picada
1 lb carne picada de ternera
1 pimiento morrón picado
½ taza quinoa

4 cdas vinagre de sidra de manzana
1 cda aceite de canola
4 cdas tomate en pasta
2 cditas ajo en polvo
1 cda salsa inglesa
Sal y pimienta negra al gusto

Coleslaw:

½ cebolla morada picada
1 cda miel
½ col morada rebanada
2 cdas eneldo

2 zanahorias ralladas
2 cdas vinagre de sidra de manzana
1 cda mostaza Dijón

ELABORACIÓN

Seleccionar Sauté y calentar el aceite. Dorar la carne picada 3-4 minutos. Agregar la cebolla, zanahoria, pimiento morrón, ajo, pimienta y sal, cocinar 5 minutos. Añadir los tomates, vinagre, salsa inglesa, 1 taza de agua y tomate en pasta. Cocinar hasta hervir. Añadir quinoa.

Colocar la tapa y asegurarla. Cocinar en Manual por 25 minutos en High. Ralizar una liberación rápida. En un bol, combinar todos los la ensalada de col. Servir los sloppy joes con la ensalada.

Tagliatelle con Salchicha y Frijoles

6 raciones | Tiempo Total de Preparación: 30 minutos

INGREDIENTES

1 lb salchicha de res picada
1 lb tagliatelle crudo
½ taza vino blanco seco
1 diente de ajo picado
½ taza chícharos congelados
½ chile chipotle picado
1 taza frijoles negros remojados
2 pimientos morrón amarillo cortados
2 cditas aceite de oliva

1 taza cebollín picado
1 lata (28-oz) tomates enteros
¼ cdita hojas de pimienta roja
1 taza Grana Padano rallado
½ cdita albahaca seca
½ cdita oregano seco
Sal y pimienta negra al gusto
Perejil para decorar

ELABORACIÓN

Seleccionar Sauté y calentar el aceite. Agregar el chalote, pimiento morrón y ajo, cocinar 3 minutos. Añadir la salchicha. Dorar ligeramente por 3-4 minutos. Incorporar los ingredientes restantes, excepto el perejil y el queso. Depositar 2 tazas de agua.

Colocar la tapa y asegurarla. Cocinar en Manual por 10 minutos en High. Una vez listo, realizar una liberación rápida. Mezclar el queso Grana Padano hasta derretir. Servir decorado con perejil.

Costillar con glaseado de Shiitake

6 raciones | Tiempo Total de Preparación: 25 minutos

INGREDIENTES

1 ½ lb costillas de res
2 tazas Shiitake en cuartos
1 cebolla picada
¼ taza catsup
2 tazas fondo de vegetales
1 taza zanahorias picadas
¼ taza aceite de sésamo
1 cdita ajo picado
Sal y pimienta negra al gusto

ELABORACIÓN

Seleccionar Sauté y calentar el aceite. Sazonar las costillas con sal y pimienta. Dorar todos los lados. Separar. Agregar la cebolla, ajo, zanahorias y champiñones, cocinar 5 minutos. Añadir las costillas e incorporar los ingredientes restantes. Colocar la tapa y asegurarla. Cocinar en Manual por 35 minutos en High. Una vez listo, realizar una liberación rápida.

Bistec a la Mostaza y Cerveza

4 raciones | Tiempo Total de Preparación: 35 minutos

INGREDIENTES

4 bisteces
12 oz cerveza oscura
2 cdas mostaza de Dijón
2 zanahorias picadas
1 cda puré de tomate
1 cebolla picada
1 cdita chipotle en polvo
1 cdita salvia
2 cdas harina
1 taza caldo de verduras
Sal y pimienta negra al gusto
Aceite de oliva para engrasar

ELABORACIÓN

Aplicar la mostaza por toda la carne, sazonar con chipotle en polvo, sal y pimienta. Engrasar IP con spray de cocina. Sellar la carne en Sauté. Separar la carne. Depositar ¼ taza de agua y rascar los residuos del fondo de la olla. Secarla. Mezclar el puré de tomate con harina. Agregar los ingredientes restantes gradualmente, excepto la cerveza. Regresar la carne. Vaciar la cerveza. Sellar la tapa. Cocinar en Manual por 25 minutos en High. Realizar liberación rápida. Servir caliente.

Bisteck al Dijón

4 raciones | Tiempo Total de Preparación: 80 minutos

INGREDIENTES

2 lb bisteck de res
1 taza caldo de res
1 cebolla en dados
2 cdas almidón de papa
1 zanahoria picada
1 cda salvia
1 cda romero
Sal y pimienta negra al gusto

Marinado:
2 cdas mostaza Dijón
2 cditas jugo de limón
¼ taza vinagre de vino tinto
2 cditas ajo picado
½ taza salsa de soya
1 cda aceite de sésamo

ELABORACIÓN

Combinar los ingredientes del marinado en un bol. Añadir la carne y dejar marinar por 30 minutos. Engrasar la IP con spray de cocina. Agregar la cebolla y zanahorias, cocinar hasta ablandar en Sauté. Añadir la carne y el marinado. Mezclar el caldo y el almidón. Colocar la tapa y asegurarla. Cocinar en Manual por 40 minutos en High. Realizar una liberación rápida y servir.

Cazuela de Aguja al Vino

6 raciones | Tiempo Total de Preparación: 50 minutos

INGREDIENTES

2 ½ lb aguja de res
1 lb patatas picadas
2 zanahorias picada
½ taza chirívia picada
1 taza cebollas rebanadas
½ taza vino tinto
½ apio en rebanadas

1 cda romero
1 cdita salvia
Sal y pimienta negra al gusto
2 cdas puré de tomate
1 cda ajo picado
1 taza caldo de verduras

ELABORACIÓN

Engrasar la olla con spray de cocina. En un bol, combinar la salvia, romero, sal y pimienta. Aplicar la mezcla sobre la carne. Acomodar la carne dentro de la olla, sellar por ambos lados. Incorporar los ingredientes restantes. Colocar la tapa y asegurarla. Cocinar en Manual por 40 minutos en High. Una vez listo, realizar liberación rápida.

Bistec en Reducción de Cerveza

6 raciones | Tiempo Total de Preparación: 40 minutos

INGREDIENTES

2 lb carne de res cortada en 6 u 8 partes
1 cebolla dulce picada
1 taza apio picado
1 lb camote en dados
2 chirívias picadas
3 dientes de ajo picado
2 pimientos morrón cortado

1 ½ tazas puré de tomate
1 taza cerveza
1 cda salvia
1 cubo de consomé de pollo
Sal y pimienta negra al gusto
1 cda aceite de oliva

ELABORACIÓN

Seleccionar Sauté y calentar el aceite. Sellar la carne por unos minutos. Separar. Acomodar los vegetales en la olla y colocar la carne encima. En un recipiente, mezclar el cubo de consomé, cerveza, salvia y puré de tomate. Vaciar sobre la carne. Sazonar con sal y pimienta. Colocar la tapa y asegurarla. Cocinar en Manual por 30 minutos en High. Realizar una liberación rápida.

Rosbif a las Hierbas en Salsa de Champiñones

6 raciones | Tiempo Total de Preparación: 35 minutos

INGREDIENTES

1 ½ lb rosbif en cubos
1 taza cebolla en dados
14 oz sopa de champiñoes en lata
1 ½ tazas suero de mantequilla
½ cdas comino
1 cda tomillo

1 cda ajo picado
1 cda mantequilla
½ cdita chile en polvo
½ cdita chile verde en polvo
Sal y pimienta negra al gusto

ELABORACIÓN

Seleccionar Sauté y derretir la mantequilla. Agregar la cebolla y ajo, cocinar 3 minutos. Añadir la carne, dorar 5-6 minutos. En un bol, mezclar los ingredientes restantes. Vaciar la mezcla sobre la carne. Depositar ½ taza de agua. Colocar la tapa y asegurarla. Cocinar en Manual por 25 minutos en High. Una vez listo, realizar liberación rápida.

Rosbif con Cebollas

8 raciones | Tiempo Total de Preparación: 60 minutos

INGREDIENTES

3 lb rosbif
2 cebollas dulces grandes rebanadas
1 sobre mezcla sopa de cebolla
1 taza caldo de res
1 taza tomates en lata

1 cda cilantro
1 cdita ajo picado
2 cdas salsa inglesa
1 cda aceite de oliva
Sal y pimienta negra al gusto

ELABORACIÓN

Seleccionar Sauté y calentar el aceite. Sazonar la carne con sal y pimienta, sellar por ambos lados. Separar. Agregar la cebolla, cocinar 3 minutos. Añadir el ajo, cocinar 1 minuto. Regresar la carne e incorporar los ingredientes faltantes. Colocar la tapa y asegurarla. Cocinar en Manual por 40 minutos en High. Una vez listo, realizar una liberación natural de presión por 10 minutos.

Sirloin con Gorgonzola

6 raciones | Tiempo Total de Preparación: 50 minutos

INGREDIENTES

1 lb sirloin en cubos
6 oz Gorgonzola en moronas
½ col en dados
1 zanahorias picada
2 pimientos morrón rojos cortado

1 taza caldo de res
2 tazas tomates en lata
1 cebolla en dados
1 cdita ajo picado
Sal y pimienta negra al gusto

ELABORACIÓN

Engrasar la IP con spray de cocina. Agregar sirlon, seleccionar Sauté y dorar ambos lados por unos minutos. Incorporar los ingredientes restantes, excepto el queso. Sellar la tapa. Cocinar en Manual por 40 minutos en High. Realizar liberación rápida. Decorar con Gorgonzola para servir.

Picadillo con Chucrut

6 raciones | Tiempo Total de Preparación: 30 minutos

INGREDIENTES

1 ½ lb carne picada de ternera
10 oz sopa de tomate en lata
½ taza caldo de verduras
3 tazas chucrut

1 taza cebolletas picadas
1 cda mantequilla
1 cdita mostaza en polvo
Sal y pimienta negra al gusto

ELABORACIÓN

Seleccionar Sauté y derretir la mantequilla. Agregar cebolleta, cocinar unos minutos. Agregar carne, dorar por 6 minutos. Incorporar el chucrut, caldo, mostaza en polvo, sal y pimienta. Sellar la tapa. Cocinar en Manual por 20 minutos en High. Una vez listo, realizar una liberación rápida.

Pecho de Ternera en Salsa de Tomate Picante

6 raciones | Tiempo Total de Preparación: 60 minutos

INGREDIENTES

2 ½ lb pecho de ternera
1 cda chile verde en polvo

1 cda tomate en pasta
1 cda puré de tomate

½ taza salsa
1 taza caldo de verduras
1 cebollino picado
1 cda mantequilla

1 cebolla rebanada
2 dientes de ajo picado
Sal y pimienta negra al gusto

ELABORACIÓN

Sazonar el pecho con chile verde en polvo. Engrasar la IP con spray de cocina. Seleccionar Sauté y cocinar el pecho 6 minutos por ambos lados. Agregar la cebolla, cocinar 2 minutos más. Incorporar los ingredientes restantes. Colocar la tapa y asegurarla. Cocinar en Manual por 35 minutos en High. Una vez listo, realizar una liberación natural de presión. Servir.

Meatloaf con Glaseado de Manzana y Whisky

4 raciones | Tiempo Total de Preparación: 60 minutos

INGREDIENTES

Meatloaf:

1 lb carne picada de ternera
1 clara de huevo
1 taza pan molido
2 cdas puré de tomate
1 taza cebolla en dados

1 cda tomillo
½ cdita albahaca
½ cdita ajo picado
Sal y pimienta negra al gusto

Glaseado:

1 taza mermelada de manzana
½ taza whiskey
½ taza salsa BBQ

¼ taza miel
1 cda salsa picante

ELABORACIÓN

Mezclar todos los ingredientes del pastel de carne en un recipiente. Formar un rollo. Acomodar en un molde engrasado. En otro recipiente, batir los ingredientes del aderezo con ½ taza de agua. Aplicar la mezcla sobre la carne. Depositar una taza de agua y colocar un trivet. Acomodar el molde en el trivet. Colocar la tapa y asegurarla. Cocinar en Manual por 50 minutos en High. Realizar una liberación rápida. Servir.

Cuete con Gravy de Cebolla

4 raciones | Tiempo Total de Preparación: 40 minutos

INGREDIENTES

4 bisteces de cuete
2 cebollas rebanadas
1 ½ tazas caldo de res
1 cdita ajo picado
1 cda tomillo seco
½ cdita romero

1 cda aceite
1 zanahoria picada
½ cdita hojas de pimienta roja
¼ taza crema batida
2 cdas harina
Sal y pimienta negra al gusto

ELABORACIÓN

Seleccionar Sauté y calentar el aceite. Agregar la carne, dorar por 6 minutos ambos lados. Transferir a un plato. Saltear la cebolla, zanahoria y ajo 2 minutos. Regresar la carne. Incorporar la sal, pimienta negra, pimienta roja, romero, tomillo y el caldo.

Colocar la tapa y asegurarla. Cocinar en Manual por 25 minutos en High. Una vez listo, realizar una liberación rápida. Mezclar la harina y crema para batir. Seleccionar Sauté, cocinar 3 minutos más hasta espesar, sin tapa. Servir de inmediato.

Aguja de Ternera con Miel y Ajo

6 raciones | Tiempo Total de Preparación: 1 hora y 15 minutos

INGREDIENTES

3 lb aguja de ternera
1 taza fondo de verduras
¼ taza miel
¼ taza azúcar moscabada

6 dientes de ajo picado
2 cdas salsa de soya
Cebollino picado

ELABORACIÓN

Cortar el rosbif por la mitad. Colocarlo en la IP. En un recipiente, mezclar los ingredientes restantes. Vaciar la mezcla sobre la carne. Colocar la tapa y asegurarla. Cocinar en Manual por 40 minutos en High. Una vez listo, realizar una liberación natural de presión por 10 minutos. Retirar la carne y desmenuzarla. Bañar la carne con los jugos y decorar con cebollino para servir.

Sirloin al Vino Tinto

5 raciones | Tiempo Total de Preparación: 40 minutos

INGREDIENTES

3 cdas aceite de oliva
2 hojas de laurel
2 lb sirloin
1 taza apio en dados
Sal y pimienta negra al gusto

1 cebolla picada
2 tazas calabacín rebanado
14 oz puré de tomate en lata
10 ½ oz caldo de verduras
1 ½ tazas vino tinto seco

ELABORACIÓN

Seleccionar Sauté y calentar el aceite. Dorar la carne por ambos lados. Agregar los vegetales y los sazonadores. Mezclar el puré con el vino y el caldo. Vaciar la mezcla en la olla. Colocar la tapa y asegurarla. Cocinar en Manual por 35 minutos en High. Una vez listo, realizar una liberación rápida.

Picadillo en Salsa Roja con Coles de Bruselas

5 raciones | Tiempo Total de Preparación: 50 minutos

INGREDIENTES

1 ½ lb carne picada de ternera
1 lb Coles de Bruselas Ralladas
1 taza puerro picado
1 lata (10.75-oz) sopa de tomate
1 cdita tomillo

1 cda ajo machacado
1 cda aceite de oliva
1 cdita mostaza en polvo
1 hoja de laurel
Sal y pimienta negra al gusto

ELABORACIÓN

Seleccionar Sauté y calentar el aceite. Agregar puerro y ajo, cocinar 5 minutos. Añadir carne picada, mostaza, coles de bruselas, puré de tomate, tomillo y laurel, cocinar 10 minutos. Sazonar con sal y pimienta. Sellar la tapa. Cocinar en Manual por 30 minutos en High. Realizar liberación rápida.

Estofado de Res con Tubérculos al Vino

4 raciones | Tiempo Total de Preparación: 45 minutos

INGREDIENTES

1 ½ lb trozos para estofado
2 chirívias picadas

2 hinojos picado
4 patatas en dados

1 cebolla picada
2 cdas vino tinto
2 cdas aceite de oliva

4 cdas harina
1 cdita salvia
Sal y pimienta negra al gusto

ELABORACIÓN

En un bol, combinar la harina, sal y pimienta. Mezclar la carne. Seleccionar Sauté y calentar el aceite. Agregar la carne, dorar 7-8 minutos. Añadir la cebolla, cocinar 3 minutos. Incorporar los ingredientes restantes y 2 tazas de agua. Colocar la tapa y asegurarla. Cocinar en Manual por 25 minutos en High. Una vez listo, realizar una liberación natural de presión por 10 minutos.

Ternera al BBQ con Tagliatelle

6 raciones | Tiempo Total de Preparación: 60 minutos

INGREDIENTES

3 lb pecho de ternera, sin grasa
2 tazas salsa BBQ
2 cebollas rebanadas

16 oz tagliatelle cocido
¼ azúcar moscabada
¼ taza vinagre de vino tinto

Marinado:

½ cdita nuez moscada
½ cdita pimienta negra
½ cdita jengibre

1 cdita ajo picado
2 cdas perejil picado

ELABORACIÓN

Mezclar todos los ingredientes del marinado en un recipiente. Aplicar la mezcla sobre el pecho y acomodarlo en la olla. En un recipiente, combinar ½ taza de agua, vinagre de vino, azúcar moscabada, la mital de la cebolla y la salsa BBQ. Vaciar sobre el pecho. Colocar la tapa y asegurarla. Cocinar en Manual por 30 minutos en High. Una vez listo, realizar una liberación natural de presión por 10 minutos. Rebanar el pecho y servir caliente sobre una cama de fettuccine. Bañar con salsa BBQ y decorar con las cebollas restantes.

Estofado de Ternera con Perejil

6 raciones | Tiempo Total de Preparación: 47 minutos

INGREDIENTES

3 ½ lb ternera para estofado en cubos
½ taza ghee
2 cdas comino molido
1 taza caldo de ternera
1 lata (14-oz) tomates
4 dientes de ajo picado
1 cebolla mediana picada
5 calabacines en dados
1 naba picada

Sal y pimienta negra al gusto
2 ramas de canela
2 hojas de laurel
1 cdita cúrcuma en polvo
1 cdita semillas de cilantro molidas
1 cdita jengibre molido
1 cda pimentón
Perejil picado para decorar

ELABORACIÓN

Seleccionar Sauté y derretir el ghee. Agreagr el ajo y cebolla, cocinar 3-4 minutos. Añadir la carne, cocinar 5-6 minutos hasta dorar. Incorporar los tomates, caldo, comino, cilantro molido, jengibre, chile en polvo, pimentón y cúrcuma. Cocinar 5 minutos. Añadir las hojas de laurel, naba y canela. Colocar la tapa y asegurarla. Cocinar en Manual por 18 minutos en High.

Una vez listo, realizar una liberación rápida. Mezclar el calabacín, seleccionar Sauté y cocinar 5 minutos extras. Sazonar con sal y pimienta al gusto. Servir caliente decorado con perejil.

Filete Ahumado con Zanahoria

4 raciones | Tiempo Total de Preparación: 1 hora y 19 minutos

INGREDIENTES

2 lb ojo de ternera rebanada
2 cdas aceite de oliva
Sal y pimienta negra al gusto
1 lata (14-oz) tomates en trozos
2 dientes de ajo en dados
1 hoja de laurel
½ taza pimiento morrón cortado

½ taza zanahorias rebanadas
½ taza cebollas rebanadas
1 taza apio rebanado
1 1/3 tazas caldo de ternera
1 cda humo líquido
Cebolletas picadas

ELABORACIÓN

Seleccionar Sauté y calentar el aceite. Agregar la cebolla, pimiento morrón, apio, ajo, zanahorias, sal y pimienta, cocinar 5 minutos. Añadir la carne, dorar 3-4 minutos ambos lados. Vaciar el caldo, laurel, humo líquido y tomates. Colocar la tapa y asegurarla. Cocinar en Manual por 40 minutos en High. Una vez listo, realizar una liberación natural de presión. Descartar la hoja de laurel. Servir decorado con cebolletas picadas.

Falda de Res Casera con Patatas

6 raciones | Tiempo Total de Preparación: 65 minutos

INGREDIENTES

3 lb falda de res
6 patatas Yukon cortadas
1 cebolla en dados
1 apio picado
1 ½ cdas mostaza Dijón
2 tazas caldo de res

1 cda mantequilla
1 zanahoria picada
1 cda salvia
2 dientes de ajo picado
Sal y pimienta negra al gusto

ELABORACIÓN

Seleccionar Sauté y calentar el aceite. Agregar la cebolla y apio, cocinar 4 minutos. Aplicar sobre la falda la mostaza y sazonar con sal y pimienta. Colocar en la olla, sellar 5 minutos ambos lados. Incorporar los ingredientes restantes. Colocar la tapa y asegurarla. Cocinar en Manual por 45 minutos en High. Una vez listo, realizar una liberación natural de presión por 10 minutos.

Fideos de Calabacín a la Boloñesa

6 raciones | Tiempo Total de Preparación: 30 minutos

INGREDIENTES

1 lb carne picada de ternera
1 taza tomates picados
1 taza cebollas en dados
1 taza zanahorias picada
1 taza col rizada picada
½ taza apio picado

6 tazas caldo de pollo
2 ramas de tomillo
1 cda aceite de oliva
1 cdita hojas de pimienta roja
10 oz fideos de calabacín
Sal y pimienta negra al gusto

ELABORACIÓN

Seleccionar Sauté y calentar el aceite. Agregar la carne y dorar por 5 minutos. Añadir la cebolla, zanahoria y apio, cocinar 5 minutos más. Incorporar los ingredientes restantes, excepto los fideos. Colocar la tapa y asegurarla. Cocinar en Manual por 15 minutos en High. Realizar una liberación rápida. Mezclar los fideos, cocinar por 5 minutos en Sauté. servir caliente.

Ragú de Res con Enebro

6 raciones | Tiempo Total de Preparación: 65 minutos

INGREDIENTES

18 oz carne para estofado de res en cubos
2 hojas de laurel
3 bayas de enebro
5 dientes de ajo machacado
7 oz pimientos rostizados de frasco
28 oz tomates picados

1 cda perejil picado
1 cdita cilantro
½ taza caldo de res
½ cda aceite de oliva
Sal y pimienta negra al gusto

ELABORACIÓN

Sazonar la carne con sal y pimienta. Seleccionar Sauté y calentar el aceite. Agregar la carne, cocinar hasta dorar ambos lados. Cortar los pimientos e incorporar en la olla junto con los ingredientes restantes. Colocar la tapa y asegurarla. Cocinar en Manual por 45 minutos en High. Una vez listo, realizar una liberación natural de presión por 10 minutos.

Curry de Res con Chipotle

4 raciones | Tiempo Total de Preparación: 40 minutos

INGREDIENTES

1 taza cebollín picado
1 taza leche
4 zanahorias rebanadas
4 patatas picadas
1 taza caldo de verduras
1 lb carne para estofado en cubos
2 cditas ajo picado

2 cdas curry en polvo
1 cdita oregano
½ cdita chipotle en polvo
Sal y pimienta negra al gusto
½ cdita perejil seco
2 cdas aceite de oliva

ELABORACIÓN

Seleccionar Sauté y calentar el aceite. Agregar el ajo y chalote, cocinar 2 minutos. Añadir la carne, dorar por unos minutos. Incorporar los ingredientes restantes. Colocar la tapa y asegurarla. Cocinar en Manual por 30 minutos en High. Una vez listo, realizar una liberación rápida. Servir en platos inmediatamente.

Típica Ropa Vieja Mexicana

6 raciones | Tiempo Total de Preparación: 64 minutos

INGREDIENTES

3 lb aguja de ternera
2 tazas caldo de verduras
3 dientes de ajo picado
2 limas exprimidas
2 hojas de laurel
1 cebolla rebanada

3 tomates picados
1 cdita jalapeño en polvo
3 tazas arroz blanco cocido
Sal y pimienta negra al gusto
3 cdas cilantro picado

ELABORACIÓN

Seleccionar Sauté y calentar el aceite. Agregar la cebolla, ajo, tomates y hojas de laurel, saltear 3-4 minutos. Vaciar el caldo y la carne. Sazonar con sal, pimienta y jalapeño. Cubrir con agua. Colocar la tapa y asegurarla. Cocinar en Manual por 40 minutos en High. Una vez listo, realizar una liberación natural de presión por 10 minutos. Retirar la carne. Desmenuzarla y regresarla a la olla. Mezclar el jugo de lima. Servir sobre una cama de arroz y decorado con cilantro.

Albóndigas con Salsa de Champiñones

4 raciones | Tiempo Total de Preparación: 30 minutos

INGREDIENTES

1 lb carne molida de res
½ taza cebolla en dados
1 huevo
½ cdita ajo en polvo
½ taza Ricotta desmoronado

1 cda hierbas secas
½ taza pan molido
Sal y pimienta negra al gusto
1 lata sopa de champiñoes
½ taza queso Colby rallado

ELABORACIÓN

En un bol, combinar todos los ingredientes, excepto la sopa y el queso. Formar 4 albóndigas. Engrasar la IP con spray de cocina. Agregar las albóndigas y dorar por unos minutos en todos lados. Depositar ½ taza de agua y la sopa. Colocar la tapa y asegurarla. Cocinar en Manual por 20 minutos en High. Realizar una liberación rápida. Incorporar el queso Colby, cocinar 3 minutos en Sauté. Servir de inmediato.

Salteado de Res y Verduras

8 raciones | Tiempo Total de Preparación: 55 minutos

INGREDIENTES

1 lb camote
½ taza vino blanco
1 cda ajo picado
½ hinojo rebanado
Sal y pimienta negra al gusto
2 ½ lb filete de aguja
4 cdas puré de tomate

1 ½ tazas caldo de res
2 ramas salvia
1 cdita romero
3 cditas aceite
1 taza cebollas rebanadas
2 zanahorais finamente rebanadas

ELABORACIÓN

Sazonar la espaldilla con sal y pimienta. Seleccionar Sauté y calentar el aceite. Dorar por ambos lados. Separar. Añadir los vegetales, cocinar 6 minutos. Regresar la carne e incorporar los ingredientes restantes. Colocar la tapa y asegurarla. Cocinar en Manual por 40 minutos en High. Una vez listo, realizar una liberación rápida y servir.

Rotini a la Boloñesa

6 raciones | Tiempo Total de Preparación: 40 minutos

INGREDIENTES

½ lb carne picada de ternera
2 dientes de ajo rebanados
3 cdas puré de tomate
1 cdita salvia seca
1 cdita comino
Sal y pimienta negra al gusto

2 chalotes picados
½ cdita hojas de pimienta roja
2 cdas aceite vegetal
1 cdita pimentón en polvo
1 cda albahaca picada
3 tazas pasta rotini cocida

ELABORACIÓN

Seleccionar Sauté y calentar el aceite. Agregar los chalotes y ajo, cocinar 3 minutos. Añadir la carne picada, sazonar con pimienta, salvia y comino. Dorar por 5 minutos. Incorporar el puré de tomate, pimienta roja y sal. Colocar la tapa y asegurarla. Cocinar en Manual por 15 minutos en High. Una vez listo, realizar una liberación natural de presión por 10 minutos. Servir de inmediato sobre Rotini y decorado con albahaca.

Burrito de Tinga de Ternera

6 raciones | Tiempo Total de Preparación: 56 minutos

INGREDIENTES

2 cebollines picados
32 oz carne de ternera cocida y sin hueso
1 jalapeño picado
Sal y pimienta negra al gusto
2 cditas chile en polvo
½ cdita comino

4 cdas salsa verde para tacos
1 diente de ajo aplastado
2 cdas aceite de oliva
½ taza cebolletas picadas
2 tazas salsa verde

ELABORACIÓN

Seleccionar Sauté y calentar el aceite. Retirar el exceso de grasa de la carne y cocinar por todos lados 5-6 minutos. En un bol, mezclar el jalapeño, salsa verde, cebolletas, ajo, chile en polvo, comino, sal y pimienta. Vaciar la mezcla junto con la carne y mezclar. Depositar una taza de agua. Colocar la tapa y asegurarla. Cocinar en Manual por 20 minutos en High. Una vez listo, realizar una liberación natural de presión por 10 minutos. Desmenduzar la carne antes de servir. Servir caliente en burritos con salsa verde.

Sirloin al Chipotle con Arroz Salvaje

4 raciones | Tiempo Total de Preparación: 40 minutos

INGREDIENTES

2 lb filete de sirloin en cubos
2 cdas aceite vegetal
2 cebollas picadas
½ cdita chipotle en polvo
¼ cdita mostaza en polvo

Sal y pimienta negra al gusto
3 cdas harina
2 dientes de ajo picado
4 tazas arroz salvaje cocido
10 ½ oz consomé de res

ELABORACIÓN

Colocar en una bolsa de plástico la harina, mostaza en polvo, sal, pimienta y chipotle en polvo. Agregar el sirloin y sacudir. Seleccionar Sauté y calentar el aceite. Sellar por 5-6 minutos en ambos lados. Añadir la cebolla y ajo, cocinar hasta quedar transparentes. Incorporar el arroz salvaje y consomé de res. Colocar la tapa y asegurarla. Cocinar en Manual por 25 minutos en High. Realizar una liberación rápida. Dejar hervir por unos minutos hasta alcanzar la consistencia deseada.

Costillas de Res con Remolacha

6 raciones | Tiempo Total de Preparación: 55 minutos

INGREDIENTES

1 ½ tazas caldo de res
½ lb patatas pequeñas
3 cditas mantequilla
2 cebollas moradas picadas
1 cda tomillo
1 lata (14.5-oz) tomates

2 ramas de romero
2 lb costillas de res sin grasa
½ lb remolacha finamente rebanada
Sal y pimienta negra al gusto
2 dientes de ajo picado

ELABORACIÓN

Sazonar con sal y pimienta las costillas. Seleccionar Sauté y calentar el aceite. Sellar las costillas por todos lados. Separar. Agregar la remolacha, ajo y cebolla, sofreír 4-5 minutos. Regresar las costillas e incorporar los ingredientes faltantes. Colocar la tapa y asegurarla. Cocinar en Manual por 45 minutos en High. Una vez listo, realizar una liberación rápida. Servir de inmediato.

Guiso de Ternera y Berenjena

6 raciones | Tiempo Total de Preparación: 31 minutos

INGREDIENTES

2 lb carne de ternera para estofado en cubos
8 berenjenas en cubos
¾ cdita azúcar
3 cebollas rebanadas
1 cda vinagre de vino tinto
½ cdita canela
¼ taza perejil picado

¼ taza aceite de oliva
1/8 cdita pimienta gorda
1/8 cdita clavo molido
2 dientes de ajo picado
1 lata salsa de tomate
1 taza fondo de ternera
½ taza queso feta en cubos

ELABORACIÓN

Seleccionar Sauté y calentar el aceite. Agregar la berenjena, cebolla, carne y ajo, cocinar 5-6 minutos hasta dorar. En un bol, mezclar la salsa de tomate, fondo, vinagre de vino, pimienta gorda, sal y pimienta negra. Vaciar la mezcla dentro de la IP. Colocar la tapa y asegurarla. Cocinar en Manual por 15 minutos en High. Una vez listo, realizar una liberación rápida. Servir caliente.

Rib Eye a las Finas Hierbas

4 raciones | Tiempo Total de Preparación: 50 minutos

INGREDIENTES

2 filetes de rib eye
1 taza cebollas dulces picadas
¼ taza salsa de tomate
1 cdita ajo picado
½ lb zanahorias picadas
2 ½ tazas caldo de ternera

2 cditas mantequilla
2 cditas harina
2 oz aderezo italiano para ensalada
½ cdita semillas de apio
Sal y pimienta negra al gusto
½ cdita pimienta de cayena

ELABORACIÓN

Seleccionar Sauté y derretir la mantequilla. Agregar el ribeye, dorar 4 minutos. Incorporar el resto de los ingredientes. Colocar la tapa y asegurarla. Cocinar en Manual por 35 minutos en High. Una vez listo, realizar una liberación rápida. En un bol, combinar la harina con 1/4 taza de los jugos. Agregar a la olla y mezclar hasta quedar combinado. Servir.

Curry al Estilo Malasia

6 raciones | Tiempo Total de Preparación: 56 minutos

INGREDIENTES

2 lb carne para estofado en cubos
3 cdas aceite de oliva
1 cebolla en cuartos
1 taza crema de coco
4 tazas espinaca picada
1 cdita cúrcuma
1 cdita comino molido

2 cditas cilantro molido
4 dientes de ajo picado
1 cdita canela molida
½ cdita chile en polvo
1 cdita mezcla China de especias
1 cdita cardamomo molido

ELABORACIÓN

Seleccionar Sauté y calentar el aceite. Agregar la carne y cebolla, cocinar 5-6 minutos. En un bol, mezclar la crema de coco con las especias secas. Vaciar la mezcla sobre la carne. Depositar 2 tazas de agua. Colocar la tapa y asegurarla. Cocinar en Manual por 15 minutos en High. Una vez listo, realizar una liberación natural de presión por 10 minutos. Incorporar las espinacas. Servir caliente.

Estofado de Ternera al Vino Blanco

4 raciones | Tiempo Total de Preparación: 35 minutos

INGREDIENTES

2 lb falda de ternera en cubos
16 oz chalotes picados
10 oz fondo de ternera
4 pimientos morrón picados
8 oz champiñones rebanados
2 zanahorias picadas

3 ½ cdas aceite de oliva
2 oz vino blanco
1 cdita ajo picado
1 cda harina
1 cdita tomillo
Sal y pimienta negra al gusto

ELABORACIÓN

Seleccionar Sauté y calentar el aceite. Agregar la carne cubierta de harina, dorar. Añadir los champiñones y pimiento morrón, cocinar 3 minutos. Añadir el chalote y ajo, cocinar 2 minutos. Vaciar el vino, fondo y tomillo. Colocar la tapa y asegurarla. Cocinar en Manual por 20 minutos en High. Una vez listo, realizar una liberación rápida. Servir.

Estofado de Ternera Bourguignon

6 raciones | Tiempo Total de Preparación: 37 minutos

INGREDIENTES

2 lb carne para estofado en cubos
1 taza caldo de ternera
1 taza vino tinto Burgundy
3 cdas aceite de oliva
Sal y pimienta negra al gusto
2 hojas de laurel
½ taza perejil picado

2 cdas maicena
1 cda tomate en pasta
2 tazas cebollas picada
1 taza champiñones rebanados
½ taza cebolla rebanada
1 cdita tomillo
1 cdita estragón

ELABORACIÓN

Seleccionar Sauté y calentar el aceite. Agregar la carne, cebolla baby, cebolla, champiñones, tomate en pasta y las hierbas, cocinar 5 minutos. Depositar el caldo, vino y hojas de laurel. Colocar la tapa y asegurarla. Cocinar en Manual por 15 minutos en High. Una vez listo, realizar una liberación natural de presión por 5 minutos, luego una liberación rápida. En un bol, mezclar la maicena con ¼ de taza de agua. Vaciar en la olla, cocinar 2 minutos en Sauté. Descartar la hoja de laurel y ajustar el sazón con sal y pimienta. Servir decorado con perejil.

Costillar de Res al BBQ-Chipotle

4 raciones | Tiempo Total de Preparación: 50 minutos

INGREDIENTES

3 lb costillar de res baby, en piezas individuales
2 cdas aceite de oliva
1 taza cerveza ale
Sal y pimienta negra al gusto

12 oz salsa BBQ
½ cdita cebolla en polvo
¼ cdita chipotle en polvo
¼ cdita ajo en polvo

ELABORACIÓN

Combinar todas las especias en un bol. Aplicar la mezcla sobre la carne. Seleccionar Sauté y calentar el aceite. Sellar la carne 3 minutos por lado. Colocar una rejilla y colocar las costillas por encima. Vaciar la cerveza sobre las costillas. Colocar la tapa y asegurarla. Cocinar en Manual por 35 minutos en High. Realizar una liberación rápida. Vaciar la salsa BBQ sobre las costillas. Hervir por 5 minutos en Sauté.

Spaghetti con Rosbif a la Italiana

6 raciones | Tiempo Total de Preparación: 50 minutos

INGREDIENTES

3 ½ lb rosbif
2 tazas de salsa para pasta de tomate y albahaca
½ taza vino tinto
Sal y pimienta negra al gusto
½ cdita sazonador de ajo y pimienta

1 cebolla rebanada
1 taza champiñones rebanados
16 oz spaghetti cocido
Perejil picado para decorar

ELABORACIÓN

En un recipiente, mezclar el sazonador california, pimienta negra y sal. Aplicar sobre todo el rosbif. Acomodar el rosbif dentro de la olla. Agregar los champiñones y cebolla. En un recipiente, mezclar el vino y la salsa de tomate. Vaciar la mezcla sobre la carne. Depositar una taza de agua. Colocar la tapa y asegurarla. Cocinar en Manual por 30 minutos en High. Una vez listo, realizar una liberación natural de presión por 10 minutos. Rebanar el rosbif y servir sobre una cama de pasta y bañado con los jugos. Decorar con perejil picado.

Rosbif a la Itlaliana con Vegetales

6 raciones | Tiempo Total de Preparación: 65 minutos

INGREDIENTES

1 cda sazonador italiano
2 zanahorais peladas y picadas
2 chirívias picadas
2 ½ lb rosbif
2 tazas fondo de verduras

2 cdas aceite de oliva
1 cebolla en dados
1 cdita ajo picado
Sal y pimienta negra al gusto

ELABORACIÓN

Seleccionar Sauté y calentar el aceite. Agregar la cebolla, cocinar 4 minutos. Añadir el ajo, cocinar un minuto más. Sazonar el rosbif con sal y pimienta. Acomodar encima de las cebollas. Verter el fondo. Colocar la tapa y asegurarla. Cocinar en Manual por 40 minutos en High. Una vez listo, realizar una liberación rápida. Incorporar las zanahorias y chirívia. Asegurar la tapa de nuevo. Cocinar en Manual por 10 minutos más en High. Realizar una liberación manual de presión.

Estofado de Ternera con Shiitake

4 raciones | Tiempo Total de Preparación: 64 minutos

INGREDIENTES

1 cda mejorana seca
1 ½ tazas caldo de res
1 cda pimentón
2 hojas de laurel
1 taza tomates picados
1 cebolla picada

1 lb carne para estofado en cubos
1 taza setas Shiitake rebanado
1 taza zanahorias baby picadas
½ taza harina
2 cdas aceite de oliva
Sal y pimienta negra al gusto

ELABORACIÓN

Seleccionar Sauté y calentar el aceite. Sazonar la carne con sal y pimienta y cubrirla de harina. Cocinar 3 minutos. Separar. Añadir la cebolla, zanahoria, tomates y champiñones, cocinar 5-6 minutos. Incorporar la paprika, hojas de laurel, mejorana, sal y pimienta. Vaciar el caldo y regresar la carne. Colocar la tapa y asegurarla. Cocinar en Manual por 25 minutos en High. Una vez listo, realizar una liberación natural de presión por 10 minutos. Ajustar el sazón. Servir caliente.

Paprikash Húngaro

6 raciones | Tiempo Total de Preparación: 67 minutos

INGREDIENTES

3 lb carne para estofado en cubos
2 tazas cebolla morada picada
3 cdas aceite de oliva
1 taza crema agria
1 cda Cebollino picado
3 cdas tomate en pasta
1 cda pimentón dulce
2 hojas de laurel
3 cdas sazonador old bay
3 pimientos morrón rojo cortado
Sal y pimienta negra al gusto

ELABORACIÓN

Seleccionar Sauté y calentar el aceite. Agregar la cebolla, pimiento morrón y la carne, cocinar 4-5 minutos. Añadir el pimentón, tomate en pasta y sazonador Old Bay, Depositar 1 taza de agua y las hojas de laurel. Colocar la tapa y asegurarla. Cocinar en Manual por 25 minutos en High. Una vez listo, realizar una liberación natural de presión por 10 minutos. Descartar el laurel y ajustar el sazón con sal y pimienta. Incorporar la crema, cocinar en Sauté 2 minutos. Servir caliente.

Rosbif Caribeño

4 raciones | Tiempo Total de Preparación: 60 minutos

INGREDIENTES

2 lb rosbif
½ cdita cúrcuma
1 cdita romero
2 pimientos morrón
1 cdita jengibre rallado
4 clavos entero
1 cdita salvia seca
1 cdita ajo en polvo
1 cda aceite de oliva
Sal y pimienta negra al gusto

ELABORACIÓN

Aplicar aceite de oliva sobre el rosbif. En un recipiente, mezclar la cúrcuma, ajo, pimientos morrón, romero, salvia y jengibre. Aplicar la mezcla sobre el rosbif. Colocar los dientes de ajo dentro de la carne. Acomodar la carne dentro de la olla y depositar 1 taza de agua alrededor. Colocar la tapa y asegurarla. Cocinar en Manual por 50 minutos en High. Una vez listo, realizar una liberación rápida. Desmenuzar y servir.

Rabo de Toro con Gravy

3 raciones | Tiempo Total de Preparación: 1 hora y 15 minutos

INGREDIENTES

2 lb rabo de toro con hueso
2 tazas caldo de ternera
1 diente de ajo picado
1 cdita cebolla en polvo
3 cdas tomate en pasta
1 cda salsa de pescado
2 cdas salsa de soya
1/3 taza mantequilla derretida
Sal y pimienta negra al gusto
1cdita tomillo
½ cdita jengibre molido
½ cda maicena

ELABORACIÓN

Mezclar el caldo con salsa de soya, mantequilla, tomate en pasta y salsa de pescado. Agregar la mezcla junto con el rabo de toro a la olla. Incorporar el ajo, cebolla, tomillo, sal y pimienta. Colocar la tapa y asegurarla. Cocinar en Manual por 40 minutos en High. Una vez listo, realizar una liberación natural de presión. Retirar el rabo a un plato y añadir la maicena a la olla. Cocinar hasta formar el gravy. Bañar el rabo con el gravy y servir.

Estofado de Ternera con Quinoa

6 raciones | Tiempo Total de Preparación: 62 minutos

INGREDIENTES

1 taza champiñones por la mitad
3 cdas aceite de oliva
1 ½ tazas cebolla picada
1 lata (14 ½-oz) tomates
2 cdas tomate en pasta
1 taza caldo de ternera
2 lb carne de ternera en cubos
Sal y pimienta negra al gusto

4 tazas quinoa cocida
2 hojas de laurel
½ taza crema agria
2 cdas maicena
½ cdita semillas de hinojo
2 cdas pimentón
2 dientes de ajo picado

ELABORACIÓN

Seleccionar Sauté y calentar el aceite. Sazonar la carne con sal y pimienta, dorar por 6-7 minutos en ambos lados. Separar. Agregar el ajo, pimentón, semillas de hinojo, tomates, champiñones, cebollas, tomate en paste, cocinar 5 minutos. Verter el caldo. Colocar la tapa y asegurarla. Cocinar en Manual por 20 minutos en High. Una vez listo, realizar una liberación natural de presión por 10 minutos. Descartar las hojas de laurel. Incorporar la maicena, crema, sal y pimienta al gusto. Servir caliente sobre fideos.

Arrachera con Bok Choy

8 raciones | Tiempo Total de Preparación: 50 minutos

INGREDIENTES

1 lb arrachera rebanada
2 cebollas moradas rebanadas
1 lb calabaza de castilla en dados
½ jalapeño rebanado
2 pimientos morrón rebanados

1 col china bok choy picada
3 dientes de ajo picados
2 zanahorias en dados
1 lata (6-oz) puré de tomate
Sal y pimienta negra al gusto

ELABORACIÓN

Colocar la arrachera en la olla. Seleccionar Sauté, dorar por 7-8 minutos ambos lados. Separar. Agregar los vegetales en el fondo de la olla. Añadir la carne. En un recipiente combinar los ingredientes restantes. Vaciar sobre la carne. Depositar 2 tazas de agua. Colocar la tapa y asegurarla. Cocinar en Manual por 30 minutos en High. Realizar una liberación rápida y servir.

Bisteck a la Griega

4 raciones | Tiempo Total de Preparación: 36 minutos

INGREDIENTES

4 bisteces sin hueso
1 lata (10.5-oz) gravy de ternera
1 lata (14-oz) sopa de pollo
1 cebolla en aros

2 cdas aceite de oliva
2 cditas sazonador griego
Sal y pimienta negra al gusto

ELABORACIÓN

En un bol, mezclar el gravy con la sopa de pollo. Separar. Macerar la carne con un mazo. Aplicar el sazonador griego por ambos lados de la carne. Seleccionar Sauté y calentar el aceite. Agregar la cebolla, sofreir 3 minutes. Añadir la carne, sellar por 6-8 minutos hasta dorar. Vaciar el gravy sobre la carne. Colocar la tapa y asegurarla. Cocinar en Manual por 15 minutos en High. Una vez listo, realizar una liberación rápida. Servir.

Estofado de Carne con Apio y Tomillo

4 raciones | Tiempo Total de Preparación: 45 minutos

INGREDIENTES

1 lb carne para estofado en cubos
2 dientes de ajo picado
¼ taza harina de trigo
2 cdas aceite de oliva
4 tazas caldo de ternera
3 ramas de apio picado

Sal y pimienta negra al gusto
3 zanahorias picada
1 cebolla amarilla picada
1 hoja de laurel
3 ramas de tomillo fresco
Cebolletas picadas

ELABORACIÓN

Seleccionar Sauté y calentar el aceite. Agregar la carne, cocinar 5 minutos. Incorporar los ingredientes restantes. Colocar la tapa y asegurarla. Cocinar en Manual por 15 minutos en High. Una vez listo, realizar una liberación natural de presión por 10 minutos. Servir caliente decorado con cebolletas picadas.

Stroganoff Tradicional

5 raciones | Tiempo Total de Preparación: 47 minutos

INGREDIENTES

2 lb carne para estofado en cubos
3 cdas aceite de oliva
1 taza champiñones por la mitad
1 taza crema agria
½ taza cebolla picada
2 cdas salsa Maggi

2 cditas tomillo seco
2 cditas albahaca seca
2 cditas romero seco
2 cditas perejil seco
Sal y pimienta negra al gusto
Cebollino picado

ELABORACIÓN

Seleccionar Sauté y calentar el aceite. Agregar la carne, champiñones y cebolla, cocinar 5-6 minutos. Mezclar las hierbas secas y el Maggi en 1 taza de agua. Vaciar la mezcla sobre la carne. Colocar la tapa y asegurarla. Cocinar en Manual por 15 minutos en High. Una vez listo, realizar una liberación rápida. Incorporar la cre,a, cocinar 2 minutos en Sauté. Ajustar el sazón con sal y pimienta. Servir caliente decorado con cebollino.

Sauerbraten Alemán

5 raciones | Tiempo Total de Preparación: 70 minutos

INGREDIENTES

3 lb cuete sin hueso
1 cebolla rebanada
1 taza vino tinto seco
Sal y pimienta negra al gusto
2 hojas de laurel

2 cdas maicena
2/3 taza galletas de jengibre trituradas
2/3 taza crema agria
12 peperoncinos enteros
2 cdas pepinillos

ELABORACIÓN

Seleccionar Sauté, vaciar 2 tazas de agua, vino, todos los sazonadores, cebolla y sal. Cocinar hasta hervir. Verter la mezcla sobre la carne y refrigerar al menos un día. Agregar todos los ingredientes excepto las galletas de jengibre, maicena y crema. Colocar la tapa y asegurarla. Cocinar en Manual por 40 minutos en High. Una vez listo, realizar una liberación natural de presión por 10 minutos. Transferir la carne a un plato. Incorporar las galletas, maicena y crema a la olla, cocinar en Sauté por unos minutos. Servir caliente.

Borsch al estilo Europeo

6 raciones | Tiempo Total de Preparación: 46 minutos

INGREDIENTES

1 lb salchichas ahumadas rebanadas
3 cdas mantequilla
1 lb carne para estofado en cubos
2 tazas col rallada
2 tazas remolacha rallada
2 tazas patatas picadas
1 taza yogurt Griego
6 tazas agua
2 cditas eneldo picado
Sal y pimienta negra al gusto
2 cdas vinagre de vino tinto
1 zanahoria rallada
1 cebolla rebanada

ELABORACIÓN

Seleccionar Sauté y derretir la mantequilla. Agregar la salchicha, carne, col, remolacha, patatas, zanahorias y cebolla, cocinar 5-6 minutos. Depositar el agua y vinagre de vino. Colocar la tapa y asegurarla. Cocinar en Manual por 15 minutos en High. Una vez listo, realizar una liberación rápida. Sazonar con sal y pimienta al gusto. Servir caliente con una cucharada de yogurt y eneldo.

Fettuccine con Rosbif

6 raciones | Tiempo Total de Preparación: 1 hora y 20 minutos

INGREDIENTES

3 lb rosbif
3 cdas aceite de oliva
Sal y pimienta negra al gusto
½ taza Pecorino Romano rallado
1 cda maicena
½ taza chicharos congelados
2 cdas agua
1 taza cebolla rebanada
1 lb fettuccine cocido
1 taza caldo de ternera

ELABORACIÓN

Seleccionar Sauté y calentar el aceite. Sazonar la carne con sal y pimienta, dorar 7 minutos. Agregar la cebolla, cocinar 3 minutos. Verter el caldo. Sellar la tapa. Cocinar en Manual por 40 minutos en High. Una vez listo, realizar liberación natural de presión por 10 minutos.

Transferir la carne a un plato y cubrir con aluminio. Agregar chicharos, cocinar 5 minutos en Sauté. En un bol, mezclar la maicena con agua. Vaciar en la olla, cocinar 2 minutos. Incorporar el queso Romano y sazonar con sal y pimienta. Mezclar el fettuccine. Servir caliente con rebanadas de carne.

Estofado de Ternera al Curry con Chicharos

5 raciones | Tiempo Total de Preparación: 38 minutos

INGREDIENTES

2 lb carne de ternera para estofado en cubos
3 cdas aceite de oliva
1 cebolla picada
1 ½ cdita curry en polvo
2 tazas caldo de verduras
2 hojas de laurel
Sal y pimienta negra al gusto
10 oz chicharos congelados
1 tomate picado
Perejil picado

ELABORACIÓN

Seleccionar Sauté y calentar el aceite. Sazonar la carne con sal y pimienta, dorar 5-6 minutos. Agregar la cebolla, curry en polvo, hojas de laurel, tomate, cocinar 3 minutos. Depositar el caldo. Colocar la tapa y asegurarla. Cocinar en Manual por 15 minutos en High. Realizar liberación rápida. Descartar las hojas de laurel. Incorporar los chicharos y el perejil. Cocinar 4 minutos en Sauté.

One-Pot Cazuela

6 raciones | Tiempo Total de Preparación: 53 minutos

INGREDIENTES

3 lb filete de aguja
3 cdas aceite de oliva
½ taza vino tinto seco
½ col rebanada
1 lb zanahoria finamente rebanada

8 patatas rojas sin pelar
2 cebollas rebanadas
1 oz sopa de cebolla en polvo
Sal y pimienta negra al gusto
1 taza caldo de ternera

ELABORACIÓN

Seleccionar Sauté y calentar el aceite. Sazonar el filete con sal y pimienta, dorar 6-7 minutos ambos lados. Separar. Agregar la cebolla, cocinar 3 minutos. Regresar el filete y espolvorear la sopa de cebolla. Añadir las zanahorias, patatas y col alrededor de los filetes. Depositar el vino y una taza de agua. Colocar la tapa y asegurarla. Cocinar en Manual por 20 minutos en High. Una vez listo, realizar una liberación natural de presión por 10 minutos. Servir bañado con el gravy.

Sopa de Ternera con Pancetta y Apio

6 raciones | Tiempo Total de Preparación: 45 minutos

INGREDIENTES

5 tazas caldo de ternera
1 cdita hojas secas de tomillo
½ taza zanahorias rebanadas
½ taza apio rebanado
½ taza cebolla rebanada
1 diente de ajo picado
4 tazas patatas en cubos

1 lata (14-oz) salsa de tomate
1 lb carne de ternera para estofado en cubos
6 rebanadas de panceta picadas
Sal y pimienta negra al gusto
2 hojas de laurel
2 cdas perejil picado

ELABORACIÓN

Seleccionar Sauté y cocinar la pancetta 5 minutos hasta quedar crujiente. Separar. Agregar la carne, tomillo, zanahorias, apio, cebolla, ajo, sal y pimienta, cocinar 5 minutos. Verter el caldo, patatas, salsa de tomate y hojas de laurel. Colocar la tapa y asegurarla. Cocinar en Manual por 15 minutos en High. Una vez listo, realizar una liberación rápida. Descartar el laurel. Servir caliente. decorado con perejil y pancetta.

Tinga de Ternera con Chipotle

6 raciones | Tiempo Total de Preparación: 69 minutos

INGREDIENTES

1 lata (14-oz) tomates
2 cdas aceite de oliva
2 lb aguja de ternera
1 taza salsa chipotle
1 cda miel
3 dientes de ajo picado

2 cdas chile en polvo
3 jalapeños picados
Sal y pimienta negra al gusto
2 tazas caldo de ternera
1 cdita comino molido

ELABORACIÓN

Aplicar sobre la carne el chile en polvo, comino, sal y pimienta. Seleccionar Sauté y calentar el aceite. Sellar la carne por 6-7 minutos ambos lados. Incorporar los ingredientes restantes. Colocar la tapa y asegurarla. Cocinar en Manual por 40 minutos en High. Una vez listo, realizar una liberación rápida. Retirar la carne y desmenuzarla. Regresarla a la olla y servir.

Cazuela Marroquí de Ternera

6 raciones | Tiempo Total de Preparación: 1 hora y 21 minutos

INGREDIENTES

2 lb calabaza de castilla en cubos
2 tazas puerros rebanados
1 lb naba en cubos
2 cdas melaza de granada
1 hoja de laurel
4 ramas de tomillo fresco
2 lb carne de ternera
3 dientes de ajo picado
1 cda aceite de oliva
Cilantro picado para decorar

ELABORACIÓN

En un bol, mezclar el ajo, aceite y melaza de granada. Aplicar la mezcla sobre la carne. Seleccionar Sauté y calentar el aceite de oliva. Agregar la carne, cocinar 5-6 minutos ambos lados. Verter el caldo, vinagre de vino, patatas y hojas de laurel. Añadir la calabaza de castilla, remolacha, 1 taza de agua, tomillo y puerro. Colocar la tapa y asegurarla. Cocinar en Manual por 40 minutos en High. Una vez listo, realizar una liberación natural de presión por 10 minutos. Retirar la carne y permitir reposar 10 minutos antes de cortar. Servir caliente con la mezcla de calabaza y cilantro picado.

Estofado Cremoso de Ternera con Calabacín

4 raciones | Tiempo Total de Preparación: 65 minutos

INGREDIENTES

1 lb bistec rebanado
1 diente de ajo picado
2 cdas aceite de oliva
1 taza suero de mantequilla
2 cdas maicena
3 chalotes picados
2 calabacines rebanados
2 patatas picadas
1 cebolla picada
2 tazas caldo de verduras
Sal y pimienta negra al gusto

ELABORACIÓN

Seleccionar Sauté y calentar el aceite. Agregar la carne, chalote, ajo, patatas, cebolla, sal y pimienta, cocinar 5-6 minutos. Verter el caldo. Colocar la tapa y asegurarla. Cocinar en Manual por 20 minutos en High. Una vez listo, realizar una liberación natural de presión. Incorporar el calabacín, cocinar 4-5 minutos en Sauté. En un bol, mezclar el suero de mantequilla con la maicena. Vaciar la mezcla en la olla, cocinar por un minuto. Servir caliente.

Rosbif en Salsa de Maracuyá

8 raciones | Tiempo Total de Preparación: 60 minutos

INGREDIENTES

3-4 lb rosbif
1 cebolla pelada y en cuartos
3 ½ cdas maicena
1 ½ tazas jugo de maracuyá
1 taza caldo de ternera
2 dientes de ajo picado
1 cdita romero
2 cdas aceite de oliva
Sal y pimienta negra al gusto

ELABORACIÓN

Sazonar el rosbif con sal, romero y pimienta. Seleccionar Sauté y calentar el aceite. Dorar 5-6 minutos por lado. Separar en un plato. Agregar la cebolla y ajo, cocinar 2 minutos. Verter el caldo y rascar el fondo. Regresar el rosbif. Colocar la tapa y asegurarla. Cocinar en Manual por 45 minutos en High. Realizar una liberación rápida, retirar el rosbif a un plato. Mezclar la maicena con 4 cdas de agua. Vaciar en la olla. Hervir hasta espesar. Rebanar el rosbif y bañar con el gravy.

Cazuela de Ternera al Coco con Col Rizada

5 raciones | Tiempo Total de Preparación: 35 minutos

INGREDIENTES

1 taza zanahorias picada
1 cdita tomillo
1 ½ lb ternera en cubos
1 cdita romero
½ taza harina de coco
1 taza crema de coco
2 tazas tomates
1 taza fondo de pollo
1 naba picada

4 tazas col rizada picada
1 taza chile rojo picado
¼ cdita nuez moscada
1 cda jarabe de maple
2 cditas ajo picado
2 cditas pimentón
2 cdas tomate en pasta
1 cda aceite de oliva
1 taza cebolla en dados

ELABORACIÓN

Seleccionar Sauté y calentar el aceite. Agregar las especias, cebolla, tomate en pasta, ajo y carne, cocinar 5 minutos. Incorporar la harina de coco. Mezclar los ingredientes restantes. Colocar la tapa y asegurarla. Cocinar en Manual por 20 minutos en High. Realizar una liberación rápida.

Sopa de Ternera Checa

5 raciones | Tiempo Total de Preparación: 46 minutos

INGREDIENTES

1 lb ternera para estofado en cubos
1 cdita hojas de tomillo seco
2 hojas de laurel
1 zanahoria picada
½ chirívia picada
1 cebolla rebanada
½ col rallada

1 remolacha rallada
1 lata (14-oz) tomates en dados
5 tazas caldo de verduras
Sal y pimienta negra al gusto
3 cdas vinagre de vino tinto
1 taza crema entera

ELABORACIÓN

Seleccionar Sauté y calentar el aceite. Agregar carne, tomillo, zanahoria, cebolla, col, remolacha y tomates, cocinar 5-6 minutos. Verter el caldo y las hojas de laurel. Sellar la tapa. Cocinar en Manual por 15 minutos en High. Una vez listo, realizar una liberación rápida. Incorporar el vinagre de vino y descartar el laurel. Ajustar la sazón. Servir caliente con una cucharada de crema por encima.

Curry de Ternera con Tomate

4 raciones | Tiempo Total de Preparación: 48 minutos

INGREDIENTES

1 lb carnede ternera para estofado
2 cdas aceite de oliva
4 tazas caldo de ternera
1 cebolla picada
1 lata (14.5-oz) tomates

1 cdita jengibre picado
1 jalapeño picado
1 cda curry en polvo
Sal y pimienta negra al gusto

ELABORACIÓN

Seleccionar Sauté y calentar el aceite. Sazonar la carne con sal y pimienta. Dorar por 5 minutos ambos lados. Separar. Saltear el curry, jalapeño, cebolla, ajo, y jengibre por 3 minutos. Incorporar los tomates y el caldo. Colocar la tapa y asegurarla. Cocinar en Manual por 20 minutos en High. Una vez listo, realizar una liberación rápida. Servir caliente.

Jugoso Asado de Tira

4 raciones | Tiempo Total de Preparación: 80 minutos

INGREDIENTES

2 lb asado de tira en piezas
Sal y pimienta negra al gusto
½ cebolla picada
½ taza vino tinto

3 cdas aceite
½ cda puré de tomate
2 zanahorias rebanadas

ELABORACIÓN

Aplicar sal y pimienta sobre las costillas. Seleccionar Sauté y calentar la carne. Dorar las costillas 3-5 minutos por lado. Separar en un plato. Agregar cebolla, cocinar 3 minutos. Verter el vino y el puré de tomate y rascar el fondo de la olla para remover los trozos marrones. Cocinar 2 minutos hasta que el vino se reduzca. Regresar las costillas y añadir zanahorias, ajo, perejil, romero y oregano. Verter el caldo sobre las costillas y vegetales. Colocar la tapa y asegurarla. Cocinar en Manual por 35 minutos en High. Realizar liberación natural de presión por 10 minutos. Retirar las costillas a un plato y descartar los vegetales y hierbas. Incorporar los champiñones y cocinar 4 minutos en Sauté. En un bol, combinar la maicena con agua. Vaciar la mezcla en la olla, cocinar 2 minutos hasta espesar. Bañar las costillas con el gravy y decorar con perejil para servir.

Pastel de Carne con Queso

4 raciones | Tiempo Total de Preparación: 20 minutos

INGREDIENTES

1 paquete tortillas de maíz
1 paquete de sazonador para tacos
1 lb carne picada de ternera

12 oz queso Colby
¼ taza frijoles refritos
Sal y pimienta negra al gusto

ELABORACIÓN

Aplicar el sazonador sobre la carne. Depositar una taza de agua en IP y colocar el trivet. Colocar 1 tortilla en el fondo de un molde. Acomodar el molde en el trivet. Añadir frijoles, carne y queso. Cubrir con otra tortilla. Repetir las capas hasta que se terminen los ingredientes, finalizando con tortilla. Sellar la tapa. Cocinar en Manual por 12 minutos en High. Realizar liberación rápida. Servir.

Sopa Húngara de Haba

5 raciones | Tiempo Total de Preparación: 46 minutos

INGREDIENTES

1 lb bistec en cubos
3 cdas aceite de oliva
5 tazas caldo de ternera
1 taza pimientos morrón rebanados
1 taza zanahorias picada
3 tazas col rebanada
1 taza cebollas picada

Sal y pimienta negra al gusto
½ taza crema agria
1 cdita hojas de tomillo seco
2 cditas alcaravia aplastada
1 cda ajo picado
1 cda pimentón
1 lata (14-oz) habas

ELABORACIÓN

Seleccionar Sauté y calentar el aceite. Agregar la carne, cebolla, pimentón, ajo, semillas de alcarabia, tomillo, zanahorias, col, pimientos morrón, sal y pimienta, cocinar 5-6 minutos. Verter el caldo y las habas. Colocar la tapa y asegurarla. Cocinar en Manual por 15 minutos en High. Una vez listo, realizar una liberación rápida. Servir caliente con una cucharada de crema por encima.

Estofado con Camote y Nabo

5 raciones | Tiempo Total de Preparación: 38 minutos

INGREDIENTES

1 ½ lb carne para estofado en cubos
2 dientes de ajo picado
2 cdas aceite de oliva
1 tomate picado
2 camotes en cubos
1 taza nabo picado
2 ramas de apio picado
1 cda vinagre de vino tinto
2 tazas caldo de verduras

1 cdita tomillo
1 cdita romero
Sal y pimienta negra al gusto
1 cebolla amarilla picada
2 hojas de laurel
1 zanahoria rebanada
2 cdas harina
2 cdas perejil picado

ELABORACIÓN

Seleccionar Sauté y calentar el aceite. Agregar la carne, ajo, tomate, apio, cebolla, zanahoria, tomillo, romero, sal y pimienta, cocinar 5-6 minutos. Verter el caldo, vinagre de vino, camote, y hojas de laurel. Colocar la tapa y asegurarla. Cocinar en Manual por 20 minutos en High. Una vez listo, realizar una liberación rápida. En un bol, mezclar la harina con 2 cdas de agua. Vaciar en la olla, cocinar 2 minutos en Sauté. Servir caliente.

Estofado con Puré de Calabaza

4 raciones | Tiempo Total de Preparación: 40 minutos

INGREDIENTES

5 oz puré de calabaza
3 cdas aceite de oliva
2 zanahorias picada
½ cdita tomillo
1 diente de ajo picado
1 chirívia picada
1 lb carne para estofado en cubos
1 ½ tazas ejotes

1 taza champiñones rebanados
3 tazas fondo de ternera
Sal y pimienta negra al gusto
1 cebolla rebanada
1 nabo en cubos
½ cdita ajo en polvo
Perejil picado para decorar

ELABORACIÓN

Seleccionar Sauté y calentar el aceite. Agregar cebolla, zanahorias, chirívia, champiñones, nabo, carne y ajo, cocinar 5 minutos. Incorporar los ingredientes faltantes. Sellar la tapa. Cocinar en Manual por 20 minutos en High. Realizar una liberación rápida. Servir decorado con perejil picado.

Bisteck Estilo Asiático

4 raciones | Tiempo Total de Preparación: 45 minutos

INGREDIENTES

2 lb bisteck de cuete
2 cdas aceite de oliva
2 dientes de ajo picado
1 taza zanahorias ralladas

1 taza agua
2/3 taza salsa de soya
2 cdas harina
¾ taza salsa Teriyaki

ELABORACIÓN

Cubrir la carne con harina. Dorar en aceite caliente en Sauté. Añadir los ingredientes restantes. Colocar la tapa y asegurarla. Cocinar en Manual por 15 minutos en High. Una vez listo, realizar una liberación natural de presión por 10 minutos. Servir caliente.

Ternera con Bok Choy

4 raciones | Tiempo Total de Preparación: 70 minutos

INGREDIENTES

2 lb pecho de ternera
6 patatas rojas picadas
1 taza cebollín picado
4 hojas de laurel
2 cdas aceite de oliva
2 tazas zanahorias picada
3 cdas ajo picado

3 cdas salsa inglesa
2 apios picados
2 coles chinas bok choy picadas
Sal y pimienta negra al gusto
1 cda salsa Demi-Glace
1 taza caldo de verduras

ELABORACIÓN

Sazonar la carne con pimienta. Seleccionar Sauté y calentar 1 cda de aceite. Agregar el cebollín, saltear hasta caramelizar. Colocar en un recipiente. Calentar el aceite restante, agregar la carne y cocinar hasta dorar. Vaciar el caldo y salsa inglesa sobre la carne. Colocar la tapa y asegurarla. Cocinar en Manual por 45 minutos en High. Una vez listo, realizar una liberación rápida.

Agregar los vegetales y las hojas de laurel. Asegurar la tapa de nuevo. Cocinar en Manual por 12 minutos en High. Realizar una liberación rápida. Descartar el laurel. Incorporar la salsa demi-glace, hervir por 5 minutos hasta espesar. Rebanar el pecho y bañar con el gravy para servir.

Estofado de Ternera con Arroz y Espinacas

4 raciones | Tiempo Total de Preparación: 25 minutos

INGREDIENTES

1 lb espinaca cortada
1 lb salchicha de ternera rebanada
2 dientes de ajo picado
1 ½ tazas tomates en lata
1 taza arroz cocido

1 taza cebolla picada
Sal y pimienta negra al gusto
½ taza perejil picado
1 taza caldo de ternera

ELABORACIÓN

En un bol, mezclar la espinaca con las semillas de hinojo, Colocar la mitad de la mezcla al fondo de la olla. En otro bol, mezclar el arroz, salchichas, perejil, cebolla, ajo, sal y pimienta. Colocar la mitad de la mezcla en la olla. Añadir otra capa de espinaca encima y finalizar con el resto de la carne. En otro bol, mezclar los tomates, vinagre y caldo. Verter sobre la carne. Colocar la tapa y asegurarla. Cocinar en Manual por 15 minutos en High. Una vez listo, realizar una liberación rápida. Servir en porciones individuales.

Lomo de Ternera con Verduras Glaseadas

6 raciones | Tiempo Total de Preparación: 60 minutos

INGREDIENTES

2 lb lomo de ternera sin hueso
½ lb zanahorias picada
2 lb patatas rojas picadas
1 lata (14.5-oz) caldo de ternera
4 dientes de ajo picado
3 cditas aceite de oliva
½ lb apio picado
2 pimientos morrón rebanados

1 taza puré de tomate
2 cebollas dulces picadas
¼ taza vino blanco seco
5 cditas harina
½ cdita albahaca seca
2 ramas de salvia seca
Sal y pimienta negra al gusto

ELABORACIÓN

Seleccionar Sauté y calentar aceite. Dorar la carne 4 minutos. Agregar la cebolla y ajo, saltear 3 minutos. Incorporar el resto de los ingredientes, excepto harina. Depositar 1 ½ tazas de agua. Sellar la tapa. Cocinar en Manual por 40 minutos en High. Realizar liberación rápida. Mezclar harina con 1 cda de agua. Vaciar en la olla y hervir por 5 minutos en Sauté.

Cordero en Salsa de Tomate y Menta

4 raciones | Tiempo Total de Preparación: 45 minutos

INGREDIENTES

1 lb chuletas de cordero
Sal y pimienta negra al gusto
1 taza tomates picados
4 tazas cebolletas picadas
2 dientes de ajo picado

2 tazas fondo de pollo
1 cdita pimentón
2 cdas menta picada
2 cdas perejil picado
3 cdas aceite de oliva

ELABORACIÓN

Seleccionar Sauté y calentar el aceite. Agregar la cebolleta y ajo, cocinar 4 minutos. Añadir las chuletas, cocinar 6 minutos ambos lados. Sazonar con sal, pimienta y pimentón. Verter el fondo, tomates y menta. Colocar la tapa y asegurarla. Cocinar en Manual por 15 minutos en High. Una vez listo, realizar una liberación rápida. Servir en porciones individuales decorado con perejil.

Cordero a las Finas Hierbas con Vegetales

4 raciones | Tiempo Total de Preparación: 45 minutos

INGREDIENTES

1 lb cordero en cubos
3 patatas picadas
1 taza zanahorias picada
½ taza nabos picados
2 tazas salsa de tomate
1 cebolla en dados

2 dientes de ajo picado
½ taza caldo de verduras
Sal y pimienta negra al gusto
1 cda aceite de canola
1 cda cilantro
1 cdita menta

ELABORACIÓN

Seleccionar Sauté y calentar el aceite. Dorar el cordero. Añadir la cebolla y ajo, cocinar 3 minutos. Incorporar los ingredientes restantes. Colocar la tapa y asegurarla. Cocinar en Manual por 25 minutos en High. Una vez listo, realizar una liberación natural de presión por 5-10 minutos. Servir.

Caldo de Cordero con Fideos

4 raciones | Tiempo Total de Preparación: 50 minutos

INGREDIENTES

1 lb garretas de cordero
2 cdas aceite de oliva
1 zanahoria picada
2 dientes de ajo picados

4 tazas caldo de pollo
Sal y pimienta negra al gusto
¼ taza fideos finos
1 cebolla picada

ELABORACIÓN

Seleccionar Sauté y calentar aceite. Sofreír zanahoria, ajo, cebolla, carne, sal y pimienta 5 minutos. Agrregar caldo. Colocar la tapa y asegurarla. Cocinar en Manual por 35 minutos en High. Realizar liberación rápida. Anadir fideos y cocinar 5 minutes en Sauté. Servir caliente.

Cordero al Vino Blanco

4 raciones | Tiempo Total de Preparación: 50 minutos

INGREDIENTES

2 lb chuletas de cordero
1 cda aceite de oliva
½ taza vino blanco dulce
1 cda puré de tomate
1 zanahoria picada
10 dientes de ajo enteros y pelados

½ taza caldo de pollo
1 cdita vinagre balsámico
1 cdita oregano
½ cdita romero
1 cda mantequilla
Sal y pimienta negra al gusto

ELABORACIÓN

Sazonar cordero con sal y pimienta. Calentar el aceite en Sauté, dorar las chuletas por 2-3 minutos. Incorporar los ingredientes faltantes excepto la mantequilla y el vinagre. Sellar la tapa. Cocinar en Manual por 35 minutos en High. Realizar liberación rápida. Retirar las chuletas, y dejar espesar la salsa por 5 minutos en Sauté. Mezclar el vinagre y la mantequilla. Servir las chuletas con el gravy.

Pierna de Cordero Rostizada a las Hierbas

4 raciones | Tiempo Total de Preparación: 70 minutos

INGREDIENTES

6 lb pierna de cordero
1 cdita salvia seca
1 cdita mejorana seca
1 hoja de laurel, triturada
3 dientes de ajo picado

4 tazas nabo en trozos
2 cdas aceite de oliva
3 cdas tapioca en polvo
2 tazas caldo de pollo
Sal y pimienta negra al gusto

ELABORACIÓN

Combinar las hierbas con sal y pimienta. Aplicar la mezcla sobre la carne. Seleccionar Sauté y derretir la mantequilla. Dorar la carne 3-4 minutos. Verter el caldo. Sellar la tapa. Cocinar en Manual por 45 minutos en High. Realizar liberación rápida. Agregar el nabo. Asegurar la tapa de nuevo y cocinar en Manual por 10 minutos en High. Una vez listo, esperar 5 minutos antes de realizar una liberación manual. Colocar la carne y el nabo en un plato. Combinar ½ taza de agua con la tapioca. Vaciar la mezcla en la olla. Bañar la carne y el nabo con el gravy para servir.

Ragú de Cordero y Champiñones

4 raciones | Tiempo Total de Preparación: 45 minutos

INGREDIENTES

2 lb cordero con hueso
2 cdas mantequilla
4 tomates picados
2 cdas puré de tomate
1 taza champiñones rebanados
2 dientes de ajo picado

1 cebolla amarilla picada
2 zanahorias rebanadas
1 cdita romero
Sal y pimienta negra al gusto
Hojas de menta picadas

ELABORACIÓN

Sazonar el cordero con sal y pimienta. Seleccionar Sauté y derretir la mantequilla. Dorar por 10 minutos ambos lados. Agregar los tomates, puré de tomate, champiñones, ajo, cebolla, zanahoria y romero. Cubrir con agua. Colocar la tapa y asegurarla. Cocinar en Manual por 45 minutos en High. Una vez listo, realizar una liberación natural de presión por 10 minutos. Retirar los huesos del cordero y desmenuzar. Regresar el cordero y mezclar. Servir decorado con menta picada.

Cordero Cacciatore

4 raciones | Tiempo Total de Preparación: 45 minutos

INGREDIENTES

1 lb chuletas de cordero
Sal y pimienta negra al gusto
3 cdas aceite de oliva
¼ pimiento morrón rojo rebanado
1 cebolla picada
2 tazas champiñones rebanados
2 dientes de ajo picado

1 taza vino blanco seco
2 latas (14-oz) tomates
1 taza fondo de pollo
2 cdas aceitunas negras sin hueso
1 taza espinaca picada
½ cdita oregano seco

ELABORACIÓN

Sazonar las chuletas con sal y pimienta. Seleccionar Sauté y calentar el aceite. Cocinar las chuletas por 8 minutos. Separar. Agregar el pimiento morrón, cebolla y champiñones, cocinar 7 minutos. Incorporar el vino y ajo, cocinar 2 minutos. Mezclar los tomates, fondo, aceitunas, espinaca, oregano y las chuletas con los jugos. Colocar la tapa y asegurarla. Cocinar en Manual por 30 minutos en High. Una vez listo, realizar una liberación natural de presión por 10 minutos. Servir.

Chuletas de Cordero Asadas con Tomillo

4 raciones | Tiempo Total de Preparación: 55 minutos

INGREDIENTES

4 chuletas de cordero
3 zanahorias rebanadas
2 tazas tomate en trozos de lata
1 cda tomillo
 diente de ajo aplastado
1 cda oregano fresco picado

¼ taza + 4 cditas harina
8 cditas aceite de oliva
1 cebolla picada
¾ taza vino tinto
¼ taza caldo de ternera
Sal y pimienta negra al gusto

ELABORACIÓN

En una bolsa de plástico, colocar las chuletas con ¼ taza de harina. Agitar para incorporar en las chuletas. Descartar el exceso de harina. Seleccionar Sauté y calentar 4 cdas de aceite. Dorar las chuletas por ambos lados. Separar en un plato. Agregar el aceite restante y saltear las cebollas, ajo y zanahorias por 4 minutos. Incorporar los tomates, vino, caldo, tomillo y orégano, Regresar las chuletas a la olla. Colocar la tapa y asegurarla. Cocinar en Manual por 40 minutos en High. Una vez listo, realizar una liberación rápida. Combinar la harina restante con 8 cdas de agua. Vaciar la mezcla dentro de la olla, cocinar sin tapa hasta espesar en Sauté. Servir de inmediato.

Estofado de Cordero con Patatas

4 raciones | Tiempo Total de Preparación: 50 minutos

INGREDIENTES

1 lb cordero troceado
2 cdas aceite de oliva
1 taza apio picado
2 dientes de ajo picados

2 tazas caldo de pollo
Sal y pimienta negra al gusto
2 lb patats pelada y troceadas
1 cebolla picada

ELABORACIÓN

Seleccionar Sauté y calentar aceite. Sofreír apio, ajo, cebolla, carne, sal y pimienta, 5 minutos. Agregar caldo y patatas. Colocar la tapa y asegurarla. Cocinar en Manual por 20 minutos en High. Realizar liberación rápida. Servir caliente.

VEGANO & VEGETARIANO

Shepard´s Pie Vegano

4 raciones | Tiempo Total de Preparación: 35 minutos

INGREDIENTES

3 cdas anís molido
1 taza cebolla en dados
2 tazas coliflor machacada
1 cda aceite de oliva
1 ¾ tazas caldo de verduras
1 taza tomates en dados

1 taza patatas ralladas
½ taza zanahoria en dados
½ taza elote congelado
½ taza chicharos congelados
Sal y pimienta negra al gusto

ELABORACIÓN

Seleccionar Sauté y calentar el aceite, Agregar la cebolla, zanahoria y anís, cocinar 3 minutos. Añadir las patatas, elote, chicharos y caldo. Sellar la tapa. Cocinar en Manual por 10 minutos en High. Una vez listo, realizar una liberación rápida. Incorporar los tomates. Vaciar la mezcla en 4 moldes. Cubrir cada molde con ½ taza de coliflor. Depositar una taza de agua y colocar el trivet. Acomodar los moldes en el trivet. Sellar la tapa. Cocinar en Manual por 5 minutos en High. Realizar una liberación rápida.

Tortitas de Brocoli y Coliflor

4 raciones | Tiempo Total de Preparación: 30 minutos

INGREDIENTES

1 calabacín pelado y rallado
3 tazas coliflor
1 zanahoria rallada
1 taza caldo de verduras
2 tazas brocoli

½ cebolla en dados
½ cdita cúrcuma en polvo
2 cdas aceite de oliva
1 cda salvia
Sal y pimienta negra al gusto

ELABORACIÓN

Seleccionar Sauté y calentar 1 cda de aceite. Agregar la cebolla, cocinar 3 minutos. Añadir la zanahoria, cocinar un minuto más. Vaciar el caldo. Sellar la tapa. Cocinar en Manual por 13 minutos en High. Realizar una liberación rápida. Incorporar los vegetales faltantes. Sellar la tapa. Cocinar en Manual por 3 minutos en High. Realizar una liberación rápida. Triturar los vegetales usando un pisapapas y añadir los sazonadores. Dejar enfríar unos minutos y forma hamburguesas. Selecciona Sauté y calentar el aceite restante. Cocinar las hamburguesas 4 minutos ambos lados.

Verduras al Vino Blanco

6 raciones | Tiempo Total de Preparación: 15 minutos

INGREDIENTES

2 lb pimientos morrón amarillo rebanados
1 taza tomate en pasta
½ taza caldo de verduras
½ cda miso en pasta
1 cda ajo aplastado
½ taza cebolletas picadas

3 cdas mantequilla derretida
1 cdita albahaca picada
1 cdita oregano picado
1 cdita tomillo picado
Sal y pimienta negra al gusto
2 cdas vino blanco

ELABORACIÓN

Seleccionar Sauté y derretir mantequilla. Agregar ajo y cebolla, sofreír 4 minutos. Verter el caldo, tomate, pasta miso, vino, albahaca, oregano, tomillo, sal y pimienta.

Sellar la tapa. Cocinar en Manual por 10 minutos en High. Realizar liberación rápida. Servir .

Salsa Tropical

4 raciones | Tiempo Total de Preparación: 15 minutos

INGREDIENTES

¼ taza cebolletas picadas
1 taza mango picado
1 taza peras picadas
1 taza tomates picados
1 taza piñas en dados

1 diente de ajo picado
2 cdas cilantro picado
¼ taza jugo de lima
1 cda aceite de oliva
Sal y pimienta negra al gusto

ELABORACIÓN

Seleccionar Sauté y calentar el aceite. Agregar las cebollas, cocinar 2 minutos. Añadir las peras, piñas, tomates y mangos, cocinar 3 minutos. Incorporar el ajo, sal y pimienta, cocinar por un minuto más. Colocar la mezcla en un recipiente y mezclar con los ingredientes restantes. Transferir la mezcla a un procesador de alimentos, mezclar 2 segundos. Servir.

Dip de Peperoncino con Queso

10 raciones | Tiempo Total de Preparación: 15 minutos

INGREDIENTES

1 chile peperoncino en escabeche
12 oz Pecorino Romano rallado
1 ½ cdas harina
1 taza tomate en pasta
2 cditas aceite de oliva

1 taza leche
1 cda eneldo
½ cdita chile
½ cdita albahaca
Sal y pimienta negra al gusto

ELABORACIÓN

Seleccionar Sauté y calentar el aceite. Mezclar la harina hasta formar una pasta. Verter la leche, mezclar hasta espesar, después hervir. Incorporar el queso, cocinar hasta derretirse.

Cortar el peperoncino y agregarlo a la olla junto con los ingredientes restantes. Sellar la tapa. Cocinar en Manual por 5 minutos en High. Realizar una liberación rápida.

Zoodles al Tomate con Parmesano

4 raciones | Tiempo Total de Preparación: 15 minutos

INGREDIENTES

4 tazas zoodles
2 dientes de ajo picado
8 tazas agua hirviendo
1 cda aceite de oliva
½ taza puré de tomate

2 tazas tomates en trozos de lata
2 cdas albahaca picada
2 cdas parmesano rallado
Sal y pimienta negra al gusto

ELABORACIÓN

Seleccionar Sauté y calentar el aceite. Agregar el ajo, cocinar por un minuto. Añadir el puré de tomate, una taza de agua y albahaca. Incorporar los zoodles. Sellar la tapa. Cocinar en Manual por 8 minutos en High. Realizar liberación rápida. Decorar con Parmesano y servir.

Fijoles de Soya al Chipotle

8 raciones | Tiempo Total de Preparación: 45 minutos

INGREDIENTES

1 cdita chipotle en polvo
2 cditas curry en polvo
4 tazas frijoles de soya remojados
1 cebolla en dados
1 cdita cúrcuma
Jugo de 1 lima

1 jalapeño picado
4 dientes de ajo picado
2 cdas aceite de oliva
1 ½ cditas semillas de comino
2 tomates picados
Sal y pimienta negra al gusto

ELABORACIÓN

Seleccionar Sauté y calentar el aceite. Agregar las semillas de comino, cocinar por un minuto. Añadir la cebolla y ajo junto con el curry, cúrcuma, chipotle en polvo y sal, cocinar 3-4 minutos. Incorporar el jalapeño y tomates, cocinar 5 minutos. Depositar los frijoles de soya y cubrir con suficiente agua y el jugo de lima. Sellar la tapa. Cocinar en Manual por 25 minutos en High. Realizar liberación rápida.

Cazuela Vegetariana con Queso

8 raciones | Tiempo Total de Preparación: 30 minutos

INGREDIENTES

6 patatas picadas
½ taza cebolla picada
1 taza zanahorias picada
1 taza pimiento morrón cortado
1 taza pan molido panko
½ taza crema agria

1 taza Monterey Jack rallado
3 cdas mantequilla derretida
1 cdita tomillo
2 cdas aceite de oliva
Sal y pimienta negra al gusto

ELABORACIÓN

Seleccionar Sauté y calentar el aceite. Agregar las cebollas, cocinar 2 minutos. Añadir los vegetales, sofreir 2 minutos más. Depositar suficiente agua para cubrir. Sellar la tapa. Cocinar en Manual por 7 minutos en High. Realizar una liberación rápida. Acomodar los vegetales en un molde. Dejar los jugos en la olla. Colocar el trivet. Cubrir los vegetales con los ingredientes faltantes. Acomodar el molde en el trivet. Sellar la tapa. Cocinar en Manual por 5 minutos en High. Realizar una liberación rápida

Tofu y Patatas con Salsa Picante de Soya

4 raciones | Tiempo Total de Preparación: 20 minutos

INGREDIENTES

1 lb tofu en cubos
3 dientes de ajo picado
2 cdas salsa de soya
2 cdas ajonjolí
2 cditas aceite de sésamo
2 cdas tahini
1 cda vinagre de arroz

1 taza fondo de verduras
1 cebolla rebanada
2 tazas coliflor
1 taza patatas en dados
2 cdas salsa Tabasco
Sal y pimienta negra al gusto

ELABORACIÓN

Seleccionar Sauté y calentar el aceite. Agregar la cebolla y patatas, cocinar 2 minutos. Añadir el ajo, y la mitad del ajonjolí, cocinar por un minuto. Incorporar la salsa de soya, caldo, tofu y vinagre.

Sellar la tapa. Cocinar en Manual por 8 minutos en High. Realizar una liberación rápida. Añadir la coliflor, cocinar 2 minutos. Mezclar el tabasco y el tahini antes de servir.

Clásico Hummus de Soya

8 raciones | Tiempo Total de Preparación: 40 minutos

INGREDIENTES

1 cebolla en cuartos
1 hoja de laurel
2 cdas salsa de soya
¼ taza salsa tahini
¾ taza garbanzos
¼ frijol de soya seco
¼ taza perejil picado
1 cdita comino
1 taza caldo de verduras
Jugo de 1 limón
Sal y pimienta negra al gusto
2 dientes de ajo picado

ELABORACIÓN

Agregar el garbanzo, frijol de soya y caldo en la olla. Depositar un poco de agua hasta cubrir. Sellar la tapa. Cocinar en Manual por 20 minutos en High. Una vez listo, realizar una liberación natural de presión por 10 minutos. Escurrir los frijoles, conservando el líquido. Colocar los frioles junto con los ingredientes restantes en un procesador de alimentos. Mezclar. Agregar un poco del líquido para formar un Hummus más cremoso.

Dip Cremoso de Calabaza con Ajonjolí

6 raciones | Tiempo Total de Preparación: 15 minutos

INGREDIENTES

1 taza Grana Padano rallado
¼ taza leche
1 cdita ajonjolí tostado
Sal y pimienta negra al gusto
½ taza mantequilla derretida
1 lb calabaza picada
2 cda vinagre de sidra de manzana

ELABORACIÓN

Seleccionar Steam y depositar 1 taza de agua. Agregar la calabaza y la mantequilla. Sellar la tapa. Cocinar por 10 minutos en High. Una vez listo, realizar una liberación rápida. Colocar la calabaza en un procesador de alimentos junto con el queso Grana Padano, mezclar hasta quedar sin grumos, añadir la leche y el vinagre mientras la máquina está en marcha. Sazonar al gusto. Servir en porciones, decorado con ajonjolí.

Huevos Endiablados con Cottage

6 raciones | Tiempo Total de Preparación: 15 minutos

INGREDIENTES

6 huevos
¼ taza queso cottage
¼ taza mayonesa
¼ cdita ajo en polvo
1 cdita chalote en polvo
Sal y pimienta negra al gusto

ELABORACIÓN

Depositar una taza de agua y colocar el trivet. Acomodar los huevos en la canastilla y acomodarla en el trivet. Sellar la tapa. Cocinar en Manual por 5 minutos en High. Una vez listo, realizar una liberación rápida. Transferir los huevos a agua fría para enfríar. Cortar los huevos por la mitad y retirar la yema. Triturar con un tenedor y agregar los ingredientes restantes. Rellenar las claras con la mezcla y colocarlos en un plato para servir.

Cazuela Vegana

4 raciones | Tiempo Total de Preparación: 20 minutos

INGREDIENTES

2 salchichas veganas rebanadas
2 patatas en dados
3 pimientos morrón cortado
1 cebolla picada
1 berenjena rallada
1 zanahoria rallada

½ taza leche
1 taza fondo de vegetales
½ cdita comino
Sal y pimienta negra al gusto
¼ cdita cúrcuma en polvo
2 cdas aceite de oliva

ELABORACIÓN

Seleccionar Sauté y calentar el aceite. Agregar la cebolla, cocinar 1 munto. Añadir pimiento morrón, cocinar 4 minutos. Dorar la salchicha. Mezclar las especias, fondo y patatas. Sellar la tapa. Cocinar en Manual por 5 minutos en High. Una vez listo, realizar una liberación rápida. Incorporar los ingredientes restantes. Cocinar 3 minutos más en Sauté y sin tapa. Drenar y servir.

Hummus con Ajo y Col Rizada

12 raciones | Tiempo Total de Preparación: 30 minutos

INGREDIENTES

3 cdas salsa tahini
Sal y pimienta negra al gusto
2 tazas garbanzos

1 taza ajo verde picado
2 cdas aceite de oliva
2 tazas col rizada picada

ELABORACIÓN

Depositar 4 ½ tazas de agua y los garbanzos en la olla. Sellar la tapa. Cocinar en Manual por 20 minutos en High. Realizar una liberación rápida. Escurrir los garbanzos. Colocarlos en un procesador de alimentos junto con la col rizada, ajo, sal, pimienta y tahini. Mezclar hasta conseguir una mezcla cremosa. Verter el aceite mientras la máquina está en marcha.

Patatas a las Finas Hierbas

8 raciones | Tiempo Total de Preparación: 15 minutos

INGREDIENTES

2 lb patatas en cuartos
Sal y pimienta negra al gusto
1 cda aceite de sésamo

¼ cdita romero
¼ cdita albahaca
¼ cdita oregano seco

ELABORACIÓN

Depositar una taza de agua y colocar el trivet. Acomodar las patatas en el trivet. Sellar la tapa. Cocinar en Steam por 10 minutos en High. Reaalizar liberación rápida. Transferir las patatas a un bol y mezclar los ingredientes restantes. Revolver hasta quedar incorporado.

Tortitas de Verduras y Linaza

4 raciones | Tiempo Total de Preparación: 30 minutos

INGREDIENTES

2 cdas aceite de canola
1 bolsa verduras congeladas
1 taza coliflor

Sal y pimienta negra al gusto
1 cda comino
1 taza linaza

ELABORACIÓN

Depositar una taza de agua en IP. Acomodar los vegetales y la coliflor en la canastilla y colocarla en la olla. Sellar la tapa. Cocinar en Manual por 5 minutos en High. Rrealizar liberación rápida. Colocar los vegetales en un bol y descartar el agua. Triturar los vegetales con un pisapapas, añadir el comino. Dejar enfriar 10 minutos. Agregar la linaza y formar 4 hamburguesas. Limpiar la olla. Seleccionar Sauté y calentar el aceite. Cocinar las hamburguesas6 minutos por los dos lados.

Huevos Horneados con Queso

4 raciones | Tiempo Total de Preparación: 15 minutos

INGREDIENTES

8 huevos
8 rebanadas de queso Parmesano
4 rebanadas de queso Emmental

2 cdas mantequilla ablandada
4 cdas cebolletas picadas
Sal y pimienta negra al gusto

ELABORACIÓN

Depositar una taza de agua y colocar el trivet. Engrasar moldes con mantequilla. Acomodar el parmesano en el fondo, Partir 2 huevos en cada molde. Añadir las cebollas y cubrir con queso Emmental. Acomodar los moldes en el trivet y cubrir con aluminio. Sellar la tapa. Cocinar en Manual por 5 minutos en High. Una vez listo, realizar una liberación rápida. Servir.

Zoodles al Pomodoro

4 raciones | Tiempo Total de Preparación: 20 minutos

INGREDIENTES

2 calabacínes en espiral
½ cebolla en dados
3 cdas ajo picado
1 cda aceite de oliva
1 taza tomates en dados

¾ taza puré de tomate
1 cda albahaca picada
1 pimiento morrón rojo picado
Sal y pimienta negra al gusto

ELABORACIÓN

Seleccionar Sauté y calentar el aceite. Agregar cebolla, ajo y pimiento morrón, cocinar 4 minutos. Incorporar los tomates, ½ taza de agua y puré de tomate. Sellar la tapa. Cocinar en Manual por 3 minutos en High. Realizar una liberación rápida. Incorporar los zoodles y sazonar con sal y pimienta. Cocinar 3 minutos sin tapa. Mezclar el chile en polvo. Decorar con albahaca.

Manzanas en Salsa de Arándano

4 raciones | Tiempo Total de Preparación: 20 minutos

INGREDIENTES

1 lb manzanas por la mitad
2 ½ tazas arándanos
1 cdita vainilla en pasta
½ taza azúcar granulada

2 cditas maicena
¼ cdita nuez moscada rallada
½ cdita cardamomo molido

ELABORACIÓN

Agregar todos los ingredientes, excepto la maicena y la azúcar a IP. Depositar 1 ½ tazas de agua. Sellar la tapa. Cocinar en Manual por 10 minutos en High. Realizar una liberación rápida. Retirar las manzanas. Triturar los arándanos. Mezclar el azúcar y la maicena con 2 cdas de agua. Hervir por 5 minutos en Sauté hasta espesar. Servir las manzanas bañadas en salsa de arándano.

Lentejas Dhal con Calabaza

6 raciones | Tiempo Total de Preparación: 25 minutos

INGREDIENTES

1 ½ tazas caldo de verduras
1 ½ tazas tomates en dados
1 ½ tazas lentejas remojadas
1 cdita ajo picado
1 taza cebolla en dados
3 cdas aceite de oliva
½ cdita pimienta de cayena

1 cdita cúrcuma molida
Jugo de 1 limón
Sal y pimienta negra al gusto
2 lb calabaza picada
2 cditas Garam Masala
½ taza cilantro picado
½ taza yogurt para decorar

ELABORACIÓN

Seleccionar Sauté y calentar el aceite. Agregar el ajo y cebollas, cocinar 2-3 minutos. Añadir la calabaza, garam masala, pimienta de cayena, cúrcuma, sal y pimienta negra, cocinar 3 minutos más. Incorporar el caldo, lentejas y tomates. Sellar la tapa. Cocinar en Manual por 10 minutos en High. Realizar una liberación rápida. Mezclar el jugo de limón. Servir en porciones y decorar con cilantro fresco y yogurt.

Guiso de Camote y Espinaca

2 raciones | Tiempo Total de Preparación: 20 minutos

INGREDIENTES

3 camotes en dados
1 cebolla picada
1 taza frijoles de ojo negro
2 tazas espinaca picada
2 cditas ajo
1 cda tomate en pasta

1 cda aceite
½ cdita cilantro
1 cdita comino
1 cdita tomillo
Sal y pimienta negra al gusto

ELABORACIÓN

Seleccionar Sauté y calentar el aceite. Agregar la cebolla y ajo, cocinar 2 minutos. Añadir el tomate en pasta y las especias. Depositar 1 ½ tazas de agua. Mezclar y añadir el camote. Sellar la tapa. Cocinar en Manual por 14 minutos en High. Una vez listo, realizar una liberación rápida. Mezclar la mezclar la espinaca hasta marchitar por uno minutos en Sauté y sin tapa.

Habas Caldosas con Vegetales

6 raciones | Tiempo Total de Preparación: 30 minutos

INGREDIENTES

1 tomate picado
2 cdas aceite de oliva
1 pimiento morrón rebanado
1 cdita ajo picado
1 taza apio picado
1 cda puré de tomate
½ cdita pimienta de cayena

Sal y pimienta negra al gusto
2 tazas habas remojadas
4 dientes de ajo rebanados
1 manojo perejil picado,
1 taza zanahorias picada
2 cebollas picada

ELABORACIÓN

Cocinar la cebolla, apio y ajo3 minutos en Sauté. Añadir los ingredientes restantes, excepto el perejil. Depositar 3 tazas de agua. Sellar la tapa. Cocinar en Manual por 20 minutos en High. Una vez listo, realizar una liberación rápida. Transferir a un bol y decorar con perejil para servir.

Ratatouille a la Sidra

4 raciones | Tiempo Total de Preparación: 45 minutos

INGREDIENTES

1 berenjena rebanada
1 taza tomates triturados
3 tomates rebanados
¼ cdita vinagre de sidra de manzana
1 cda aceite de oliva
1 calabacín rebanado

1 cebolla morada picada
¼ cdita chile en polvo
1 cdita mezcla de especias
Sal y pimienta negra al gusto
1 cdita ajo picado

ELABORACIÓN

Depositar una taza de agua en la IP y colocar el trivet. Acomodar una capa de tomate triturado en el fondo de un molde. Agregar la berenjena, ajo, sal, pimienta, chile en polvo, cebolla, calabacín, aceite de oliva, vinagre y tomates. Mezclar y cubrir con una capa de tomates triturados. Sellar la tapa. Cocinar en Manual por 20 minutos en High. Una vez listo, realizar una liberación natural de presión por 10 minutos. Servir caliente.

Palak Paneer con Jalapeño

6 raciones | Tiempo Total de Preparación: 23 minutos

INGREDIENTES

1 ½ tazas paneer en cubos
½ taza crema para batir
Sal y pimienta negra al gusto
1 cdita cúrcuma molida
2 cditas garam masala
½ cdita cayena
2 cditas comino

2 tomates picados
1 lb espinaca picada
1 cebolla amarilla picada
½ jalapeño picado
1 cda jengibre picado
5 dientes de ajo picado
2 cditas aceite de oliva

ELABORACIÓN

Seleccionar Sauté y calentar el aceite. Agregar el chile, ajo y jengibre, saltear 3 minutos. Añadir la espinaca, comino, garam masala, ½ taza de agua, sal, pimienta, tomate, cebolla y cayena. Sellar la tapa. Cocinar en Manual por 10 minutos en High. Realizar una liberación rápida. Dejar enfríar. Con una batidora de mano, triturar la mezcla. Añadir el paneer. Servir caliente con una cucharada de crema en cada plato.

Pan Tostado Mediterráneo

6 raciones | Tiempo Total de Preparación: 15 minutos

INGREDIENTES

6 rebanadas de pan tostado
2 calabacines pelados y rebanados
1 pimiento morrón rojo rebanado
2 dientes de ajo
10 aceitunas Kalamata

2 cdas aceite de oliva
1 cda salsa tahini
Jugo de 1 limón
Una pizca hojas de pimienta roja
Sal y pimienta negra al gusto

ELABORACIÓN

Colocar 1 ½ tazas de agua, el pimiento morrón y calabacín en IP. Sellar la tapa. Cocinar en Manual por 6 minutos en High. Una vez listo, realizar una liberación rápida. Escurrir y colocar en un procesador de alimentos. Añadir el jugo de limón. aceite de oliva, ajo, aceitunas, sal, pimienta negra y roja. Mezclar hasta no quedar grumos. Untar la mezcla sobre pan tostado y servir caliente.

Calabacín en Salsa de Coco

2 raciones | Tiempo Total de Preparación: 55 minutos

INGREDIENTES

2 cdas aceite de coco
1 lata (14.5-oz) tomates
1 manojo cilantro picado
1 taza crema de coco
1 chile rojo
2 dientes de ajo picado

1/3 taza harina de coco
3 cebolletas picadas
3 calabacines rebanados
1 cdita jengibre rallado
¼ cdita cúrcuma
1 cdita comino

ELABORACIÓN

Marinar los calabacines con sal por 30 minutos. Para la salsa, batir el chile rojo, jengibre, crema de coco, tomates, cebolleta y una taza de agua en el procesador de alimentos. Separar. En una licuadora, añadir los calabacines drenados, harina de coco, chile en polvo y cúrcuma, mezclar hasta no quedar grumos. Sellar la tapa. Cocinar en Manual por 15 minutos en High. Una vez listo, realizar una liberación rápida. Servir caliente decorado con cilantro.

Vegetales con Nueces de Brazil

4 raciones | Tiempo Total de Preparación: 16 minutos

INGREDIENTES

¾ taza nueces de Brazil picadas
½ taza albahaca picada
2 dientes de ajo picado
½ taza aceite de oliva
1 taza caldo de verduras
3 calabacines picados

½ cdita hojas de pimienta roja
¾ taza sazonador italiano
1/3 taza levadura nutricional
1 lb tomatitos en dados
Sal y pimienta negra al gusto
3 tazas champiñones rebanados

ELABORACIÓN

Seleccionar Sauté y calentar el aceite. Agregar la cebolla, calabacín, champiñones y ajo, cocinar 5 minutos. Añadir los ingredientes faltantes, excepto las nueces y la albahca. Sellar la tapa. Cocinar en Manual por 6 minutos en High. Realizar liberación rápida. Servir decorado de albahca y nueces.

Chili de Habas con Pimiento Morrón

5 raciones | Tiempo Total de Preparación: 35 minutos

INGREDIENTES

2 tazas fondo de verduras
1 cdita chile picado
½ taza pimiento morrón rojo rebanado
1 taza cebollas rebanadas
1 cdita ajo picado
2 cdas aceite vegetal
1 taza zanahorias picada
1 ½ tazas frijoles pintos secos

1 taza habas remojadas
+½ cdita semillas de apio
5-6 pimientas negras
½ cdita hojas de pimienta roja trituradas
24 oz puré de tomate
½ taza cebolla picada
Sal y pimienta negra al gusto

ELABORACIÓN

Seleccionar Sauté y calentar el aceite. Agregar el ajo y camote, cocinar 3-4 minutos. Incorporar los ingredientes faltantes, excepto el puré de tomate. Sellar la tapa. Cocinar en Manual por 20 minutos en High. Una vez listo, realizar una liberación rápida. Añadir el puré de tomate y mezclar por 5 minutos. Servir decorado con cebollin.

Cabello de Ángel al Curry

4 raciones | Tiempo Total de Preparación: 23 minutos

INGREDIENTES

½ taza mantequilla de almendras
1 lata tomates en trozos
2 cdas curry en polvo

2 lb cabello de ángel
3 tazas espinaca picada
¼ cdita sal de mar

ELABORACIÓN

Cortar la calabaza en rebanadas, remover las semillas. Depositar una taza de agua en la IP y colocar el trivet. Acomodar la calabaza en el trivet. Sellar la tapa. Cocinar en Manual por 6 minutos en High.

Una vez listo, realizar una liberación natural de presión por 5 minutos. Dejar enfríar. Hacer fideos con la calabaza usando un tenedor. Machacar los tomates en un colador para recuperar los jugos. Mezclar el jugo con la mantequilla de almendra, curry en polvo, y sal de mar.

En otro recipiente, combinar los tomates y espinacas. Agregar la mezcla a la IP, cocinar 3-4 minutos en Sauté, Servir el spaghetti con la salsa de espinaca por encima.

Cazuela de Berenjenas Picante

6 raciones | Tiempo Total de Preparación: 28 minutos

INGREDIENTES

1 cdita Garam Masala
¼ cdita pimienta de cayena
3 berenjenas
1 cda aceite de oliva
1 cdita jengibre rallado

1 cebolla en dados
1 lata (14.5oz) tomates
1 diente de ajo picado
Sal y pimienta negra al gusto

ELABORACIÓN

Cortar la berenjena en pedazos pequeños. Mezclar el ajo, garam masala, pimienta de cayena, aceite de oliva, jengibre, sal y pimienta. Agregar la mitad de los tomates y cebollas en la olla y vaciar la mezcla de ajo. Añadir la berenjena por encima. Cubrir con los tomates restantes, ¼ taza de agua y cebollas. Sellar la tapa. Cocinar en Manual por 8 minutos en High. Una vez listo, realizar una liberación natural de presión por 10 minutos, luego una liberación rápida, Servir caliente.

Brocolí en salsa Tahini

4 raciones | Tiempo Total de Preparación: 17 minutos

INGREDIENTES

1 brocoli
2 dientes de ajo machacado
1 cda jugo de lima
Pimienta negra y sal al gusto
1 cda aceite de oliva
¼ taza pistaches triturados

1 cdita pimentón
Para la Salsa:
2 dientes de ajo rostizados y machacados
2 cdas salsa tahini
1 cda jugo de lima
1 cda aceite de oliva

ELABORACIÓN

Seleccionar Sauté y calentar el aceite. Agregar ajo, pimentón, pistaches, sal y pimienta, cocinar 3 minutos. Añadir brocoli y 1 taza de agua. Sellar la tapa. Cocinar en Manual por 4 minutos en High.

Una vez listo, realizar una liberación natural de presión por 5 minutos. Para la salsa, mezclar los ingredientes en un bol. Bañar el brocoli con la salsa para servir.

Boloñesa Vegana

6 raciones | Tiempo Total de Preparación: 28 minutos

INGREDIENTES

3 dientes de ajo picado
2 cdas vinagre balsámico
1 cda albahaca
2 tazas zanahorias picada
28oz tomates triturados
2 berenjenas picadas

2 cdas néctar de agave
Sal y pimienta negra al gusto
1 taza champiñones picados
½ coliflor picada
1 taza fondo de verduras

ELABORACIÓN

En un procesador de alimentos, colocar todos los vegetales y triturar en pequeñas piezas. Agregar los vegetales a la IP junto con la sal, pimienta, néctar de agave, fondo, albahaca y vinagre. Mezclar. Sellar la tapa. Cocinar en Manual por 18 minutos en High. Una vez listo, realizar una liberación natural de presión por 10 minutos. Servir caliente sobre una cama de fideos,

Minestrone con Limón

4 raciones | Tiempo Total de Preparación: 35 minutos

INGREDIENTES

1 coliflor
2 pimientos morrón verdes rebanados
2 ramas de apio picadas
1 cdita ajo picado
1 cdita aceite de oliva
4 cebolletas picadas

4 tazas caldo de verduras
1 manojo de col rizada picada
2 cditas jugo de limón
Sal y pimienta negra al gusto
Grana Padano rallado

ELABORACIÓN

Seleccionar Sauté y calentar el aceite, Agregar las cebolletas y ajo, cocinar 2 minutos. Añadir los ingredientes restantes, excepto la col rizada y el queso Padano. Sellar la tapa. Cocinar en Manual por 10 minutos en High.

Una vez listo, realizar una liberación rápida. Añadir la col rizada. Sellar la tapa y cocinar 15 minutos en Manual. Servir decorado con queso Grana Padano.

Tofu al Jalapeño con Verduras

4 raciones | Tiempo Total de Preparación: 20 minutos

INGREDIENTES

1 cdita jalapeño picado
2 tazas tofu en cubos
2 pimientos morrón en dados
2 tomates picados
2 cebollas blancas picadas
1 taza nabos picados
1 taza chicharos

½ taza salsa BBQ
2 zanahorias picadas
4 camotes en cubos
1 cda aceite vegetal
2 cdas puré de tomate
⅓ cdita chile Gochugaru
Sal y pimienta negra al gusto

ELABORACIÓN

Seleccionar Sauté y calentar el aceite. Agregar las cebollas, zanahorias, naba y pimiento morrón, cocinar 5 minutos. Añadir los ingredientes restantes. Cubrir con suficiente agua. Sellar la tapa. Cocinar en Manual por 10 minutos en High. Realizar una liberación rápida.

Cazuela Ligera de Camote y Ejotes

4 raciones | Tiempo Total de Preparación: 35 minutos

INGREDIENTES

1 calabacín rebanado
2 cdas aceite de oliva
1 cdita sal de mar
2 tomates picados
½ lb ejotes
½ lb camote en cubos

¼ taza perejil picado
1 taza agua
2 zanahorias picada
1 cdita ajo picado
1 cebolla picada

ELABORACIÓN

Seleccionar Sauté y calentar el aceite. Agregar la cebolla, calabacín, zanahoria, ajo, sal y pimienta, cocinar 5 minutos. Añadir los ingredientes restantes, excepto el perejil.

Sellar la tapa. Cocinar en Manual por 12-15 minutos en High. Una vez listo, realizar una liberación natural de presión por 5 minutos. Servir caliente decorado con perejil.

Baguette de Champiñón y Pimiento

4 raciones | Tiempo Total de Preparación: 20 minutos

INGREDIENTES

1 baguette dividida en 4
1 taza champiñones picados
1 cebolla picada
1 zanahoria picada
2 pimiento morrón verde cortado

2 tomates picados
1 diente de ajo
1 cda aceite de oliva
1 ½ tazas fondo de verduras
Sal y pimienta negra al gusto

ELABORACIÓN

Seleccionar Sauté y calentar el aceite. Agregar la cebolla y ajo, cocinar 2 minutos. Incorporar los vegetales restantes, cocinar 5 minutos. Añadir los ingredientes restantes.

Sellar la tapa. Cocinar en Manual por 6 minutos en High. Realizar liberación rápida. Transferir a una procesadora de alimentos, mezclar hasta no quedar grumos. Untar la mezcla sobre las baguettes.

Frittata Mexicana de Poblano

4 raciones | Tiempo Total de Preparación: 25 minutos

INGREDIENTES

8 huevos
2 cdas mantequilla derretida
½ cdita comino molido
1 ½ cdita sal

1 taza crema
¼ taza cilantro picado
1 taza quesillo rallado
1 lata (10-oz) chiles verdes picados

ELABORACIÓN

Engrasar un molde con mantequilla. En un bol, batir los huevos y agregar los chiles, crema, sal, comino y queso rallado. Vaciar la mezcla en el molde y cubrir con aluminio. Depositar 1 taza de agua y en la IP y colocar el trivet. Acomodar el molde en el trivet.

Sellar la tapa. Cocinar en Manual por 10 minutos en High. Una vez listo, realizar liberación natural de presión por 10 minutos. Usando un cuchillo, despegar la frittata por los lados. Colocar en un plato, cortar en porciones y servir caliente espolveado con cilantro.

Puré de Papa al Coco con Nueces

4 raciones | Tiempo Total de Preparación: 25 minutos

INGREDIENTES

4 patatas hervidas y machacadas
2 cdas harina de coco
¼ cdita canela
2 cdas leche de coco

½ taza nueces pecanas picadas
1 cda aceite de coco
2 cdas jugo de limón
Sal y pimienta negra al gusto

ELABORACIÓN

Mezclar las patatas, leche de coco, canela, jugo de limón y aceite de coco en un recipiente. Acomodar la mezcla en el fondo de un molde engrasado. Agregar las nueces y cubrir con la harina de coco. Depositar una taza de agua en la IP y colocar el trivet. Acomodar el molde en el trivet. Sellar la tapa. Cocinar en Manual por 7 minutos en High. Realizar liberación natural de presión por 10 minutos.

Cazuela de Vegetales de Invierno

4 raciones | Tiempo Total de Preparación: 25 minutos

INGREDIENTES

1 cebolla en dados
1 lb chirívia
4 ln patatas baby por la mitad
2 lb zanahoria baby
1 cdita ajo picado

1 cdita salvia
1 cdita perejil seco
2 cdas aceite de oliva
½ taza caldo de verduras
Sal y pimienta negra al gusto

ELABORACIÓN

Seleccionar Sauté y calentar el aceite. Agregar la cebolla, cocinar 2-3 minutos. Añadir el ajo, cocinar un minuto más. Añadir la zanahoria y chirívia, cocinar 3 minutos más. Incorporar los ingredientes restantes. Sellar la tapa. Cocinar en Manual por 10 minutos en High. Realizar una liberación rápida.

Macarrones de Coliflor y Queso

4 raciones | Tiempo Total de Preparación: 20 minutos

INGREDIENTES

2 tazas arroz de coliflor
Sal y pimienta al gusto
½ taza queso cheddar rallado

½ taza crema
2 cdas queso crema

ELABORACIÓN

En un bol, mezclar el queso crema, arroz de coliflor, queso cheddar, crema, pimienta y sal. Cubrir el bol con aluminio. Depositar una taza de agua en la IP y colocar el trivet. Acomodar el bol en el trivet. Sellar la tapa. Cocinar en Manual por 5 minutos en High. Una vez listo, realizar una liberación natural de presión por 10 minutos, luego una liberación rápida. Servir caliente.

Quiche de Col Rizada y Queso de Cabra

4 raciones | Tiempo Total de Preparación: 25 minutos

INGREDIENTES

4 oz queso de cabra desmoronado
8 huevos
2 tazas champiñones rebanados

1 ½ taza col rizada picada
1 cda mantequilla derretida
Sal y pimienta negra al gusto

ELABORACIÓN

En un recipiente, batir los huevos, pimienta y sal. Engrasar un molde con mantequilla derretida. Agregar champiñones y col rizada. Vaciar la mezcla de huevo dentro y cubrir con queso. Depositar 1 taza de agua en IP y colocar el trivet. Acomodar el molde en el trivet. Sellar la tapa. Cocinar en Manual por 15 minutos en High. Realizar liberación natural de presión por 5 minutos. Servir caliente.

Sandwich de Feta

6 raciones | Tiempo Total de Preparación: 10 minutos

INGREDIENTES

12 oz feta rebanado
6 pan brioche
1 cdita jengibre picado
2 cditas mostaza
2 cditas néctar de agave

1 cdita ajo picado
½ cdita chipotle en polvo
½ taza vinagre de sidra de manzana
½ taza fondo de vegetales
Sal y pimienta negra al gusto

ELABORACIÓN

Engrasar feta con spray de cocina, cocinar en Sauté por 4 minutos. Incorporar los ingredientes restantes, excepto el pan. Sellar la tapa. Cocinar en Manual por 2 minutos en High. Una vez listo, realizar una liberación rápida. Dividir la mezcla entre los panes y servir.

Zoodles con Aguacate

2 raciones | Tiempo Total de Preparación: 29 minutos

INGREDIENTES

2 calabacines
2 aguacates picados
1 cda aceite de oliva
1 cda jugo de limón
1 cda almendras finamente picadas

Sal y pimienta negra al gusto
2 cdas aceite de oliva
2 cditas albahaca seca
2 dientes de ajo picado
2 tomates en dados

ELABORACIÓN

Con un cortador espiral, hacer los zoodles. Agregar todos los ingredientes en la IP, excepto las almendras y aguacate. Depositar 1 taza de agua. Sellar la tapa. Cocinar en Manual por 4 minutos en High. Una vez listo, realizar una liberación natural de presión por 10 minutos. Servir caliente decorado con almendras y aguacate.

Cremosas Berenjenas de la India

6 raciones | Tiempo Total de Preparación: 30 minutos

INGREDIENTES

4 tazas berenjena picada
¼ cdita cúrcuma molida
1 tomate picado
½ cdita aceite de cacahuate

1 cebolla finamente rebanada
¼ cdita cayena
¼ taza crema batida
¼ cdita goda masala

ELABORACIÓN

Engrasar un molde con aceite de oliva. Agregar el tomate y cebolla, añadir la berenjena encima y sazonar con cúrcuma, pimienta, sal, masala y pimienta de cayena. No mezclar. Depositar una taza de agua en la IP y colocar el trivet. Acomodar el molde en el trivet. Sellar la tapa. Cocinar en Manual por 10 minutos en High. Una vez listo, realizar una liberación natural de presión por 10 minutos.

SOPAS, ESTOFADOS & CHILIS

Sopa Raclette con Habanero

4 raciones | Tiempo Total de Preparación: 40 minutos

INGREDIENTES

- 2 cdas mantequilla
- 3 tazas fondo de verduras
- 1 taza chalotes picados
- ¼ taza jugo de lima
- 6 oz chicharos congelados
- 1 ½ tazas puré de calabaza en lata
- ½ habanero en dados
- 2 pimientos morrón en dados
- 1 taza calabacín picado
- 3 dientes de ajo picado
- 6 tortillas de maíz en tiras
- 2 tomates picados
- ½ cdita comino
- ½ cdita albahaca seca
- Sal y pimienta negra al gusto
- ½ cdita chile en polvo
- ½ cdita oregano seco
- Queso Raclette rallado para servir

ELABORACIÓN

Precalentar el horno a 400°F Cubrir una bandeja de horno con papel encerado. Rociar por ambos lados de la tortilla con spray de cocina. Acomodar las tortillas en la bandeja. Hornear hasta quedar crujientes, volteando una vez a la mitad del horneado. Seleccionar Sauté y derretir la mantequilla. Agregar chalote, cocinar 3 minutos. Añadir calabacín, pimientos, ajo, jugo de lima, tomates, puré de calabaza, hierbas, especias, una taza de agua y especias. Sellar la tapa. Cocinar en Manual por 10 minutos en High. Realizar liberación rápida. Incorporar los chicharos, hervir 3 minutos sin tapa. Servir en porciones con tiras de tortilla y queso raclette por encima.

Sopa Exótica de Calabaza y Coco

6 raciones | Tiempo Total de Preparación: 25 minutos

INGREDIENTES

- 1 ½ lb calabaza en cubos
- 1 zanahoria picada
- 5 tazas caldo de verduras
- 2 chalotes en dados
- 1 taza leche de coco
- 4 cditas aceite de oliva
- 2 dientes de ajo finamente picados
- Sal y pimienta negra al gusto
- ½ cdita pimienta de cayena
- Cilantro fresco para decorar

ELABORACIÓN

Seleccionar Sauté y calentar el aceite. Agregar chalote, cocinar 3 minutos. Añadir calabaza, zanahoria, ajo, sal, pimienta negra y pimienta de cayena, sofreir 4 minutos. Verter el caldo, Sellar la tapa. Cocinar en Manual por 10 minutos en High. Realizar liberación rápida. Añadir la sopa y leche de coco en una batidora, triturar la mezcla. Decorar con cilantro.

Sopa Jardinera de Mamá

8 raciones | Tiempo Total de Preparación: 25 minutos

INGREDIENTES

- 2 tazas tomates en dados
- 1 taza apio picado
- 1 lb ejotes picados
- 5 tazas caldo de verduras
- 2 cdas mantequilla
- 1 cda aceite de oliva
- Sal y pimienta negra al gusto
- 1 cda eneldo
- 1 cebolla en aros
- 1 ½ tazas de elote fresco

ELABORACIÓN

Seleccionar Sauté y calentar el aceite. Agregar la cebolla, sofreír 3 minutos. Añadir el caldo, apio y eneldo. Sazonar al gusto. Sellar la tapa. Cocinar en Manual por 10 minutos en High. Una vez listo, realizar una liberación rápida. Añadir el elote y ejote, cocinar 5 minutos más en Sauté. Servir.

Sopa de Tomate y Oregano

6 raciones | Tiempo Total de Preparación: 25 minutos

INGREDIENTES

- 1 lb tomates cherry por la mitad
- 1 taza crema batida
- 2 tazas puré de tomate
- 1 cdita ajo picado
- 1 cda salvia
- 1 zanahoria picada
- 6 tazas caldo de verduras
- 1 cebolla picada
- 1 ½ cdas aceite de oliva
- 1 cdita oregano
- Sal y pimienta negra al gusto
- 1 cda albahaca picada

ELABORACIÓN

Seleccionar Sauté y calentar el aceite. Agregar cebolla, cocinar 3 minutos. Incorporar los ingredientes restantes, excepto la crema. Sellar la tapa. Cocinar en Manual por 15 minutos en High. Realizar liberación rápida. Batir la sopa con batidora hasta no quedar grumos. Mezclar con la crema y servir.

Sopa de Lentejas

4 raciones | Tiempo Total de Preparación: 45 minutos

INGREDIENTES

- 4 dientes de ajo picado
- 1 cdita comino
- 4 tazas caldo de verduras
- ½ cebolla picada
- 2 ramas de apio picado
- 2 zanahorias picada
- 2 pimientos morrón rojos picados
- 1 taza lentejas
- 1 cda pimentón
- ½ taza salsa de tomate
- 2 cdas aceite de oliva
- Sal y pimienta negra al gusto

ELABORACIÓN

Seleccionar Sauté y calentar el aceite. Agregar la cebolla, ajo, piminetos y zanahoria, cocinar 3 minutos. Añadir el apio, saltear un minuto. Incorporar los ingredientes restantes. Sellar la tapa. Cocinar en Manual por 25 minutos en High. Una vez listo, realizar una liberación natural de presión por 10 minutos. Sazonar con sal y pimienta para servir.

Crema de Calabaza y Camote

4 raciones | Tiempo Total de Preparación: 35 minutos

INGREDIENTES

- 2 tazas calabaza en cubos
- 2 tazas camote en cubos
- 2 cdas aceite de oliva
- 1 cebolla en dados
- 1 cda crema batida
- 3 tazas caldo de verduras
- Una pizca de tomillo
- Sal y pimienta negra al gusto

ELABORACIÓN

Seleccionar Sauté y calentar el aceite. Agregar cebolla, camote y calabaza, cocinar 4 minutos. Verter el caldo y el tomillo. Sellar la tapa. Cocinar en Manual por 10 minutos en High. Realizar liberación natural de presión por 10 minutos. Mezclar la crema y servir.

Sopa de Arvejas con Salsa Persillade

6 raciones | Tiempo Total de Preparación: 25 minutos

INGREDIENTES

Para la Sopa:

1 taza arvejas
½ cdita pimienta triturada
1 cebolla picada
1 zanahoria en dados
2 dientes de ajo picado

2 apios en dados
6 tazas caldo de verduras
1 cda aceite de oliva
1 cdita oregano seco
Sal al gusto

Para la Salsa Persillade:

4 tazas vinagre de vino tinto
4 dientes de ajo picado

1 taza perejil picado

ELABORACIÓN

Colocar las arvejas y 6 tazas de agua en la IP. Sellar la tapa. Cocinar en Manual por 8 minutos en High. Realizar liberación rápida. Escurrir las arvejas y separar. Seleccionar Sauté y calentar el aceite. Agregar la zanahoria y cebollas, cocinar 5 minutos. Añadir el oregano, ajo y pimienta, cocinar un minuto más. Incorporar las arvejas, y el caldo. Sellar la tapa. Cocinar en Manual por 5 minutos en High. Realizar una liberación rápida. Ajustar el sazón. Hacer puré la sopa con una batidora de mano. En un bol, mezclar los ingredientes de la salsa. Servir en porciones con la salsa persillade.

Sopa Vegetariana al Curry

2 raciones | Tiempo Total de Preparación: 20 minutos

INGREDIENTES

16 oz caldo de verduras
10 tazas calabacín picado
13 oz leche de coco
1 zanahoria picada
1 cda salvia
1 cda curry en pasta

½ cdita ajo en polvo
½ cdita cebolla en polvo
Sal y pimienta negra al gusto
1/4 taza mantequilla ablandada
Crème fraîche para decorar

ELABORACIÓN

Incorporar todos los ingredientes, excepto la leche de coco a la olla. Sellar la tapa. Cocinar en Manual por 10 minutos en High. Realizar una liberación rápida. Colocar todos los ingredientes en un bol, añadir la leche de coco y mezclar hasta no quedar grumos. Servir de inmediato con crema y pimienta negra molida.

Sopa de Chorizo y Coliflor

6 raciones | Tiempo Total de Preparación: 15 minutos

INGREDIENTES

3 chorizos españoles picados
2 tazas coliflor picada
½ lb calabacín rebanado
½ cdita azúcar
1 cebolla morada picada
½ cdita albahaca
1 cdita hojas de pimienta roja triturada
½ cdita oregano seco

3 cditas aceite de oliva
2 cdas tomillo
¼ taza crema agria
2 dientes de ajo picado
6 ½ tazas caldo de verduras
Sal y pimienta negra al gusto

ELABORACIÓN

Seleccionar Sauté y calentar el aceite. Agregar el chorizo, ajo y cebolla, cocinar hasta dorar. Incorporar los ingredientes restantes, excepto la crema. Sellar la tapa. Cocinar en Manual por 5 minutos en High. Una vez listo, realizar una liberación rápida. Añadir la crema y mezclar. Servir.

Caldo de Garbanzo con Acelga

6 raciones | Tiempo Total de Preparación: 25 minutos

INGREDIENTES

1 lata (15.5-oz) garbanzos
2 tazas de acelga
3 cdas vino blanco seco
½ taza arroz Arborio
3 cdas aceite de oliva
2 chiles serrano picados

Sal y pimienta negra al gusto
1 tomato finamente picado
1 ½ tazas cebollas rebanadas
1 taza yogurt Griego
½ taza apio picado
7 tazas fondo de verduras

ELABORACIÓN

Seleccionar Sauté y calentar el aceite, Freír la cebolla, pimientos y apio por 4 minutos. Añadir el arroz, cocinar 3 minutos. Vaciar el fondo, sal, pimienta vino, garbanzos, tomates y acelgas. Sellar la tapa. Cocinar en Manual por 8 minutos en High. Una vez listo, realizar una liberación rápida. Dividir en porciones y agregar una cucharada de yogurt para servir.

Sopa de Habas y Jamón

12 raciones | Tiempo Total de Preparación: 35 minutos

INGREDIENTES

½ taza aceite vegetal
4 tazas habas secas
3 lb jamón en trozo
2 cebollas picadas
4 zanahorias rebanadas
½ taza chile verde picado

2 cdas perejil
2 tazas salsa de tomate
4 apios picados
2 dientes de ajo picado
Sal y pimienta negra al gusto

ELABORACIÓN

Remojar las habas toda la noche. Escurrirlas y descartar el agua. Seleccionar Sauté y calentar el aceite. Agregar la cebolla, ajo, zanahoria, apio, sal y pimienta, cocinar 4-5 minutos. Incorporar los ingredientes restantes. Depositar 3/4 de agua. Sellar la tapa. Cocinar en Manual por 25 minutos en High. Realizar una liberación rápida. Servir.

Sopa de Calabacín y Salvia

4 raciones | Tiempo Total de Preparación: 15 minutos

INGREDIENTES

1 lb calabacín entiras
1 cda salvia seca
½ cdita ajo en polvo

Sal y pimienta negra al gusto
1 cdita aceite de oliva
4 tazas caldo de verduras

ELABORACIÓN

Colocar el calabacín en un bol, Agregar la salvia, aceite de oliva, sal, pimienta y ajo. Mezclar para incorporar. Depositar el caldo en la IP y vaciar la mezcla dentro. Sellar la tapa. Cocinar en Manual por 3 minutos en High. Realizar una liberación rápida y servir.

Caldo de Tomate con Habas y Pollo

6 raciones | Tiempo Total de Preparación: 35 minutos

INGREDIENTES

4 tazas calabaza en cubos
1 lb pechuga de pollo
8 oz sopa de tomate en lata
2 cditas comino
1 cebolla picada
3 ½ oz chiles picados en lata
2 cditas sazonador para tacos
Sal y pimienta negra al gusto
3 patatas en cuartos
3 dientes de ajo picado
4 tazas caldo de pollo
30 oz habas en lata
1 pimiento morrón verde picado

ELABORACIÓN

Incorporar todos los ingredientes en la olla. Sellar la tapa. Cocinar en Manual por 25 minutos en High. Una vez listo, realizar una liberación rápida. Retirar el pollo y desmenuzar. Con una batidora de mano, mezclar la sopa hasta no quedar grumos. Regresar el pollo a la olla. Servir.

Sopa de Camote con Chipotle

6 raciones | Tiempo Total de Preparación: 25 minutos

INGREDIENTES

2 chipotles picados
4 tazas caldo de verduras
1 cda aceite de oliva
1 taza cebollas picada
3 cdas cilantro picado
½ cdita pimienta de cayena
Sal y pimienta negra al gusto
28 oz camote en lata
1 cdita ajo machacado
½ cdita pimienta gorda
2 cdas semillas de calabaza tostadas
1 taza crema batida

ELABORACIÓN

Seleccionar Sauté y calentar el aceite. Agregar el ajo y cebolla, dorar por 3-4 minutos. Añadir el chipotle, pimienta gorda, sal pimienta de cayena y pimienta negra, cocinar 2 minutos más. Incorporar el camote, caldo y 2 tazas de agua. Sellar la tapa. Cocinar en Manual por 10 minutos en High. Una vez listo, realizar una liberación rápida. Colocar los ingredientes en un procesador de alimentos. Mezclar hasta quedar cremoso y sin grumos. Trabajar en partes si es necesario. Añadir la crema y decorar con semillas de calabaza y cilantro para servir.

Lentejas con Pollo y Elote

6 raciones | Tiempo Total de Preparación: 30 minutos

INGREDIENTES

8 tazas fondo de pollo
3 cebolletas picadas
1/3 taza cilantro picado
3 manojos de espinaca
3 tazas elote congelado
2 lb pechuga de pollo
1 ½ tazas lentejas secas
1 ¼ cdita sal rosa del Himalaya
2 cditas ajo en polvo
1 lata (14-oz) leche de coco
Totopos triturados

ELABORACIÓN

Colocar todos los ingredientes en la IP, excepto el elote, tortillas, espinaca, cilantro y cebolletas. Sellar la tapa. Cocinar en Manual por 8 minutos en High. Realizar una liberación rápida. Retirar el pollo y desmenuzarlo, regresar el pollo a la olla. Añadir el cilantro, elote, cebolletas y espinacas, mezclar. Servir con tortillas trituradas.

Udon Vegetariano

4 raciones | Tiempo Total de Preparación: 40 minutos

INGREDIENTES

1 cabeza de ajo partida por la mitad
4 cebolletas picadas
1 pieza (3inch) alga Kombu
7 rebanadas jengibre
2 cditas ajonjolí
4 cditas aceite de sésamo
2 tazas chicharos

4 tazas Udon cocido
3 zanahorias rebanadas
2 tazas setas shiitake rebanados
2 cditas jugo de caña
3 cdas Mirin
3 cdas salsa de soya Tamari

ELABORACIÓN

Agregar en la IP el ajo, cebolleta, jengibre, salsa de soya, mirin, jugo de caña, aceite de ajonjolí, kombu y 8 tazas de agua. Sellar la tapa. Cocinar en Manual por 10 minutos en High. Realizar una liberación rápida. Escurrir y separar los sólidos. Regresar el caldo a la olla. Añadir los champiñones y zanahorias. Sellar la tapa. Cocinar en Manual por 6 minutos en High. Una vez listo, realizar una liberación de presión rápida. Dividir los fideos en porciones. añadir las judías por encima y servir.

Lentejas con Verduras

4 raciones | Tiempo Total de Preparación: 20 minutos

INGREDIENTES

1 ½ tazas lentejas
4 tazas fondo de verduras
1 cebolla picada
3 cditas cilantro molido
1 pieza de jengibre picada
½ taza yogurt Griego

3 cditas comino molido
2 cditas aceite de oliva
2 dientes de ajo rebanados
2 apios rebanados
2 zanahorias en dados
Pan de ajo naan caliente

ELABORACIÓN

Seleccionar Sauté y calentar el aceite. Agregar la zanahoria, cebolla y apio, cocinar 5 minutos. Añadir el ajo, jengibre, cilantro y comino, cocinar un minuto más. Depositar las lentejas, 2 tazas de agua fría y el fondo. Sazonar con sal y pimienta. Sellar la tapa. Cocinar en Manual por 8 minutos en High. Realizar una liberación rápida. Servir en porciones con yogurt y cilantro por encima. Servir caliente con pan naan.

Deliciosa Sopa Italiana

6 raciones | Tiempo Total de Preparación: 34 minutos

INGREDIENTES

1 lb salchicha italiana picada
2 cdas aceite de oliva
3 tazas caldo de pollo
1 cdita ajo en polvo
1 cdita comino seco

Sal y pimienta negra al gusto
1 pimiento morrón rojo picado
3 tazas col rizada picada
4 cebolletas picadas
3 tazas agua

ELABORACIÓN

Seleccionar Sauté y calentar el aceite. Agregar la cebolleta y pimiento morrón, cocinar 3 minutos. Añadir las salchichas, cocinar 5 minutos. Incorporar el resto de los ingredientes, excepto la col rizada. Sellar la tapa. Cocinar en Manual por 5 minutos en High. Realizar una liberación rápida. Añadir la col, cocinar 5 minutos en Sauté. Servir en porciones y ajustar el sazón.

Crema de Brócoli y Cúrcuma

4 raciones | Tiempo Total de Preparación: 35 minutos

INGREDIENTES

1 brocoli picado
1 cda curry en polvo
½ cdita cúrcuma en polvo
1 camote en dados
1 cebolla en dados

1 zanahoria en dados
Sal y pimienta negra al gusto
1 taza leche de coco
2 tazas caldo de verduras
½ cda aceite de coco

ELABORACIÓN

Seleccionar Sauté y derretir el aceite de coco. Agregar la cebolla y zanahoria, cocinar 3-4 minutos. Sazonar con sal y pimienta. Añadir los ingredientes restantes, excepto la leche. Sellar la tapa. Cocinar en Manual por 20 minutos en High. Una vez listo, realizar una liberación rápida. Batir la mezcla hasta no quedar grumos. Decorar con leche de coco para dervir.

Crema de Patata con Carne

4 raciones | Tiempo Total de Preparación: 20 minutos

INGREDIENTES

2 tazas patatas en dados
4 cdas mantequilla
8 oz carne picada de ternera
4 tazas caldo de pollo
1 cdita ajo en polvo
1 cdita perejil seco
1 cdita albahaca seca
¾ taza zanahoria rallada

1 apio picado
1 cebolla en dados
4 cebolletas picadas
2 ½ tazas queso cheddar rallado
¼ taza crema agria
Sal y pimienta negra al gusto
1 ½ tazas crema

ELABORACIÓN

Seleccionar Sauté y derretir la mantequilla. Dorar la carne por 5 minutos. Agregar el perejil, ajo en polvo, caldo, albahaca, zanahoria, apio, cebolla y patatas. Sellar la tapa. Cocinar en Manual por 10 minutos en High. Una vez listo, realizar una liberación natural de presión por 5 minutos. Incorporar la crema, crema agria y sazonadores hasta quedar bien mezclado. Agregar 2 tazas del queso, cocinar en Sauté hasta derretir. Servir con el queso restante y cebolletas.

Cazuela de Garbanzos y Naba

6 raciones | Tiempo Total de Preparación: 130 minutos

INGREDIENTES

1 taza caldo de verduras
½ cditas hojas de pimienta roja
2 dientes de ajo picado
14 oz tomates picados
4 zanahorias picada
2 nabos picados

1 cebolla en dados
16 oz garbanzos en lata
1 calabacín rebanado
½ cdita comino molido
Sal y pimienta negra al gusto

ELABORACIÓN

Seleccionar Sauté y calentar el aceite. Agregar la cebolla, ajo, zanahorias y naba, cocinar 5 minutos. Añadir el caldo, tomates, sal, pimienta negra y roja y comino. Sellar la tapa. Cocinar en Manual por 10 minutos en High. Una vez listo, realizar una liberación natural de presión por 5 minutos, luego una liberación rápida. Añadir el calabacín y los garbanzos, cocinar 10 minutos en Sauté. Servir.

Singular Estofado de Aguacate y Tocino

4 raciones | Tiempo Total de Preparación: 50 minutos

INGREDIENTES

2 tiras de tocino
2 cdas aceite de oliva
2 aguacates en cubos
1 taza zanahorias picada
1 apio picado
1 pimiento morrón verde picado
3 cdas chile en polvo
1 cebolla en dados
1 jalapeño picado

28 oz tomate triturado en lata
2 lb carne picada de ternera
2 cditas comino
1 cda albahaca
Sal y pimienta negra al gusto
1 cda oregano
½ cdita cebolla en polvo
½ cdita cayena

ELABORACIÓN

Seleccionar Sauté y calentar el aceite. Agregar el tocino, cocinar 5 minutos hasta quedar crujiente. Separar. Incorporar los ingredientes restantes, excepto el aguacte y los tomates. cocinar 5 minutos. Depositar los tomates y una taza de agua. Sellar la tapa. Cocinar en Manual por 20 minutos en High. Realizar una liberación rápida. Añadir el tocino y aguacate. Dividir el platos para servir.

Estofado Rústico de Verduras

5 raciones | Tiempo Total de Preparación: 29 minutos

INGREDIENTES

3 apios picados
3 tazas caldo de verduras
½ cdita cilantro
1/8 cdita pimienta de cayena
½ cdita comino molido
Sal y pimienta negra al gusto
2 cebollas en dados

3 dientes de ajo picado
3 zanahorias rebanadas
10 patatas picadas
1 naba picada
1 lata (15-oz) tomates en trozos
1 cda aceite de oliva
Perejil picado

ELABORACIÓN

Seleccionar Sauté y calentar el aceite. Agregar la cebolla, ajo, y especias, cocinar 3-4 minutos. Añadir los ingredientes restantes. Sellar la tapa. Cocinar en Manual por 15 minutos en High. Realizar una liberación rápida. Servir en porciones y decorar con perejil picado.

Ratatouille Guisado

5 raciones | Tiempo Total de Preparación: 17 minutos

INGREDIENTES

2 calabacines picados
1 berenjena picada
1 lata (15-oz) tomates en trozos
1 cda ajo picado
2 cdas albahaca picada

1 cebolla en dados
½ taza aceite de oliva
Sal y pimienta negra al gusto
Perejil picado

ELABORACIÓN

Agregar todos los ingredientes en la IP, excepto el calabacín. Depositar 1 taza de agua. Sellar la tapa. Cocinar en Manual por 3-4 minutos en High. Una vez listo, realizar una liberación natural de presión por 5 minutos. Añadir el calabacín, cocinar por 3 minutos en Sauté. Servir caliente, dividido en platos y decorado con perejil picado.

Estofado de Pollo y Vegetales

5 raciones | Tiempo Total de Preparación: 28 minutos

INGREDIENTES

2 zanahorias picadas
3 cdas aceite de oliva
2 cebollas en dados
2 patatas en cubos
2 dientes de ajo picado
2 apios picados
2 tazas caldo
Sal y pimienta negra al gusto
¼ cdita pimienta de cayena
1 lata (29-oz) puré de calabaza
1 cda harina
1 ½ lb espinaca baby picada
2 tazas pollo cocido en cubos
Cebollino picado para decorar

ELABORACIÓN

Seleccionar Sauté y calentar el aceite. Agregar la cebolla, zanahoria, apio y ajo, cocinar 5 minutos. Incorporar los ingredientes restantes.

Sellar la tapa. Cocinar en Manual por 8 minutos en High. Una vez listo, realizar una liberación natural de presión por 5 minutos. Decorar con cebollino para servir.

Guiso de Pollo con Dátiles

4 raciones | Tiempo Total de Preparación: 30 minutos

INGREDIENTES

2 cdas moras mixtas
3 rebanadas de jengibre
Un puñado de nueces de macadamia
Un puñado de dátiles
Sal y pimienta negra al gusto
1 pollo entero

ELABORACIÓN

Limpiar el interior del pollo. Depositar ½ taza de agua en IP. En un bol, mezclar todos los ingredientes, excepto sal y pimienta. Rellenar el pollo con la mezcla. Acomodar el pollo en la olla y sazonar con sal y pimienta.

Sellar la tapa. Cocinar en Manual por 20 minutos en High. Una vez listo, realizar una liberación natural de presión por 5 minutos. Retirar el pollo y rebanar. Servir.

Estofado de Ternera con Patatas y Guisantes

4 raciones | Tiempo Total de Preparación: 30 minutos

INGREDIENTES

2 tazas caldo de pollo
1 lb carne de ternera troceada en cubitos
3 cdas aceite de oliva
2 dientes ajo picado
1 cebolla picada
1 taza guisantes
2 zanahorias picadas
1 cdita oregano
4 patatas trozeadas
¼ taza salsa de tomate
¼ taza vino tinto
1 hoja de laurel
Sal y pimienta negra al gusto
Perejil para servir

ELABORACIÓN

Seleccionar Sauté y calentar el aceite. Agregar la cebolla, zanahoria, y ajo, cocinar 5 minutos. Añadir lternera, cocinar 5 minutos más. Incorporar los ingredientes restantes, excepto el perejil.

Sellar la tapa. Cocinar en Manual por 20 minutos en High. Una vez listo, realizar liberación natural de presión por 10 minutos. Decorar con perejil para servir.

SNACKS & APERITIVOS

Muffins de Huevo con Jamón Serrano y Parmesano

4 raciones | Tiempo Total de Preparación: 15 minutos

INGREDIENTES

8 huevos
8 rebanadas jamón serrano
Sal y pimienta negra al gusto
4 rebanadas queso parmesano

2 cdas mantequilla ablandada
4 cdas cebolleta picada
2 cdas cilantro picado

ELABORACIÓN

Depositar una taza de agua en la IP y colocar el trivet. Engrasar 4 moldes pequeños con mantequilla. Acomodar el jamón en el fondo y partir dos huevos en cada uno. Agregar la cebolla y cubrir con queso. Acomodar los moldes en el trivet y cubrir con aluminio. Sellar la tapa. Cocinar en Manual por 5 minutos en High. Una vez listo, realizar una liberación rápida. Servir con cilantro.

Pato en Salsa de Chile Serrano

6 raciones | Tiempo Total de Preparación: 40 minutos

INGREDIENTES

1 ½ lb pierna de pato
½ taza jarabe de maple
½ taza puré de tomate
2 cditas albahaca

1 cda oregano
1 cda comino
Sal y pimienta negra al gusto

Para la Salsa:

½ taza crema batida
½ taza perejil picado
¼ taza aceite de oliva

2 cdas jugo de limón
2 serranos picados
1 diente de ajo

ELABORACIÓN

Depositar 1 taza de agua en IP y colocar una rejilla. Acomodar el pato en un molde. En un bol, combinar todos los ingredientes del pato y vaciar la mezcla dentro del molde. Acomodar el molde en la rejilla. Sellar la tapa. Cocinar en Manual por 20 minutos en High. Realizar una liberación natural de presión por 10 minutos. Colocar todos los ingredientes de la salsa en un procesador de alimentos y mezclar. Verter en un recipiente. Servir el pato con la salsa.

Salchichitas con Bacon

12 raciones | Tiempo Total de Preparación: 35 minutos

INGREDIENTES

1 ln rebanadas de bacon
14 oz mini salchichas ahumadas

2 cdas vinagre
¾ taza azúcar moscabada

ELABORACIÓN

Cortar las rebanadas de tocino por la mitad. Envolver una rebanada de tocino en una salchicha. Acomodarlas en un molde de vidrio. En un recipiente, mezclar el vinagre con la azúcar moscabada. Vaciar en el molde. Marinar las salchichas toda la noche en el refrigerador. Depositar 1 taza de agua en la IP y colocar el trivet. Retirar el molde del refrigerador y colocarlo en el trivet. Sellar la tapa. Cocinar en Manual por 20 minutos en High. Una vez listo, realizar una liberación rápida.

Buffalo Chicken Wings con Queso Azul

4 raciones | Tiempo Total de Preparación: 36 minutos

INGREDIENTES

1 ½ lb alitas de pollo
Sal y pimienta negra al gusto
½ cda vinagre blanco
2 cdas mantequilla
2 cdas salsa picante
1 taza caldo de pollo
Dip de Queso Azul:

¾ cdita vinagre de vino tinto
½ cdita semillas de apio
Una pizca de pimienta de cayena
Sal y pimienta negra al gusto
1/3 taza mayonesa
2 cdas queso azul, desmoronado

ELABORACIÓN

Agregar la mantequilla, vinagre y salsa picante en la olla. Seleccionar Sauté y cocinar 2 minutos. Sazonar las alitas con sal y pimienta. Acomodarlas en la olla, cocinar 4 minutos por lado. Verter el caldo. Sellar la tapa. Cocinar en Manual por 20 minutos en High. Una vez listo, realizar una liberación rápida. Mezclar los ingredientes del dip de queso azul en un bol. Servir con el dip.

Champiñones Rellenos con Salchicha Italiana

4 raciones | Tiempo Total de Preparación: 32 minutos

INGREDIENTES

2 tazas champiñones
1 taza salsa marinara
1/8 taza parmesano rallado
Sal y pimienta negra al gusto

1 lb salchichas rebanadas
1 diente de ajo, finamente picado
1 cebolla en dados
½ cda aceite de coco

ELABORACIÓN

Limpiar los champiñones y cortar el tallo. Acomodar las cabezas en una toalla de papel para drenarlos. Trocear los tallos en un bol. Seleccionar Sauté y calentar el aceite. Agregar el ajo, cebolla y tallos de champiñón, cocinar 5 minutos. Separar. Añadir la salchicha, dorar 3-4 minutos. Transferir a un recipiente y añadir el parmesano. Mezclar bien.

Rellenar las cabezas de los champiñones con la mezcla. Depositar la salsa marinara dentro de la IP y acomodar los champiñones. Vaciar una taza de agua. Sellar la tapa. Cocinar en Manual por 8 minutos en High. Una vez listo, realizar una liberación natural de presión por 5 minutos. Servir.

Mezcla Botanera

6 raciones | Tiempo Total de Preparación: 18 minutos

INGREDIENTES

2 ½ tazas cereales azucarados
¼ cdita ajo en polvo
½ cdita cebolla en polvo
½ cdita salsa picante
2 cdas salsa inglesa

1/8 taza mantequilla derretida
¾ taza nueces mixtas
¾ taza palitos de sésamo
¾ taza pretzels pequeños
Sal y pimienta negra al gusto

ELABORACIÓN

En un bol, combinar la mantequilla, salsa picante, salsa inglesa y cebolla en polvo. Añadir los cereales, palitos de ajonjolí, pretzels y mezcla de nueces. Vaciar la mezcla en un molde engrasado. Depositar 1 taza de agua en la IP y colocar el trivet. Acomodar el molde en el trivet. Sellar la tapa. Cocinar en Manual por 5 minutos en High. Realizar liberación natural de presión por 10 minutos.

Wrap de Lechuga con Pollo Teriyaki

6 raciones | Tiempo Total de Preparación: 36 minutos

INGREDIENTES

½ cda jengibre molido
3 dientes de ajo picado
4 pechuga de pollo en cubos
¼ cdas vinagre de vino tinto
1 cda tapioca en polvo
½ taza leche de coco

½ taza miel
1 cebolla picada
1 ¼ tazas agua
6 hojas de lechuga
Queso cheddar para decorar

ELABORACIÓN

Agregar todos los ingredientes en IP, excepto la lechuga y la tapioca. Sellar la tapa. Cocinar en Manual por 18 minutos en High. Realizar liberación natural de presión. En un bol, combinar la tapioca con agua. Retirar el pollo de la olla y separar. Añadir la tapioca, cocinar 3 minutos en Sauté. Regresar el pollo y mezclar. Servir sobre las hojas de lechuga y espolvorear con queso cheddar.

Albóndigas Agridulces

5 raciones | Tiempo Total de Preparación: 34 minutos

INGREDIENTES

2 lb ccarne picada de ternera
4 cdas aceite de oliva
½ taza pan molido
2 cdas azúcar moscabada
¾ taza miel
1 botella salsa picante

½ cdita salsa inglesa
Sal y pimienta negra al gusto
1 cda perejil picado
1 huevo
¼ taza leche
1/3 taza cebolla picada

ELABORACIÓN

En un recipiente, mezclar la carne picada, cebolla, leche, huevo, perejil, sal, pimienta, salsa inglesa y pan molido. Hacer bolas con la mezcla. Seleccionar Sauté y dorar las albóndigas por 10 minutos. Acomodar sobre una toalla de papel.

Agregar la azúcar moscabada, salsa picante y miel, mezclar hasta derretir. Añadir las albóndigas y combinar. Depositar ½ taza de agua. Sellar la tapa. Cocinar en Manual por 4 minutos en High. Una vez listo, realizar una liberación natural de presión por 5 minutos. Servir.

Cazuelitas de Huevo con Queso y Bacon

4 raciones | Tiempo Total de Preparación: 25 minutos

INGREDIENTES

8 huevos
8 rebanadas de bacon
4 rebanadas de queso parmesano
4 cdas cebolleta picada

2 cdas perejil picado
2 cdas mantequilla
Sal y pimienta negra al gusto

ELABORACIÓN

Depositar 1 taza de agua en IP y colocar trivet. Engrasar 4 moldes con mantequilla. Partir 2 huevos en cada uno y cubrir con cebolletas. Añadir 2 rebanadas de bacon sobre las cebollas y colocar ½ rebanada de queso. Agregar el perejil. Cubrir los moldes con aluminio y acomodarlos en el trivet. Sellar la tapa. Cocinar en Manual por 8 minutos en High. Realizar liberación natural de presión por 10 minutos y servir.

Alitas de Pollo con Salsa Dulce

5 raciones | Tiempo Total de Preparación: 38 minutos

INGREDIENTES

- 2 lb alitas de pollo
- Sal y pimienta negra al gusto
- 3 dientes de ajo picado
- 1 cda jugo de lima
- ¼ taza caldo de pollo
- 1/3 taza miel pura
- 1/3 taza vinagre balsámico
- 1/3 taza salsa de soya
- 1 ½ cdita salsa Sriracha
- 1 cda cilantro molido
- 3 cdas almidón de papa
- ¼ taza cilantro para decorar

ELABORACIÓN

Sazonar las alitas de pollo con sal y pimienta. Acomodarlas en la IP. En un bol, mezclar la miel, caldo, vinagre, salsa de soya, ajo, jugo de lima, cilantro molido y salsa sriracha. Vaciar la mezcla sobre las alitas, combinar.

Sellar la tapa. Cocinar en Manual por 20 minutos en High. Realizar una liberación natural de presión por 5 minutos. Mezclar el almidón de papa con 1/4 taza de agua fría hasta que no quede grumos. Vaciar en la olla, cocinar 2-3 minutos más en Sauté. Servir caliente con hojas de cilantro.

Champiñones Rellenos de Ajonjolí Cremoso

8 raciones | Tiempo Total de Preparación: 15 minutos

INGREDIENTES

- 2 lb champiñones rebanados
- 2 cdas pasta de ajonjolí
- 3 cdas ajonjolí
- 1 cda jugo de limón
- 2 cditas ajo picado
- 1 cdita comino
- 2 cdas aceite de oliva
- Sal y pimienta negra al gusto

ELABORACIÓN

Seleccionar Sauté y calentar el aceite. Agregar el ajo y champiñones, cocinar por un minuto. Depositar una taza de agua. Sellar la tapa. Cocinar en Manual por 4 minutos en High. Realizar una liberación rápida. Escurrir los champiñones y el ajo. Colocarlos en un procesador de alimentos, añadir el jugo de limón, aceite de oliva, sal, pimienta y ajonjolí en pasta. Mezclar hasta no quedar grumos. Añadir el ajonjolí y servir.

Palitos de Zanahoria con Limón y Nueces

8 raciones | Tiempo Total de Preparación: 15 minutos

INGREDIENTES

- ¼ taza aceite de oliva
- 3 lb zanahorias rebanadas
- ¼ taza nueces picadas
- 2 cdas vinagre balsámico
- 1 cda jugo de naranja
- 2 cditas jugo de limón
- ¼ cdita comino molido
- ½ cdita cebolla en polvo
- Sal y pimienta negra al gusto

ELABORACIÓN

Depositar 3 ½ tazas de agua y las zanahorias en la IP. Sellar la tapa. Cocinar en Manual por 5 minutos en High. Una vez listo, realizar una liberación rápida. Escurrir las zanahorias y colocarlas en un recipiente,

En otro bol, mezclar el vinagre, jugo de naranja, jugo de limón, comino, cebolla en polvo y aceite de oliva. Vaciar la mezcla sobre las zanahorias y combinar. Decorar con nueces para servir.

Caviar de Berenjena

12 raciones | Tiempo Total de Preparación: 21 minutos

INGREDIENTES

2 berenjenas
Sal y pimienta negra al gusto
4 cdas jugo de limón
1 cdita hojas de oregano secas
4 cdas aceite de oliva

6 dientes de ajo picado
½ taza yogurt
½ taza cebolla finamente picada
1 tomate finamente picado

ELABORACIÓN

Depositar 1 taza de agua en la IP y colocar el trivet. Hacer hoyos por toda la berenjena con un tenedor. Acomodarla en el trivet. Sellar la tapa. Cocinar en Manual por 6 minutos en High. Una vez listo, realizar una liberación rápida.

Rebanar la berenjena por la mitad y retirar la pulpa a un bol. Machacar la pulpa y mezclarla con la cebolla, yogurt, tomate, ajo, aceite de oliva y oregano. Sazonar con jugo de limón, sal y pimienta. Servir con pan pita o rebanadas de pan.

Bolas de Pollo con Salsa Buffalo

4 raciones | Tiempo Total de Preparación: 30 minutos

INGREDIENTES

1 cda salsa buffalo
1 lb molida de pollo
1 cebolla rallada
3 cdas harina

½ cdita pimentón
Sal y pimienta negra al gusto
½ cdita ajo picado
1 huevo

ELABORACIÓN

En un bol, batir los huevos, agregar la molida de pollo y el ajo. Añadir la harina, pimentón, cebolla, sal y pimienta. Mezclar bien. Crear bolas con la mezcla.

Depositar 1 taza de agua en la IP y colocar el trivet. Acomodar las bolas en un bol resistente al calor y bañarlas con la salsa. Colocar el bol sobre el trivet. Sellar la tapa. Cocinar en Manual por 20 minutos en High. Una vez listo, realizar una liberación rápida. Servir caliente.

Hummus de Calabaza

5 raciones | Tiempo Total de Preparación: 25 minutos

INGREDIENTES

2 lb calabaza picada
1 cda semillas de calabza
1/3 cdita sal
½ cdita pimienta de cayena

½ cdita ajo picado
3 cdas aceite de oliva
1 cdita salsa tahini

ELABORACIÓN

Depositar 1 taza de agua en la IP y colocar el trivet. Colocar la calabaza en un recipiente sobre el trivet. Sellar la tapa. Cocinar en Manual por 15 minutos en High. Una vez listo, realizar una liberación rápida. Dejar enfríar la calabaza.

Colocar la calabaza en una licuadora, añadir el aceite de oliva, salsa de soya, ajo y pimienta de cayena. Agregar la sal y las semillas de calabaza. Mezclar por unos minutos hasta no quedar grumos. Colocar en moldes pequeños y servir.

Fabuloso Fondue de Queso

6 raciones | Tiempo Total de Preparación: 15 minutos

INGREDIENTES

1 taza queso suizo rallado
2 cdas pimienta de cayena en polvo
1 diente de ajo picado

1/3 taza vino blanco
4 pz queso crema
½ cda harina de almendra

ELABORACIÓN

En un recipiente, combinar el queso suizo con la harina. Añadir el queso crema y mezclar. Incorporar el vino y el ajo. Cubrir con papel aluminio. Depositar 1 taza de agua en la IP y colocar el trivet. Acomodar el recipiente en el trivet. Sellar la tapa. Cocinar en Manual por 5 minutos en High. Una vez listo, realizar una liberación rápida. Sazonar con pimienta de cayena. Cuando el fondue espese, añadir más vino y mezclar. Servir.

Dip de Queso con Carne

6 raciones | Tiempo Total de Preparación: 40 minutos

INGREDIENTES

3 ½ lb carne picada de ternera
1 cebolla finamente picado
6 totopos

1 caja queso Velveeta en cubos
1 envase (16-oz) salsa chunky pace
3 cdas aceite de oliva

ELABORACIÓN

Seleccionar Sauté y calentar el aceite. Dorar la carne por 8-10 minutos. Agregar la cebolla a la mitad de la cocción, mezclar. Incorporar la salsa, 1 taza de agua y el queso en cubos. Sellar la tapa. Cocinar en Manual por 20 minutos en High. Una vez listo, realizar una liberación rápida. Servir con totopos.

Piernas de Pollo en BBQ

6 raciones | Tiempo Total de Preparación: 30 minutos

INGREDIENTES

3 lb piernas de pollo
2 cditas ajo picado
1/8 cdita pimienta negra

¼ taza jarabe de maple
2 cdas salsa picante
1 ¼ tazas salsa BBQ

ELABORACIÓN

Acomodar las piernas de pollo en el fondo de la IP. Agregar la salsa picante, salsa BBQ, jarabe de maple, ajo y pimienta en un recipiente. Mezclar bien. Vaciar la mezcla sobre las piernas. Depositar ½ taza de agua. Sellar la tapa. Cocinar en Manual por 20 minutos en High. Una vez listo, realizar una liberación rápida. Servir como un entrante picante.

Tortitas de Patata y Calabacín

4 raciones | Tiempo Total de Preparación: 20 minutos

INGREDIENTES

¼ taza hojuelas de coco
¼ taza harina de coco
½ taza patata machacada
1 calabacín rallado
1 zanahoria picada

½ cdita comino molido
1 cda perejil
Sal y pimienta negra al gusto
2 cdas aceite de oliva

ELABORACIÓN

Seleccionar Sauté y calentar el aceite. En un recipiente, mezclar todos los ingredientes. Hacer 4 hamburguesas. Agregar las hamburguesas, cocinar 3 minutos por lado. Para una textura más suave, agregar una cda de agua. Sellar la tapa. Cocinar en Manual por 2 minutos en High. Una vez listo, realizar una liberación natural de presión por 5 minutos. Servir de inmediato.

Cazuela de Pollo y Apio

6 raciones | Tiempo Total de Preparación: 26 minutos

INGREDIENTES

1 lb pechuga de pollo
13 oz galletas saladas crackers
1 manojo de apio picado
2 tazas de cheddar rallado

¾ taza salsa tabasco
1 taza aderezo ranch
16 oz queso mascarpone
2 cdas aceite de oliva

ELABORACIÓN

Seleccionar Sauté y calentar el aceite. Agregar las pechugas, cocinar 2-3 minutos por lado. Transferirlas a un molde. Agregar la salsa picante, aderezo ranch y queso mascarpone, mezclar para incorporar. Incorporar la mitad del queso rallado. Cubrir con el queso restante.

Depositar 1 taza de agua en la IP y colocar el trivet. Acomodar el molde en el trivet. Sellar la tapa. Cocinar en Manual por 8 minutos en High. Una vez listo, realizar una liberación natural de presión por 5 minutos. Sevir con palitos de apio.

Rollitos de Pollo con Prosciutto y Espárragos

4 raciones | Tiempo Total de Preparación: 30 minutos

INGREDIENTES

8 rebanadas de Prosciutto
4 mitades pechuga de pollo
2 dientes de ajo picado

Sal y pimienta negra al gusto
1 bonche de espárragos
Perejil picado para decorar

ELABORACIÓN

Rebanar las pechugas. Usando un mazo, aplanar las pechugas. Colocar 3 o 4 piezas de espárragos junto con un poco de ajo. Envolver el pollo. Colocar una rebanada de prosciutto alrededor del pollo, asegurar con palillos. Repetir el proceso para cada pieza de pollo. Depositar 1 taza de agua en la IP y colocar el trivet. Acomodar los rollos sobre el trivet. Sellar la tapa. Cocinar en Manual por 15 minutos en High. Una vez listo, realizar una liberación natural de presión por 5 minutos. Servir.

Dip de Espinaca y Espárragos

16 raciones | Tiempo Total de Preparación: 20 minutos

INGREDIENTES

18 oz espárragos picados
12 oz espinaca picada
1 ½ tazas Colby rallado

Sal y pimienta negra al gusto
½ taza mayonesa
1 taza crema

ELABORACIÓN

Depositar 1 taza de agua en la IP y colocar el trivet. En un molde, mezclar todos los ingredientes. Cubrir con aluminio y colocarlo en el trivet. Sellar la tapa. Cocinar en Manual por 12 minutos en High. Realizar una liberación rápida. Servir con galletas saladas.

Pizza de Coliflor Estilo Margarita

4 raciones | Tiempo Total de Preparación: 35 minutos

INGREDIENTES

1 huevo
1 ½ tazas arroz de coliflor
1 taza mozzarella rallada
2 tomates rebanados

2 cdas harina de coco
½ cdita ajo en polvo
½ cdita sal de mar

ELABORACIÓN

Cubrir una molde con papel encerado. Depositar 1 taza de agua en la IP y colocar el trivet. Agregar todos los ingredientes al molde, acomodarlo en el trivet.

Sellar la tapa. Cocinar en Manual por 10 minutos en High. Una vez listo, realizar una liberación rápida. Espolvorear el queso sobre la costra y añadir rebanadas de tomate.

Asegurar la tapa de nuevo. Cocinar en Manual por 5 minutos en High. Una vez listo, realizar una liberación manual.

Costillitas BBQ Estilo Texas

4 raciones | Tiempo Total de Preparación: 60 minutos

INGREDIENTES

1 taza salsa BBQ
2 cdas chile en polvo
½ cda ajo en polvo
2 cdas aceite de oliva

½ cebolla en dados
2 lb costillas de res cortada en 2 piezas de hueso
Sal y pimienta negra al gusto

ELABORACIÓN

Seleccionar Sauté y calentar el aceite. Aplicar sobre la carne, sal, pimienta, ajo y chile en polvo. Dorar 5-6 minutos en ambos lados. Separar.

Agregar la cebolla, cocinar 3 minutos. Regresar la carne y vaciar la salsa BBQ con ½ taza de agua. Sellar la tapa. Cocinar en Manual por 35-45 minutos en High.

Una vez listo, realizar una liberación natural de presión por 10 minutos. Servir caliente.

Dip de Naranja y Tofu

12 raciones | Tiempo Total de Preparación: 15 minutos

INGREDIENTES

1 ½ tazas tofu
2 tazas col china bok choy picada
1 cdita hojas de eneldo
2 cditas jugo de naranja

Sal y pimienta negra al gusto
1 ¼ tazas mayonesa vegana
1 cda ralladura de naranja para decorar

ELABORACIÓN

En un molde, combinar todos los ingredientes, excepto la ralladura de naranja. Cubrir el molde con aluminio. Depositar 1 taza de agua en la IP y colocar el trivet. Acomodar el molde en el trivet.

Sellar la tapa. Cocinar en Manual por 10 minutos en High. Una vez listo, realizar una liberación rápida. Decorar con ralladura de naranja y servir.

Huevos Endiablados

4 raciones | Tiempo Total de Preparación: 20 minutos

INGREDIENTES

4 huevos
1 cdita pimentón
1 cda mayonesa light
1 cdita mostaza Dijón

1 cda de jugo de pepinillo
Sal y pimienta negra al gusto
Perejil para decorar

ELABORACIÓN

Colocar los huevos y una taza de agua en la IP. Sellar la tapa. Cocinar en Manual por 5 minutos en High. Una vez listo, realizar una liberación rápida. Transferir los huevos a un baño de hielo, enfriar por 5 minutos. Pelarlos y cortarlos por la mitad.

Colocar las yemas en un bol, macharlas y añadir los ingredientes restantes, excepto el perejil. Rellenar los huevos con la mezcla y decorar con perejil para servir.

Dip de Naba y Camote

4 raciones | Tiempo Total de Preparación: 15 minutos

INGREDIENTES

3 cdas aceite de oliva
6 dientes de ajo enteros pelados
2 cdas jugo de limón

1 naba
1 camote
2 cdas leche de coco

ELABORACIÓN

Depositar 1 taza de agua en la IP y colocar el trivet. Acomodar el camote, naba y ajo en el trivet. Sellar la tapa. Cocinar en Manual por 10 minutos en High. Una vez listo, realizar una liberación rápida.

Colocar los vegetales en un procesador de alimentos, añadir los ingredientes restantes y mezclar hasta no quedar grumos. Transferir a un refractario con tapa. Refrigerar por 2 horas antes de servir.

Elotes con Queso

6 raciones | Tiempo Total de Preparación: 10 minutos

INGREDIENTES

Jugo de 2 limas
1 taza Grana Padano rallado
6 mazorcas de elote

6 cdas yogurt
½ cdita ajo en polvo
Sal y pimienta negra al gusto

ELABORACIÓN

Depositar 1 taza de agua en la IP y colocar el trivet. Acomodar el elote en el trivet. Sellar la tapa. Cocinar en Steam por 3 minutos en High.

En un bol, mezclar los ingredientes restantes, excepto el queso. Una vez listo, realizar una liberación rápida. Dejar enfríar un par de minutos. Retirar la cáscara del elote y aplicar la mezcla. Espolvorear el queso y servir.

POSTRES

Clásico Pastel Tiramisú

12 raciones | Tiempo Total de Preparación: 50 minutos

INGREDIENTES

1 cda licor de chocolate
1 ½ tazas bizcocho de soletilla
1 cda expreso granulado
1 cda mantequilla derretida
16 oz crema batida
8 oz queso mascarpone

2 huevos
2 cdas sugar azúcar glass
½ taza azúcar
1 cda chocolate en polvo
1 cdita extracto de vainilla

ELABORACIÓN

En bol, mezclar la crema batida, mascarpone y azúcar. Añadir los huevos, azúcar glass y vainilla. Combinar el licor, bizcocho, expreso en grano y mantequilla en otro bol. Acomodar la corteza de bizcocho en el fondo de un molde engrasado. Vaciar la mezcla de huevo y cubrir con aluminio.

Depositar 1 taza de agua en la IP y colocar el trivet. Acomodar el molde en el trivet. Sellar la tapa. Cocinar en Manual por 35 minutos en High. Esperar 10 minutos antes de realizar una liberación rápida. Dejar enfríar antes de servir.

Cheescake de Limón con Moras

6 raciones | Tiempo Total de Preparación: 25 minutos

INGREDIENTES

1 ½ tazas galletas graham
1 taza moras azules
3 tazas queso crema
1 cda jugo de limón
3 huevos

½ barra mantequilla derretida
¾ tazas azúcar
1 cdita vainilla en pasta
1 cdita ralladura de limón

ELABORACIÓN

Depositar 1 taza de agua en IP y colocar el trivet. Engrasar un molde. En un recipiente, combinar la corteza de galleta con azúcar y mantequilla. Colocar la corteza en el fondo del molde. Batir las moras azules y el queso crema con una batidora eléctrica. Partir un huevo, mezclar hasta incorporar.

Añadir los ingredientes faltantes, revolver. Vaciar la mezcla dentro del molde y cubrirlo con aluminio. Acomodar el molde en el trivet. Sellar la tapa. Cocinar en Manual por 20 minutos en High. Una vez listo, realizar una liberación rápida. Refrigerar por al menos dos horas.

Pan Navideño de Plátano

12 raciones | Tiempo Total de Preparación: 45 minutos

INGREDIENTES

3 plátanos machacados
1 ¼ tazas azúcar
1 taza leche
2 tazas harina
1 cdita bicarbonato de sodio
1 cdita levadura
1 cda jugo de piña

1 barra mantequilla ablandada
Una pizca de sal
¼ cdita canela
½ cdita extracto de vainilla en puré

ELABORACIÓN

En un recipiente, mezclar la harina, levadura, bicarbonato de sodio, azúcar, vainilla y sal. Añadir los plátanos, canela y jugo de piña. Incorporar poco a poco la mantequilla y la leche. Revolver para incorporar todos los ingredientes. Vaciar la mezcla en un molde redondo. Depositar 2 tazas de agua en la IP y colocar el trivet. Acomodar el molde en el trivet. Sellar la tapa. Cocinar en Manual por 40 minutos en High. Realizar una liberación rápida.

Pastel de Almendras

4 raciones | Tiempo Total de Preparación: 50 minutos

INGREDIENTES

3 huevos, yemas y claras separadas
¾ taza harina de almendra
½ cdita extracto de almendra

1 ½ tazas leche de coco caliente
½ taza azúcar de almendra
2 cdas aceite de coco derretido

ELABORACIÓN

En un bol, batir las yemas de huevo con el azúcar de almendra. En otro bol, mezclar las claras de huevo hasta formar picos. Añadir el extracto de almendra y aceite de coco. Cuidadosamente añadir la harina. Cubrir un molde con papel y vaciar la mezcla. Depositar 1 taza de agua en la IP y colocar una rejilla. Acomodar el molde en la rejilla. Sellar la tapa. Cocinar en Manual por 40 minutos en High. Realizar una liberación rápida y servir.

Crema de Limón con Moras Azules

2 raciones | Tiempo Total de Preparación: 4 horas y 5 minutos

INGREDIENTES

½ taza moras azules
½ taza fresas picadas
½ taza frambuesas

1 taza leche
¼ cdita extracto de vainilla
¼ cda ralladura de limón

ELABORACIÓN

Agregar todos los ingredientes en la olla, excepto el extracto de vainilla. Sellar la tapa. Cocinar en Steam por 2 minutos en High. Una vez listo, realizar una liberación rápida. Transferir a una licuadora y añadir la vainilla. Licuar hasta no quedar grumos. Dividir la mezcla en 2 envases de cristal. Dejar enfríar 4 horas antes de servir. Espolvorear ralladura de limón y servir.

Barras de Almendra con Avena

6 raciones | Tiempo Total de Preparación: 55 minutos

INGREDIENTES

1 taza harina
1 huevo
½ taza mantequilla de almendra ablandada
½ taza mantequilla ablandada
1 taza avena

½ taza azúcar
½ cdita bicarbonato de sodio
½ cdita sal
½ cda azúcar moscabada

ELABORACIÓN

Mezclar los huevos, mantequilla de almendras, mantequilla, sal, azúcar blanca y azúcar moscabada. Incorporar la avena, harina y bicarbonato de sodio. Vaciar la mezcla en un molde engrasado. Cubrir con un pedazo de aluminio. Depositar 1 taza de agua en IP y colocar el trivet. Acomodar el molde en el trivet. Sellar la tapa. Cocinar en Manual por 35 minutos en High. Realizar una liberación rápida.

Tartaleta de Moras

8 raciones | Tiempo Total de Preparación: 40 minutos

INGREDIENTES

Relleno de Moras:

2 cdas jugo de limón
¼ taza maicena
5 tazas moras mixtas congeladas
2/3 tazas azúcar

Cubierta para el bizcocho:

3 cdas azúcar
1 ¼ tazas harina
1 cdita levadura
Una pizca de sal
4 cdas mantequilla en cubos
¾ taza leche
¼ cdita canela molida
Cubierta de Crema Batida:
2 cdas azúcar glass
¼ taza crema agria
½ taza crema entera

ELABORACIÓN

En un bol, mezclar la maicena, jugo de limón y 2 cdas de agua. Añadir las moras y azúcar. Vaciar la mezcla en un molde engrasado. En un recipiente, combinar la harina, 2 cdas de azúcar, levadura y sal. Añadir la mantequilla y amasar para crear una pasta. Agregar leche, amasar para crear una pasta húmeda. Colocar una cucharada de la pasta sobre la mezcla.

Combinar 1 cda de azúcar con la canela. Espolvorear sobre la pasta. Depositar 1 taza de agua en la IP y colocar el trivet. Acomodar el molde en el trivet. Sellar la tapa. Cocinar en Manual por 15 minutos en High. Una vez listo, realizar una liberación natural de presión por 5 minutos. En un recipiente, mezclar los ingredientes de la cobertura con una batidora eléctrica hasta crear picos. Colocar la tarta en platos y decorar con la cobertura de crema.

Pastel Volteado de Piña

6 raciones | Tiempo Total de Preparación: 70 minutos

INGREDIENTES

1 taza harina
½ taza nueces pacanas picada
½ cdita canela molida
¾ cdita levadura
½ taza azúcar moscabada
10 cdas mantequilla ablandada
¾ cdita nuez moscada
¾ cdita sal fina
2/3 taza azúcar
1 cda azúcar glass
½ taza crema entera
2 cdas leche entera
1 cdita extracto de vainilla
2 huevos
2 cdas ron añejo
½ piña rebanada
1 cdas cerezas picadas
Cerezas enteras para decorar

ELABORACIÓN

Engrasar un molde con spray de cocina. Cubrirlo con doble capa de aluminio y engrasarlo. Añadir el azúcar moscabada y el ron. Acomodar las piñas en el fondo del molde. En un recipiente, mezclar la harina, nueces, levadura, canela, nuez moscada y sal. En otro recipiente, combinar la azúcar y la mantequilla usando una batidora eléctrica hasta quedar sin grumos. Añadir los huevos y la vainilla.

Incorporar la leche. Untar la mezcla sobre las piñas. Depositar 1 taza de agua en la IP y colocar el trivet. Acomodar el molde en el trivet. Sellar la tapa. Cocinar en Manual por 30 minutos en High. Realizar liberación natural de presión por 10 minutos. Dejar enfríar por 20 minutos. Desmoldar el pastel sobre un plato, y retirar el aluminio. Batir la crema hasta formar picos. Añadir la azúcar glass y cerezas cortadas. Servir las rebanadas de pastel con crema batida, decorar con una cereza entera.

Cheesecake de Naranja

8 raciones | Tiempo Total de Preparación: 40 minutos

INGREDIENTES

4 oz galletas graham
1 cdita canela molida
3 cdas mantequilla derretida
Para el Relleno:
1 lb queso crema
¾ taza zúcar granulada

¼ taza crema batida
2 huevos
1 cdita extracto de vainilla
1 cdita ralladura de naranja
1 cda jugo de naranja
Una pizca de sal

ELABORACIÓN

Mezclar las galletas y la canela en una licuadora hasta quedar con la textura de arena. Añadir la mantequilla, mezclar un par de veces más. Colocar la corteza en el fondo de un molde.

Para el relleno, batir la crema, azúcar y queso crema usando una batidora eléctrica hasta quedar esponjoso. Añadir los huevos, extracto de vainilla, ralladura de naranja, jugo de naranja y sal. Batir hasta quedar un color uniforme por 2 minutos. Vaciar la mezcla sobre la corteza. Depositar 1 taza de agua en la IP y colocar el trivet. Acomodar el molde en el trivet. Sellar la tapa. Cocinar en Manual por 30 minutos en High. Una vez listo, realizar una liberación rápida. Refrigerar por lo menos 2 horas. Retirar del molde hacia un plato.

Crema de Moras

5 raciones | Tiempo Total de Preparación: 5 minutos

INGREDIENTES

12 oz moras azules
2 cdas mantequilla
Jugo de medio limón

1 taza azúcar
2 yemas de huevo

ELABORACIÓN

Agregar las moras, azúcar y jugo de limón en la olla, Sellar la tapa. Cocinar en Manual por 2 minutos en High. Una vez listo, realizar una liberación rápida. Con una batidora eléctrica, batir las moras. En un bol, batir las yemas. Incorporar las yemas a las moras. Vaciar la mezcla dentro de la olla. Cocinar en Sauté por un minuto, sin tapa. Revolver la mantequilla, cocinar un par de minutos más hasta espesar. Colocar en un recipiente con tapa. Refrigerar por lo menos una hora antes de servir.

Pay de Calabaza con Miel

4 raciones | Tiempo Total de Preparación: 20 minutos

INGREDIENTES

1 lb calabaza en dados
1 huevo
¼ taza miel
½ taza leche

½ cdita canela
½ cda maicena
Una pizca de sal de mar

ELABORACIÓN

Depositar 1 taza de agua en la IP y colocar el trivet. Acomodar la calabaza en el trivet. Sellar la tapa. Cocinar en Manual por 5 minutos en High. Mezclar todos los ingredientes en un recipiente. Realizar una liberación rápida. Escurrir la calabaza y verter la mezcla de leche. Vaciar la mezcla dentro de un molde engrasado. Acomodar el molde en la olla. Cocinar en Manual por 10 minutos en High. Realizar una liberación manual de presión. Colocar en una rejilla para enfríar.

Pastel Casero de Plátano

6 raciones | Tiempo Total de Preparación: 15 minutos

INGREDIENTES

Plátano:
6 cdas mantequilla en cubos
6 plátanos por la mitad
3 cdas ron añejo
¾ taza azúcar moscabada
Pastel:
¾ cdita bicarbonato de sodio
¾ taza flour

½ cdita canela molida
¼ cdita nuez moscada
2 cdas leche entera
1 yema de huevo
2-3 tazas azúcar
4 cdas mantequilla ablandada
¼ cdita sal fina
Helado para servir

ELABORACIÓN

Engrasar un molde con spray de cocina y cubrir con aluminio. Agregar la mantequilla, ron y azúcar moscabada. Añadir las rebanadas de plátano. Mezclar la harina, levadura, canela, nuez moscada y sal en un bol. En otro bol, batir la mantequilla con la azúcar utilizando una batidora eléctrica hasta no quedar grumos. Añadir la yema de huevo y mezclar. Incorporar la harina.

Verter la leche en dos partes, mezclar hasta crear una mezcla suave. Vaciar la mezcla sobre los plátanos y untar con una espátula. Depositar 1 taza de agua en la IP y colocar el trivet. Acomodar el molde en el trivet. Sellar la tapa. Cocinar en Manual por 30 minutos en High. Una vez listo, realizar una liberación natural de presión por 5 minutos. Dejar enfríar. Servir con helado.

Pastel de Manzana con Café

4 raciones | Tiempo Total de Preparación: 37 minutos

INGREDIENTES

2 tazas harina para hornear
2/3 taza salsa de manzana
¼ taza leche
1 huevo
1 cdita extracto de vainilla

1 cdita canela molida
2 manzanas peladas y en dados
2 cdas mantequilla derretida
2 cdas azúcar

Cubierta:

¼ taza harina para hornear
¼ taza nueces picadas

2 cdas mantequilla ablandada
¼ taza azúcar moscabada

ELABORACIÓN

Engrasar un molde con spray de cocina. Mezclar la salsa de manzana, leche, harina, azúcar, mantequilla, manzanas, vainilla, canela y huevo en un recipiente hasta quedar esponjosa. En otro recipiente, combinar el resto de la harina y mantequilla con las nueces picadas y azúcar moscabada. Vaciar la mezcla en el molde y añadir la cubierta. Depositar 1 taza de agua en la IP y colocar el trivet. Acomodar el molde en el trivet. Sellar la tapa. Cocinar en Manual por 12 minutos en High. Realizar una liberación rápida. Dejar enfríar por unos minutos antes de servir.

Créme Brûlée de Naranja

4 raciones | Tiempo Total de Preparación: 20 minutos

INGREDIENTES

2 huevos
7 oz leche de coco condesada
½ taza leche de coco

½ cdita canela
4 cdas jarabe de caramelo
1 cda ralladura de naranja

ELABORACIÓN

Colocar el caramelo en 4 moldes pequeños. Depositar 1 taza de agua en la IP y colocar el trivet. En un bol, mezclar los ingredientes restantes. Dividir la mezcla entre los moldes. Cubrirlos con aluminio. Acomodar los moldes en el trivet. Sellar la tapa. Cocinar en Manual por 13 minutos en High. Realizar una liberación rápida. Dejar enfríar. Para desmontarlo utilizar una espátula para despegar las orillas y colocarlos en platos.

Cheesecake de Coco con Naranja

4 raciones | Tiempo Total de Preparación: 45 minutos

INGREDIENTES + TIEMPO DE REPOSO

Para la corteza:

1 ¾ tazas galletas en trozos
½ taza mantequilla derretida
½ taza azúcar de coco
Una pizca de sal
Para el relleno:
2 huevos
8 oz crema entera

½ taza azúcar de coco
1 ¾ tazas leche fría
2 cdas ralladura de naranja
¼ taza jugo de naranja
3 cdas maicena
2 tazas agua

Cubierta:

3 naranjas en rodajas finas

ELABORACIÓN

Cubrir un molde de pastel con aluminio, engrasar con spray de cocina. Mezclar los ingredientes de la corteza. Colocarla en el molde y presionar al fondo. Enfríar en el refrigerador por 20 minutos.

En otro bol, batir los huevos con crema y azúcar. Añadir la leche, ralladura de naranja, jugo de naranja y maicena, mezclar hasta quedar sin grumos. Retirar la corteza y vaciar la mezcla dentro. Depositar 1 taza de agua en la IP y colocar el trivet. Acomodar el molde en el trivet. Sellar la tapa. Cocinar en Manual por 35 minutos en High.

Una vez listo, realizar una liberación natural de presión por 10 minutos, luego una liberación rápida. Retirar el pastel y dejar enfriar a temperatura ambiente. Una vez frío, refrigerar por 8 horas o más. Para servir cubrir con las rebanadas de naranja y cortar. Servir de inmediato.

Tarta de Durazno Casera

6 raciones | Tiempo Total de Preparación: 35 minutos

INGREDIENTES

6 oz azúcar moscabada
3 ½ oz avena
20 oz duraznos congelados en rebanadas
¼ taza mantequilla sin sal
¼ cdita sal kosher

½ cdita nuez moscada
½ cdita pimienta gorda molida
½ cdita levadura
4 oz harina

ELABORACIÓN

Combinar la levadura, azúcar, avena, harina, nuez moscada, pimienta gorda y sal en un recipiente. Añadir la mantequilla, mezclar hasta crear una textura desmoronable. Agregar las rebanadas de durazno. Engrasar un molde con mantequilla. Vaciar la mezcla en el molde. Depositar 1 taza de agua en la IP y colocar el trivet. Acomodar el molde en el trivet. Sellar la tapa. Cocinar en Manual por 15 minutos en High. Una vez listo, realizar una liberación rápida. Dejar enfríar y servir.

Duraznos Rellenos de Arándano y Nueces Pacanas

4 raciones | Tiempo Total de Preparación: 20 minutos

INGREDIENTES

4 duraznos por la mitad
8 arándanos deshidratados picados
4 cdas nueces pacanas picada
1 taza galletas en moronas

1 cdita canela en polvo
¼ cdita nuez moscada
¼ cdita clavo molido

ELABORACIÓN

Depositar 2 tazas de agua en la IP y colocar el trivet. Colocar los duraznos cara arriba en un molde engrasado. Para el relleno, combinar los ingredientes restantes. Rellenar los duraznos con la mezcla. Cubrir el molde con aluminio. Acomodar el molde en el trivet. Sellar la tapa. Cocinar en Manual por 15 minutos en High. Realizar una liberación rápida.

Crema de Calabaza

6 raciones | Tiempo Total de Preparación: 40 minutos

INGREDIENTES

2 yemas de huevo
2 huevos
2 tazas puré de calabaza
½ cdita extracto de vainilla
1 pizca nuez moscada

1 pizca canela en polvo
Una pizca de sal
2 cdas azúcar moscabada
1 taza leche condesada

ELABORACIÓN

En un recipiente, combinar todos los ingredientes. Vaciar la mezcla en un molde engrasado. Depositar 1 taza de agua en la IP y colocar el trivet. Acomodar el molde en el trivet. Sellar la tapa. Cocinar en Manual por 30 minutos en High. Una vez listo, realizar una liberación rápida. Servir fría.

Peras Pochadas con Limón

2 raciones | Tiempo Total de Preparación: 10 minutos

INGREDIENTES

2 peras en trozos
½ taza jugo de limón

½ cdita canela
1 cdas mantequilla

ELABORACIÓN

Agregar el jugo de limón y una taza de agua dentro de la olla. Colocar los trozos de pera en la canastilla. Sellar la tapa. Cocinar en Manual por 3 minutos en High. Realizar una liberación rápida. Retirar la canastilla y colocar las peras en un bol, Bañarlas con mantequilla de almendra y espolvorear canela.

Pay de Cereza

6 raciones | Tiempo Total de Preparación: 25 minutos

INGREDIENTES

2 cortezas para pie
½ cdita extracto de vainilla
4 tazas cerezas sin hueso
¼ cdita extracto de coco

4 cdas tapioca rápida
1 taza azúcar
Una pizca de sal

ELABORACIÓN

Depositar 1 taza de agua en la IP y colocar el trivet. Mezclar las cerezas con la tapioca, azúcar, extractos y sal en un recipiente. Colocar una corteza en el fondo de un molde redondo. Untar la mezcla y cubrir con la otra corteza. Acomodar el molde en el trivet. Sellar la tapa. Cocinar en Manual por 18 minutos en High. Una vez listo, realizar una liberación rápida. Dejar enfríar en una rejilla. Rebanar y servir.

Fondue de Chocolate Blanco

12 raciones | Tiempo Total de Preparación: 10 minutos

INGREDIENTES

10 oz chocolate blanco picado
2 cditas licor de coco
8 oz queso crema

¼ cdita canela en polvo
Una pizca de sal

ELABORACIÓN

Derretir el chocolate en un bol a prueba de fuego. Incorporar los ingredientes restantes, excepto el licor. Depositar 1 taza de agua en la IP y colocar el trivet. Acomodar el molde en el trivet. Sellar la tapa. Cocinar en Manual por 5 minutos en High. Realizar una liberación rápida. Retirar el bol con pinzas. Añadir el licor y servir de inmediato con frutas frescas.

Pastel Chocolatoso de Pudín

8 raciones | Tiempo Total de Preparación: 35 minutos

INGREDIENTES

3 tazas leche
1 taza crema batida
1 taza fresas frescas

1 caja mezcla para pastel de chocolate
1 paquete de pudín instantáneo de chocolate

ELABORACIÓN

En un recipiente, mezclar la leche con el pudín hasta no quedar grumos. Vaciar la mezcla a un molde engrasado. Preparar el pastel de acuerdo a las ELABORACIÓN de la caja. Vaciar la mezcla sobre el pudín sin mezclar. Depositar 1 taza de agua en la IP y colocar el trivet. Acomodar el molde en el trivet. Colocar la tapa y asegurarla. Cocinar en Manual por 25 minutos en High. Una vez listo, realizar una liberación rápida. Dejar enfríar. Decorar con crema batida y fresas. Cortar para servir.

Barritas de Amapola con Limón

8 raciones | Tiempo Total de Preparación: 30 minutos

INGREDIENTES

1 ½ cda vainilla
1 yema de huevo
3 cdas jugo de limón
2 tazas harina de almendra
1 cda amapola

½ cdita levadura
½ cdita bicarbonato de sodio
½ taza azúcar de coco
½ taza aceite de coco

ELABORACIÓN

Cubrir un molde con aluminio. En un recipiente, mezclar los ingredientes líquidos con una batidora. Añadir gradualmente los ingredientes secos. Vaciar la mezcla en el molde. Depositar 1 taza de agua en la IP y colocar el trivet. Acomodar el molde en el trivet. Sellar la tapa. Cocinar en Manual por 20 minutos en High. Una vez listo, realizar una liberación rápida. Dejar enfríar y cortar en barras.

Melocotones en Salsa de Moras

4 raciones | Tiempo Total de Preparación: 20 minutos

INGREDIENTES

8 melocotones por la mitad
2 tazas moras azules
¼ taza miel
1 ½ cda maicena

½ rama de vainilla rebanada
¼ cdita cardamomo molido
½ rama de canela

ELABORACIÓN

Agregar todos los ingredientes a la IP, excepto la miel y la maicena. Depositar 1 ¼ tazas de agua en la IP y colocar el trivet. Sellar la tapa. Cocinar en Manual por 8 minutos en High. Realizar una liberación rápida. Separar los melocotones. Seleccionar Sauté, añadir la miel y la maicena. Hervir por 5 minutos hasta espesar. Acomodar los melocotones en platos y bañarlos con la salsa de moras.

Pudín de Pera con Moras

4 raciones | Tiempo Total de Preparación: 45 minutos

INGREDIENTES

Para el relleno:

3 tazas rebanadas de pera
2 tazas moras
1 ½ tazas azúcar

½ taza harina

Par el Pudín:

1 taza mantequilla ablandada
1 taza azúcar

2 tazas harina
1 cdita sal

ELABORACIÓN

En un recipiente, combinar los ingredientes del relleno. En otro recipiente, mezclar los ingredientes del pudín. Depositar ½ taza de agua en la IP y seleccionar Sauté. Agregar la mezcla del relleno. Usando las manos agarrar un puñado del pudín, aplastar y colocar encima de las peras.

Sellar la tapa. Cocinar en Manual por 25 minutos en High. Una vez listo, realizar una liberación rápida. Dejar enfríar por 15 minutos y servir en platos de postre.

Galletas de Avena con Chocolate y Pasas

2 raciones | Tiempo Total de Preparación: 35 minutos

INGREDIENTES

¼ taza harina de trigo entero
¼ taza avena
1 cda mantequilla
2 cdas azúcar
½ cdita extracto de vainilla
1 cda miel

2 cdas leche
2 cditas aceite de coco
¾ cdita sal de mar
3 cdas chispas de chocolate
1 taza pasas

ELABORACIÓN

Combinar todos los ingredientes en un bol. Cubir un molde con papel encerado. Hacer galletas del tamaño de un limón y aplanar dentro del molde. Depositar 1 taza de agua en la IP y colocar el trivet. Acomodar el molde en el trivet. Sellar la tapa. Cocinar en Manual por 15 minutos en High. Una vez listo, realizar una liberación rápida. Dejar enfríar por 15 minutos antes de servir.

Pudín de Piña y Chocolate

4 raciones | Tiempo Total de Preparación: 30 minutos

INGREDIENTES

Ralladura de 1 limón
½ taza jugo de piña
2 oz chocolate picado
¼ taza azúcar
2 cdas mantequilla ablandada

¼ taza maicena
1 taza leche de almendras
Una pizca de sal
½ cdita jengibre caramelizado
3 huevos yemas y claras separadas

ELABORACIÓN

Combinar la azúcar, maicena, sal y mantequilla en un recipiente. Añadir el jugo de piña y ralladura de lima. Agregar las yemas, jengibre y leche de almendra, mezclar. Depositar 1 ½ tazas de agua en la IP y colocar el trivet. Acomodar el molde en el trivet.

Sellar la tapa. Cocinar en Manual por 25 minutos en High. Una vez listo, realizar una liberación rápida. Incorporar el chocolate. Servir frío.

Cheescake de Yogurt y Canela

8 raciones | Tiempo Total de Preparación: 40 minutos

INGREDIENTES + TIEMPO DE REPOSO

2 huevos
¼ taza azúcar
1 ½ tazas yogurt
1 cdita canela

4 oz queso crema ablandado
1 ½ tazas galletas graham
4 cdas mantequilla derretida

ELABORACIÓN

Combinar la mantequilla con la galleta y colocarla dentro de un molde redondo engrasado. En un recipiente, mezclar el queso crema con yogurt, canela y azúcar. Añadir los huevos uno por uno. Untar la mezcla dentro del molde. Depositar 1 taza de agua en la IP y colocar el trivet. Acomodar el molde en el trivet.

Sellar la tapa. Cocinar en Manual por 35 minutos en High. Una vez listo, realizar una liberación rápida. Dejar enfríar en el refrigerador por 6 horas.

Clásico Brownie con Helado

6 raciones | Tiempo Total de Preparación: 60 minutos

INGREDIENTES

3 huevos batidos
1 ½ barras mantequilla derretida
2/3 taza chocolate en polvo
1 ½ taza azúcar

1 cdita extracto de vainilla
½ taza chispas de chocolate
Una pizca sal kosher
Helado de vainilla para servir

ELABORACIÓN

Cubrir un molde con aluminio. Engrasarlo con mantequilla. En un bol, combinar mantequilla, harina, chocolate en polvo, huevos, sal, vainilla y azúcar. Añadir trozos de chocolate. Vaciar la mezcla en el molde. Depositar 1 taza de agua en la IP y colocar el trivet. Acomodar el molde en el trivet.

Sellar la tapa. Cocinar en Manual por 30 minutos en High. Una vez listo, realizar una liberación natural de presión por 10 minutos, luego una liberación rápida. Servir el brownie acompañado de helado.

Barras Energéticas de Quinoa

8 raciones | Tiempo Total de Preparación: 35 minutos

INGREDIENTES

1 taza leche de almedras-vainilla
2 cdas jarabe de maple
2 cdas mantequilla de almendras
Una pizca de sal
½ cdita canela
2 huevos batidos

1/3 taza almendras picadas
½ taza pasas
1 taza quinoa cruda
2 cdas semillas de chía
1/3 taza manzanas deshidratadas, picadas

ELABORACIÓN

Engrasar la olla con spray de cocina. Calentar la mantequilla y jarabe de maple por 20 segundos en el microondas. Añadir la leche, sal y canela. Agregar los ingredientes restantes y una taza de agua. Vaciar la mezcla dentro de la olla. Sellar la tapa. Cocinar en Manual por 15 minutos en High. Realizar una liberación rápida. Colocar en el refrigerador y dejar enfríar. Cortar y servir.

Compota de Moras

8 raciones | Tiempo Total de Preparación: 32 minutos

INGREDIENTES

1 ½ tazas moras azules frescas
1 cdita mantequilla
2 huevos
½ taza azúcar
2-3 tazas leche

¼ cdita ralladura de limón
Azúcar glass
½ taza harina para hot cakes
Una pizca de sal

ELABORACIÓN

Engrasar un molde con mantequilla y un poco de harina. Colocar las moras azules. Añadir la azúcar, sal, huevo y harina para hot cakes en un recipiente, mezclar. Agregar la leche, ralladura de limón y extracto de vainilla, mezclar hasta no quedar grumos. Vaciar la mezcla sobre las moras sin mezclar. Depositar 1 taza de agua en la IP y colocar el trivet. Acomodar el molde en el trivet. Sellar la tapa. Cocinar en Manual por 11 minutos en High. realizar una liberación rápida. Servir caliente decorado con azúcar glass.

Muffins de Chocolate y Limón

6 raciones | Tiempo Total de Preparación: 45 minutos

INGREDIENTES

3 huevos
2 1/3 tazas harina
1 cda bicarbonato de sodio
1 ½ taza azúcar
¾ taza mantequilla derretida

2 cditas extracto de vainilla
1 taza leche
1 taza moras
¾ chispas de chocolate oscuro
2 tazas agua

ELABORACIÓN

En un bol, mezclar la harina, bicarbonato de sodio y azúcar. Incorporar la mantequilla, huevos, extracto de vainilla y leche. Agregar las moras y la mitad de las chispas de chocolate. Vaciar la mezcla en un molde para muffins y espolvorear las chispas restantes. Depositar 1 taza de agua en la IP y colocar el trivet. Acomodar el molde en el trivet. Sellar la tapa. Cocinar en Manual por 8 minutos en High. Una vez listo, realizar una liberación natural de presión por 10 minutos. Servirlos una vez enfriados.

Made in the USA
Las Vegas, NV
24 November 2023